A Library of Academics by PHD Supervisors

博士生导师学术文库

《论语》译评

薛永武　著

中国书籍出版社
China Book Press

图书在版编目（CIP）数据

《论语》译评/薛永武著.—北京：中国书籍出版社，2019.1

ISBN 978-7-5068-7123-5

Ⅰ.①论… Ⅱ.①薛… Ⅲ.①儒家 ②《论语》—研究 Ⅳ.①B222.25

中国版本图书馆 CIP 数据核字（2018）第 275180 号

《论语》译评

薛永武　著

责任编辑	吴化强
责任印制	孙马飞　马　芝
封面设计	中联华文
出版发行	中国书籍出版社
地　　址	北京市丰台区三路居路 97 号（邮编：100073）
电　　话	（010）52257143（总编室）　（010）52257140（发行部）
电子邮箱	eo@chinabp.com.cn
经　　销	全国新华书店
印　　刷	三河市华东印刷有限公司
开　　本	710 毫米×1000 毫米　1/16
字　　数	329 千字
印　　张	19
版　　次	2019 年 1 月第 1 版　2019 年 1 月第 1 次印刷
书　　号	ISBN 978-7-5068-7123-5
定　　价	95.00 元

版权所有　翻印必究

目 录
CONTENTS

导 论 1
  一、孔子思想具有强大的生命力 1
  二、中国历史接受孔子的原因 4
  三、孔子"知其不可而为之"与中庸的人生智慧 13
  四、《论语》的篇目及其主要内容 16
  五、本书撰写的特点 18

第一篇 《学而》译评 20

第二篇 《为政》译评 31

第三篇 《八佾》译评 49

第四篇 《里仁》译评 63

第五篇 《公冶长》译评 77

第六篇 《雍也》译评 91

第七篇 《述而》译评 106

第八篇 《泰伯》译评 123

第九篇 《子罕》译评 134

第十篇 《乡党》译评 ·· 147

第十一篇 《先进》译评 ·· 158

第十二篇 《颜渊》译评 ·· 171

第十三篇 《子路》译评 ·· 185

第十四篇 《宪问》译评 ·· 202

第十五篇 《卫灵公》译评 ·· 225

第十六篇 《季氏》译评 ·· 244

第十七篇 《阳货》译评 ·· 254

第十八篇 《微子》译评 ·· 268

第十九篇 《子张》译评 ·· 275

第二十篇 《尧曰》译评 ·· 287

参考文献 ·· 291

后　记 ·· 296

导 论

在世界文化史上,像孔子一样影响一个国家几千年发展的思想家可谓极其罕见。问题在于,历史上的孔子何以成为后世不断被阐释、被演义、被扩展乃至被神化的"孔子",何以成为具有不同文化内涵的"孔子",为何能够具有愈久弥新的强大生命力?

一、孔子思想具有强大的生命力

为了解读孔子,我们必须明确两个孔子:一个是历史上真实的孔子;二是后世不同时代人们所了解的"孔子"。从历史的观点来看,"孔子",既来源于历史上的真实孔子,但又不同于历史上的孔子,而是后世对孔子的不断展衍与生成的"孔子",使"孔子"体现了不同阶段的历史特征和文化特征,也是被后世不断进行主观阐释的"孔子"。

(一)孔子是中华民族智慧的文化符号

孔子之所以能够成为"孔子",就在于孔子是中华民族智慧的文化符号。从文化史的角度来看,文化符号是特定时代文化选择的结果,彰显了该民族深刻而又丰富的文化意蕴。

1. 孔子是周代文化的继承者、发展者与传播者

孔子所处的时代,是一个新旧之交的多元文化与周代统一的礼乐文化之间互渗、融合与冲突的时代,在这种大格局下,孔子以继承周代的礼乐文化自居,整理古代典籍,"述而不作""吾从周",以其博览群书与不懈探索的精神,终于成为周代文化的继承者、发展者与传播者。

从夏商周的发展脉络来看,周是夏商周的最后一代王朝,也是夏商以来的文化集大成者。孔子则是全面继承周代文化的一代文化大师。孔子的出现不是偶

然的，而是在春秋战国时期周代文化与当时文化的融合与撞击形成的，也是当时中华民族集体智慧的结晶。在后世不断对孔子的阐释、演义、扩展和神化的历史过程中，孔子逐渐成为中国传统文化和中华民族智慧的符号，成为具有丰富文化内涵的"孔子"。孔子作为历史生成的天才，他所处的时代以及鲁国对周代文化的继承，都为孔子的历史生成提供了客观的历史条件和文化条件；作为一个志向高远、具有忧国忧民、治国安邦情怀的君子乃至圣人，孔子充分发挥了历史创造的主体精神，对人生做出了积极的选择，以有限的人生努力汲取传统文化的智慧。

《史记·孔子世家》曰："孔子之时，周室微而礼乐废，《诗》、《书》缺。追迹三代之礼，序《书传》，上纪唐虞之际，下至秦缪，编次其事。曰：'夏礼吾能言之，杞不足征也。殷礼吾能言之，宋不足征也。足，则吾能言之矣。'观殷夏所损益，曰：'后虽百世可知也，以一文一质。周监二代，郁郁乎文哉。吾从周。'故《书传》、《礼记》自孔氏。孔子语鲁大师：'乐其可知也。始作翕如，纵之纯如，皦如，绎如也，以成。''吾自卫返鲁，然后乐正，《雅》、《颂》各得其所。'古《诗》三千余篇，及至孔子，去其重，取可施于礼义，上采契后稷，中述殷周之盛，至幽厉之缺，始于衽席，故曰'《关雎》之乱以为《风》始，《鹿鸣》为《小雅》始，《文王》为《大雅》始，《清庙》为《颂》始。'三百五篇，孔子皆弦歌之，以求合《韶武》、《雅》、《颂》之音。礼乐自此可得而述，以备王道，成六艺。孔子晚而喜《易》，序《彖》、《系》、《象》、《说卦》、《文言》。读《易》，韦编三绝。"由此可见，孔子确实对周代以来的礼乐文化有比较深入的了解，能够继承文武周公的王道政治和西周的礼乐文化，并根据当时的需要，对礼乐文化进行整理与阐释。

孔子是周代文化的继承者、发展者与传播者，而周代文化则是我国夏商至周时期比较成熟的文化。春秋以降，一方面社会动荡混乱，诸侯割据，国将不国，客观上出现一些"异端"思想，但另一方面，君王为了政权的稳定，客观上也需要借鉴周代比较成熟的礼乐文化。战乱虽然需要霸道来实现武力的统一，但社会稳定更需要王道的治理方式，是孔子所说的"近者悦，远者来"的人文境界。

2. 孔子是历史生成与主观选择达到和谐统一的集大成者

从文化传播史的角度来看，大凡在历史长河中能够经过大浪淘沙而又生生不息的文化形态，其创造者无疑都具有"集大成"的文化意蕴，否则就很可能遭到历史的淘汰或者淹没。

从人才开发的角度来看，一个人要成为集大成者，就必须树立大学习观，通过广采博取，见贤思齐，对各种知识融会贯通，进而达到思域融通的至高境界。孔子

3岁丧父,17岁丧母,15岁立志求学,曾经向老聃、孟苏、夔靖叔学习,其中,老子是道家的创始人,而孟苏和夔靖叔也是当时的贤人。另外,孔子在去郯国的路上偶遇贤人程子,竟然停车与之热情交谈了一整天,孔子认为程子是天下的贤士,所以,分别时让子路拿一束帛送给程先生以存纪念①。孔子如此尊贤爱贤,这恰恰是他见贤思齐、集思广益而成为集大成者的重要原因。

孔子公开承认自己非"生而知之",而是"学而知之",所以,他经常沉浸在"发愤忘食,乐以忘忧"的境界。《吕氏春秋·博志》载:"孔、墨、宁越,皆布衣之士也,虑于天下,以为无若先王之术者,故日夜学之。……盖闻孔丘、墨翟,昼日讽诵习业,夜亲见文王、周公旦而问焉。用志如此其精也,何事而不达?何为而不成?故曰:'精而熟之,鬼将告之。'非鬼告之也,精而熟之也。"②这段文字表明孔子"日夜学习"的精神竟然感动了"鬼神",实质上是达到了"精而熟之"的最佳境界。实际上,正是由于孔子乐以忘忧、不知老之将至的学习精神,使他能够在勤奋中通过广采博取,终于成为一代鸿儒硕学的大师。

孔子作为集大成者,广泛地汲取了周代以来的礼乐文化以及其他丰富的思想资源。孔子的集大成,不仅表现在对周代以来的礼乐文化进行总结,并且提炼出具有普适意义的人生智慧,而且还从理想人格的角度,能够"见贤思齐",自觉汲取历代大圣和君子的智慧。孔子在推崇和提倡礼乐文化的同时,还广泛地吸取了当时尚存的《夏书》《商箴》《商书》《诗经》等古代经典的精华,而这些经典在较大程度上代表了当时最高的智慧。比如《吕氏春秋·听言》载《周书》曰:"往者不可及,来者不可待,贤明其世,谓之天子",《吕氏春秋·慎大》载《周书》曰:"若临深渊,若履薄冰。"这些思想资源都进入了孔子的视野。

我们通常把《诗经》看作是第一部诗歌总集,实际上《诗经》是春秋时期一部诗歌化了的"百科全书"。孔子之所以说"不学诗,无以言",不仅看到了《诗经》在人际交往中的重要性,而是他已经领悟到了《诗经》中丰富的文化内涵,包括礼仪、乐教、风情习俗和社会兴衰的经验教训等。因此,孔子在与弟子或者其他人的对话中,非常喜欢从《诗经》中引经据典,以此来阐发他的观点。比如《论语·泰伯》篇载曾参有病,孔子招来自己的学生,并引用了《诗经·小雅·小旻》中的"战战兢兢,如临深渊,如履薄冰"的诗句。《诗经》这句诗与《周书》的关系应该是非常密

---

① 王国轩、王秀梅译注:《孔子家语》,中华书局,2016年版,第88页。
② 张双棣等:《吕氏春秋译注》,北京大学出版社,2000年版,第841—842页。

切的,显然也得到了孔子的欣赏。《论语·微子》载楚狂接舆歌而过孔子曰:"凤兮凤兮!何德之衰?往者不可谏,来者犹可追。已而,已而!今之从政者殆而!"孔子对接舆所歌颇感兴趣,因此,才"欲与之言",但遗憾的是由于接舆的躲避,孔子却"不得与之言"。这里值得注意的是接舆的"往者不可谏,来者犹可追"恰恰是对《周书》"往者不可及,来者不可待"的继承和超越,而这种继承和超越又在一定程度上影响了孔子的人生态度。

孔子在集大成方面,还突出表现在他对理想人格的塑造上,正如日本学者白川静所言:"孔子具有伟大的人格。在中国,大凡理想的形象都被称为圣人。所谓'圣',根据字的原意是指能听到神的声音的人。"①在人格塑造方面,孔子尝试把礼乐文化建立在坚实的"仁"的基石上,认为没有"仁",就不可能有真正的礼乐,所谓"礼云礼云,玉帛云乎哉?乐云乐云,钟鼓云乎哉?"在孔子看来,"克己复礼为仁",具有了"仁"的人格是坚韧的,也是美好的,所谓"岁寒然后知松柏之后凋也","文质彬彬,然后君子",就是最好的注释。据记载,孔子拜见齐景公时,景公致廪丘以为养,而"孔子辞而不受"②。人生在世,孔子能够做到无功不受禄,是相当不容易的,由此也显现了孔子的理想人格。

不仅如此,孔子在赞赏君子人格的同时,更加推崇圣人的境界,认为圣人的最高境界是"博施于民而能济众","修己以安百姓"。从某种意义上来说,正是这种理想的人格支撑着孔子,为寻求理想而不惜千辛万苦去周游列国。孔子作为集大成者,他不仅属于他自己,而且属于他那个时代,也是当时中华民族集体智慧的集中显现。也正是从这个意义上来说,孔子是中华民族智慧的文化符号。

从历史的观点来看,正是由于孔子在这诸多方面都做到了"集大成",所以他才能够以自己坚韧的人生创造了一个历史的真实的孔子,又为后世对孔子的解读提供了一个理想的范式,在历史长河中终于成为了不同时代的"孔子"。

二、中国历史接受孔子的原因

(一)中国历史选择孔子的价值维度

从文化系统的内在构成来看,相对独立的一个文化因子,随着文化的发展可能融入特定的文化系统,因而得到进一步的发展,但也可能因为无法融入特定的

---

① 白川静:《孔子传》,吴守钢译,人民出版社,2014年版,第4页。
② 王国轩、王秀梅译注:《孔子家语》,中华书局,2016年版,第184页。

文化系统而逐渐衰亡;相反,一个具有完整生命的文化系统随着文化的发展,则一般不会随之衰亡,而往往可能随着文化发展的兴衰际遇,可能得到新的展衍和拓变,因为它自身具有自立性、自足性和一定的完满性。孔子作为中华民族智慧的集大成者,从文化系统的角度来看,他已经不单纯是一个相对独立的文化因子,而是业已构成了一个具有完整生命的文化系统。中国历史选择孔子,在主客观统一中体现了孔子的价值维度。

孔子在世的时候虽然忧郁不得志,但其思想已经被很多有远见的统治者所认可。在这方面,鲁国曾经任用孔子为大司寇,摄相事;齐国、卫国和楚国都曾经打算重用孔子,其中,齐国和楚国曾经想给孔子封地。另外,孔子在世时以及去世后,他的许多弟子被各国君王委以重任,这也说明孔子的治国思想通过弟子得到了承认和传播。自从汉武帝时"罢黜百家,独尊儒术"以后,孔子不知不觉地被历史所选择,被历史所接受,成为历代统治者稳定秩序、统一民心、建立和谐社会的重要精神支柱。

那么,中国历史为什么选择了孔子呢? 在中国历史上,孔子被称为"大成至圣文宣王""大成至圣先师""万世师表""神明圣王""万世教主"等许多桂冠;20世纪以来,特别是改革开放以来,在文化全球化的语境中,孔子更是获得了前所未有的赞誉:他被学者称为哲学家、政治家、教育家、美学家、外交家、人才学家、思想家、军事家、经济学家、美食家、伦理学家、史学家、文献学家、编辑家、人学家、仁学家、礼学家、逻辑学家、文物考古学家、文学家、诗人、音乐家、艺术家、文艺理论家、心理学家、教育心理学家、心理卫生学家、法律思想家、法学家、人道神道观的创立者、第一个数学教师、无神论者、民族理论的创造者、儒家人文主义的奠基人、春秋战国时期百家争鸣的实际创始人、封建时代精神文明的主要奠基者、中国文化史上第一位继往开来的奠基者、古代精神文明的最早倡导者或奠基人、中国养生保健理论与实践的先驱、思想解放的先驱、卓越的谋略家、中国民族智力开发的先驱、大民俗学家、第一个进行文化交流的学者、春秋时代大一统思想的代表人物、第一位情商理论家、中国人才学的开创者、中国上古文化的集大成者、中国传统文化的奠基者、世界十大思想家之首……还有诸多的"第一……"在此不一一赘述。

对此,我们究竟应该怎样看待孔子这些"桂冠"呢? 第一,后世对孔子这些高度评价,虽然不一定都符合孔子的历史真实,但绝不是空穴来风,而是后世对孔子思想及其贡献所进行的某个角度的解读,所谓仁者见仁、智者见智而已。第二,后世对孔子这些高度评价,有许多是比较接近孔子实际的,如思想家、教育家、哲学家等等。第三,后世有些评价则显然是人为地拔高了孔子。诚然,孔子确实做了许多方面的工作,或者对某个问题、某个领域有所涉及,但并未都对这些问题或领域全都进行深入系统的研究,因此,后世评价孔子的时候,就未必把孔子涉及到的问题和领域都要上升到某某"家"的高度,而只能说孔子的研究涉及到这些问题或者领域。

中国历史之所以选择孔子,最重要也是最直接的原因是孔子思想极具包容性,在较大程度上能够满足人生智慧的需要,对于修身、齐家、治国、平天下具有积极的引领作用,对于治国安邦也能在较大程度上满足统治者和特定社会稳定和谐的需要。孔子作为儒学的创始人,其思想本身就具有很大的包容性,兼有道家、法家的思想元素,正如王家骅所言:"中国的儒学具有强烈的包容性,实际上它是在不断地吸收其他诸家思想的过程中发展的,然而,它又不是让诸家思想与其混合并存,而是将诸家思想融入其中,成为其思想的有机组成部分。"①比如孔子对无为而治的肯定,对德治与法治相统一的肯定等,都显示了孔子思想的包容性。

从价值论哲学的角度来看,事物的价值既取决于该事物的客观属性,又取决于该事物满足特定主体需要的程度,即事物愈能满足主体的需要,主体就认为该事物愈具有价值;反之,该事物的价值就愈低。由价值论哲学的角度出发,回眸孔子在中国历史上的价值变迁,我们不难发现,孔子之所以能够在中国历史上长久不衰,得到长期的历史承认,这首先说明孔子思想具有满足中国历史长期需要的客观属性,其次也说明中国历史上客观上需要孔子思想所蕴含的人生智慧和治国智慧。因此,历代统治者之所以认同孔子思想,实质上就在于孔子思想体现了人生智慧,有利于该社会的稳定和谐,统治者可以充分利用孔子及其儒家思想对民众进行教化,而通过教化把孔子思想及其儒家文化积淀并凝聚成全社会的意识形态和超稳定的心理结构,由此也进一步显现了孔子自身文化内涵的深度和广度所具有的生命力,这也符合黑格尔的名言"凡是现实的就是合理的"。也就是说,孔子能够被历代社会所接受,这在客观上必然有其内在的合理性,孔子思想的深刻性与丰富性,客观上成为后世选择的重要原因。

价值论哲学从另外一个侧面也能够说明孔子为什么在特殊的历史阶段会遭到否定甚至是批判,究其原因就在于这些特殊时期的价值选择陷入的特定误区,比如太平天国时期打倒孔家店、五四时期新文化运动中表现出来的反传统思想、

---

① 王家骅:《中日儒学:传统与现代》,人民出版社,2014年版,第39页。

"文化大革命"时期的破四旧等问题。在这些特殊时期,人们的价值选择出现了偏差,扭曲了需要的正当性,或者说需要不科学,在客观上意味着价值选择标准本身并不标准。由此而论,孔子在这些特殊时期遭到误解甚至是曲解和批判,从价值论哲学角度来看,这本身就是可以理解的了。

但是,历史毕竟是历史,"孔子"毕竟来源于孔子,无论后世对孔子的评价究竟有多少真实性和科学性,有一点是可以肯定的,即孔子确实是一个复合型人才,也是一个"山型人才"的大师巨匠,他的人生经历体现了家庭的文化传统(圣人之后)、个人后天的主观努力(包括远大志向、见贤思齐和勤奋学习等),与国君和贤人交往甚多,对夏商周传统文化的总结,处在周代文化与礼崩乐坏、社会动荡的交汇点,孔子周游列国所开阔的国际视野等等,这些主客观因素达到了最佳的优化组合,有利于形成一个"集大成"的孔子。其中,关于国际视野,《吕氏春秋》:"孔子周流海内,再干世主,如齐至卫,所见八十余君。"①这在当时唯有孔子才能获得这么特殊的高级礼遇,由此也增加了孔子的阅历,有利于他获得社会治理的最直接的经验,用现代的术语来说,相当于孔子到很多国家访问交流,进行了最高级别的社会调查和国际调研。事实证明,孔子这种独特的人生阅历,客观上非常有利于关注现实,在激发社会责任感的同时,进一步激发他对现实问题的思考,并且提出新的创见。《论语·子罕》载颜渊称赞孔子说:"仰之弥高,钻之弥坚。"实际上,正因为孔子是"一座高山",弟子才能够有高山仰止之叹。由此也进一步说明,孔子具有集大成的文化内涵,业已构成了一个具有完整生命的文化系统,既具有文化的民族性,又具有文化的普遍性与永恒性。这个文化系统在文化生态生生不息的演变传播过程中,它的生命力要远远大于一个文化因子的生命力,因而能够被后世在较大程度上所接受、所认同,并不自觉地融入了后世的文化创造之中,成为后世文化创造的文化动力和有益的营养。

孔子的思想丰富而又深刻,集中表现在如下几个方面:

第一,丰富深刻的社会政治思想表现在对"仁"与"礼"的强烈关注。"仁"是孔子思想的核心,"仁"的本质是爱人,外化为对修身与社会治理的行为方式就是"礼",也是社会管理为政以德的具体要求。孔子希望统治者能够成为明君、圣王,实行王道而不是霸道;希望为官者能够成为忠臣、谏臣和忠于职守、胜任职守的能臣;希望弟子和更多的社会成员成为文质彬彬的君子,而不是小人。因此,礼制和

---

① 张双棣等:《吕氏春秋译注》,北京大学出版社,2000年版,第415页。

为政以德都是孔子社会管理思想的重要体现。

第二,孔子的最高政治理想是建立"天下为公"的大同社会,对和谐社会的理想愿景"大同"的终生追求,体现了一个真正的思想家对未来美好社会的理想追求。孔子这里的伟大之处在于自觉把实现大同理想与人生的责任感有机结合起来,为后世树立了光辉的榜样。

第三,与对大同社会的追求相联系,孔子追求积极进取的人生价值观,不知疲倦、毫无畏惧地追求"知其不可而为之"①的人生理念,"发愤忘食,乐以忘忧,不知老之将至。"②这种积极的人生态度非常难能可贵,体现了一个思想家对现实和自我的超越意识,也体现了"先天下之忧而忧"的博大情怀。

第四,孔子作为一个思想家,其丰富深刻的治国思想建立在他遵循天地之道和人性之道的基础上,所谓"政治",乃政之治也。他认为,为政在举贤,在于"天下积而本不寡,短长得其量,人志治而不乱政"③,因此他把"释贤而任不肖"视为"国之不祥"④;他注重社会治理要"以德以法",要实行德政和法制,二者相辅相成;他认为所谓"德者,政之始也"⑤"政"者,正也,主张政正,政善,政和;孔子主张从仁出发,建立和谐的人际关系和社会关系,其"为政以德"与"近者悦,远者来"的王道精神深刻影响了后世的社会治理与和谐社会的建构。

第五,孔子作为一个伟大的教育家,提出了一系列具有永恒价值的教育观点,倡导素质教育,注重教学相长,因材施教,倡导学习、思考与实践的紧密结合,体现了人才培养的基本规律,超越了民族和时代,融入世界,指向未来。

第六,孔子的美学思想核心注重"美"与"善"的统一,"文质彬彬",也是形式与内容的统一。孔子提倡"诗教",即把文学艺术和政治道德结合起来,把文学艺术当作改变社会和政治的手段,视为陶冶情操的重要方式。

"孔子"的历史形成,受到后世与孔子的时间距离、文化距离与心理距离的影响。后世对孔子的接受程度还取决于下面三个角度:第一,后世与孔子的时间距离;第二,后世与孔子的文化距离;第三,后世与孔子的心理距离。本书中所谓的时间距离,是指人们与古代人物或事件相隔的时间跨度;文化距离,是指人们对于

---

① 《论语·宪问》。
② 《论语·述而》。
③ 王国轩、王秀梅译注:《孔子家语》,中华书局,2016年版,第265页。
④ 王国轩、王秀梅译注:《孔子家语》,中华书局,2016年版,第490页。
⑤ 王国轩、王秀梅译注:《孔子家语》,中华书局,2016年版,第266页。

所认识的人物或事件的文化差异；心理距离,是指人们对所认识的人物或事件所存在的心理差异。

从后世与孔子的时间距离来看,后世与孔子相隔的时间距离越近,认识主体一方面既能够比较详尽了解孔子的相关信息,对孔子的认识比较清楚,但另一方面也会出现"一切历史都是当代史"的主观遮蔽性和随意性,客观上容易导致抬高孔子或者贬低孔子的两种极端；反之,后世与孔子相隔的时间距离愈远,认识主体对孔子的评价一方面存在着对历史的超越性,因而能够对孔子的评价更加冷静、客观和清晰,但另一方面,也可能因为后世与孔子的时间距离因为过于遥远,由于资料的缺失所造成的模糊性,客观上可能影响后世观察孔子的清晰性,因而可能导致判断的失准与失衡,从而造成对孔子认识的模糊性。

从后世与孔子的文化距离来看,后世对孔子的评价,在较大程度上还取决于后世具体的评价者所处时代的社会政治、文化状况和价值取向等因素,即该时代的社会需要与文化建设客观上能否与孔子进行有效的交流、对话与沟通,进而实现新的文化融合与创造。如果后世的认识主体所拥有和认同的文化内涵与孔子的思想存在较大程度上的统一性,后世认识主体对孔子的评价就会越高；反之,后世的认识主体所拥有和认同的文化内涵与孔子的思想存在的差异越大,后世的认识主体对孔子的评价就会越低。

从后世与孔子的心理距离来看,后世与孔子的心理距离越近,认识主体比较容易走近甚至走进孔子的内心世界,并且沉浸其中,更好地理解和感悟孔子的喜怒哀乐,与孔子同呼吸、共命运,与孔子一起追求美好的社会理想；反之,认识主体与孔子的心理距离愈远,心理距离就愈加产生疏离的效果,即后世在心理层面上与孔子之间产生"代沟",从而影响对孔子的客观认知,如80后和90后的年轻人由于受西方文化以及网络文化的影响,对孔子以及传统文化缺乏必要的认同。当然,以上三点不是绝对的,而是因时代而异,因认识主体的差异而异。

(二)对孔子选择的历史嬗变

后世对孔子的选择既有历史性,又有主观性,这种选择必然受到时间距离、文化距离和心理距离的多种制约,在多种制约与反制约中,孔子逐渐展衍为不同历史阶段的不同认识主体视野中的"孔子"。因此,不同历史阶段的"孔子"一方面来源于历史上的孔子,一方面又是不同历史阶段人们自觉不自觉地创造出来的"孔子",即孔子在历史生成的过程中被创造和被演义了,后世的认识主体通过各种不同的创造和演义,使孔子逐渐发生了不同程度的变形。孔子在变形中不断深化、丰富,乃至圣化和神化,几乎成为中国传统文化最重要的载体;但在特殊的历史时期,孔子也曾经被扭曲,甚至遭到最彻底的批判和否定。

孔子能够成为"孔子",首先来自弟子对孔子的推崇及其对孔子思想的传播,所谓弟子三千,贤人七十二及其后学者均推尊孔子。子贡对孔子赞美备至,奉如天人,把孔子比为高天、日月、木铎,凡人永远不可企及,认为孔子是天生的圣人;孟子认为孔子所行的"圣人之道"是自然界和社会的至高准则;荀子以继承儒家正统自任,称颂孔子,认为孔子的美德永远不可泯灭,但他贬斥子张、子夏、子游为"贱儒",批评子思、孟子。先秦之际,虽然墨家、道家和法家对孔子及其儒学多有非议,但没有从根本上影响孔子思想的传播。

其次,汉武帝"罢黜百家,独尊儒术"的文化政策为"孔子"奠定了主流意识形态话语的基石。自从汉武帝罢黜百家,独尊儒术以来,孔子及其儒学逐渐成为官方的意识形态,乃至全社会的意识形态,孔子的地位愈来愈高,由圣人逐渐变为神人。"早在公元178年,东汉的蔡邕就在鸿都门学的墙壁上,绘制了孔子和七十二门徒的肖像画。自唐代到明代中期,理想化色彩浓厚的孔子画像是各地孔庙祭祀活动的核心内容。南宋高宗皇帝(1127——1162年在位)授旨绘制的《圣贤图》发挥了推波助澜的作用。"①尽管魏晋南北朝时期战乱频繁,孔子及其儒学遭到玄、佛、道的猛烈冲击,出现儒佛之争,但由于孔子与儒学的生命力,总体而言,在儒佛道三教合流中,孔子及其儒学始终处于正统地位。唐代虽然受到道教与佛教的很大影响,但孔子依然继续深入人心,成为社会主流的意识形态。宋元明清以降,孔子及其儒学得到了进一步的巩固和发展。"高宗还亲自抄写儒家经典著作,镌刻于石碑之上,是为《石经》。《石经》拓本发往路、州各级的所有政府学校……以《圣贤图》为代表的孔子肖像和雕塑是孔庙其他地方祭祀活动的中心,推动并巩固了孔子在思想领域的主导地位。"②即使元代和清代,统治者在汉化中也很快接受了孔子的思想,因而对儒家的接受和认同,成为"汉化"的重要标志。鸦片战争以降,中国近代社会历经巨大的民族灾难,引发了社会改革的思潮,在基督教的影响下,也引起了对孔子及其儒学的反思和批判,比较极端的是洪秀全、五四新文化运动以及"文革"时期。洪秀全1843年砸烂了私塾中的"至圣先师孔子"牌位,从1851年到1864年,太平军所到之处,焚毁孔庙、学官,砸碎孔子牌位、塑像。五四

---

① 张涛:《孔子在美国》,北京大学出版社,2011年版,第17页。
② 张涛:《孔子在美国》,北京大学出版社,2011年版,第17—18页。

时期,新文化运动对孔子的批判完成了由过去的政治批判向文化批判的转向,但思想启蒙过于急功近利,对传统文化的批判不经意间陷入了文化虚无主义的偏执观点。"文革"时期,对孔子的批判达到了登峰造极的程度。其中,河南人民出版社1973年出版的《撕破孔子的画皮》是一本批判孔子的文集,该书刊有郑州大学大批判组的一篇文章,对孔子的批判很有代表性。其中《撕破孔子反革命两面派的画皮》一文如此批判孔子:"孔子是腐朽的没落奴隶主贵族的代表,是反动统治阶级的代言人,是一个地地道道的反革命两面派……是一个彻头彻尾的反动派,是妄图拉着历史前进的车轮开倒车的小丑,是社会发展的绊脚石。"这些文字今天看起来仍然有点令人毛骨悚然,人们不禁要问:当时人们怎么会如此对待孔子?历史无情亦有情,大浪淘沙亦沥金。历史经过循环往复的实践检验,孔子终于恢复了比较本真的面目。

再次,孔子能够成为"孔子",也是不同历史阶段、不同民族和不同文化对孔子自觉不自觉地进行选择的结果。早在吐蕃时期,随着唐蕃之间的文化交流,孔子的盛名就远播西藏,得到藏民族的文化认同,但在藏文化认同的同时,孔子也被藏化了,打上了深深的藏文化的烙印,成为"圣、神、王"三位一体的贡则楚吉杰布①。从孔子国际化的进程来看,自从传教士利玛窦把《论语》翻译成拉丁文,于1687年在法国巴黎出版后,孔子思想在西方流传已有300多年的历史。孔子说:"己所不欲,勿施于人。"耶稣也曾说过:"你们想让别人怎么对待自己,就应该怎么对待别人。"这两句名言在西方被称为"黄金律",但是耶稣比孔子要晚整整5个世纪,国外常把孔子与耶稣、穆罕默德以及释迦牟尼相提并论。18世纪时,孔子学说在欧洲学术界引起了广泛讨论,到了20世纪,西方出现了尊孔的热潮,60年代在大众中形成了东方文化热,但学界对孔子的研究则主要集中在社会等级体系及其概念支撑、宗教属性和现实意义三个方面。

进入21世纪,随着中国对世界的影响,孔子思想也真正进入了文化全球化的历史进程,一方面是孔子思想所代表的普适性、永恒性正在被越来越多的国家和民族所接受和认同;另一方面以数百所孔子学院和孔子学堂为载体的跨国教育,通过汉语为载体,广泛地传播了孔子思想,促使孔子思想进一步走向世界,成为文化全球化中具有丰富的中国文化内涵的一张文化名片。

---

① 苯教把贡则楚吉杰布看作是其教主辛饶米沃且的徒弟和岳父、苯教的四大护法神之一,而藏传佛教则把贡则楚吉杰布看作是文殊菩萨的弟子或者化身。

我们需要注意的是,对于"孔子"的历史生成,人们虽然以历史上的孔子为"原点",但在对孔子进行新的文化创造中,不知不觉地把孔子"孔子"化了,把孔子"当下"化和"为我"化了,也在一定程度上把孔子主观化了。实际上,我们永远不可能走进绝对"原点"的孔子,我们既要尊重历史上的孔子,又要受到历代"孔子"的影响,还要按照我们的"前理解",按照我们的学术视野、思维结构以及我们的需要,对孔子进行不断的解读和阐释。因此,人们更多的不是求孔子之真,而是求"孔子"之善和"孔子"之美。柳诒徵《中国文化史》一书中指出:"孔子者,中国文化之中心也。无孔子则无中国文化。自孔子以前数千年之文化,赖孔子而传;自孔子以后数千年之文化,赖孔子而开。即使自今以后,吾国国民同化于世界各国之新文化,然过去时代之与孔子之关系,要为历史上不可磨灭之事实。"①作者此论确实看到了孔子对中国文化的重大影响,但并没有对"孔子"进行还原,因为历史虽然创造了孔子,但孔子自己却很难创造出不同历史阶段的"孔子",许多"孔子"已经大大超越了孔子的本真状态,因而也是真正的孔子无法预料的。

孔子之所以成为不同时代的"孔子",除了上述谈及的时间距离、文化距离与心理距离以外,还与下面几点因素不无关系:

第一,先秦经典的某些遗失客观上失去了我们研究孔子的参照物,如《周书》《夏书》《商箴》《商书》等,这些经典的逸失,使后世无法了解当时文化的实际状况,这样很可能把这些已经逸失的经典已经具有的思想误认为是孔子的思想。

第二,解读孔子的"当下性",各取所需式的思维定式束缚和限定了我们的视野,"为我"的功利性遮蔽了视野的澄明与客观性,客观上容易出现过度的阐释。

第三,研究者自身学养的单一性,因为缺乏复合型的知识结构与能力结构,只能"横看成岭侧成峰,远近高低各不同","瞻之在前,忽焉在后",所谓仁者见仁,智者见智,显现了研究者的局限性,客观上无法把握孔子这个复合型人才文化巨匠的丰富内涵。唯有既见仁,又见智,才能实现辐射思维与辐集思维的视域融合,从整体系统的视角解读孔子。

第四,汉代以降,历代统治之所以选择了孔子的儒家思想作为主流话语的意识形态,有其选择的客观必然性与合理性。道家讲无为而治,注重出世,但实际上,人生不可能在入世以前就先出世,即使出世,也要在入世以后,而社会的发展在总体上是有为而治,是要求每个社会成员积极入世,不可能长期无为而治;法家

---

① 柳诒徵:《中国文化史》上册,中国大百科全书出版社,1988年版,第231页。

过于注重法制,缺乏人文关怀,忽视人性的尺度,而从社会的稳定来看,单纯的法制客观上不利于社会系统的科学运转;墨家注重技艺,推崇科技理性,较多地注重"器"的层面,这有其合理性,但不能作为治理社会的根本原则;佛教注重个人修身养性,但缺乏社会治理的王道维度。孔子作为儒家的代表,通过克己修身,仁者爱人,注重入世而不是乱世,注重德治与法治兼备,重王道而反对霸道,重民生而反对奢侈,追求大同理想等,客观上既符合人生理想,也符合社会发展理想。

很显然,以孔子为代表的儒家突出"仁",注重建立在爱人的伦理关系基础上的社会秩序的稳定与和谐,以中庸为方法论,注重社会发展的适度态、平衡态、和谐态与稳定态,符合统治阶级安邦定国的需要,因此,不但能够得到历代统治阶级的青睐,而且在较大程度上比较符合全社会的需要,也是孔子与儒家具有长久生命力的根本原因所在。

三、孔子"知其不可而为之"与中庸的人生智慧

孔子大智若愚,具有人生的大智慧。"知其不可而为之"体现了积极有为的人生哲学,中庸的人生智慧把握了人生与社会发展所需要的适度态、平衡态、和谐态与稳定态。

(一)"知其不可而为之"的积极进取精神

孔子能够成为"孔子",原因之一就在于他具有积极进取的人生精神。他深受尧舜以及周公的影响,忧国忧民,以天下为己任,"知其不可而为之",体现出"天行健,君子以自强不息"、刚健有为的精神。

首先,孔子为了实现理想抱负,不仅敢于向多位统治者积极谏言,提出自己的治国安邦之策,而且还不辞劳苦,周游列国,为实现理想而不懈地探索和奋斗,体现了"知其不可而为之"的自强不息精神。《吕氏春秋·遇合》:"孔子周流海内,再干世主,如齐至卫,所见八十余君。委质为弟子者三千人,达徒七十人。七十人者,万乘之主得一人用可为师,不为无人。"对于孔子的刚毅进取、积极有为的思想,曾子对其进行了积极地发挥,《论语·泰伯》载曾子曰:"士不可以不弘毅,任重而道远。仁以为己任,不亦重乎?死而后已,不亦远乎?"这可以看作是对孔子积极进取精神的最好注释。《论语·述而》篇中"学而不厌,诲人不倦","发愤忘食,乐以忘忧,不知老之将至"。孔子这种积极进取精神并非单纯表现为刻苦学习,而是有其理论依据,这就是《论语·述而》所说的"志于道,据于德,依于仁,游于艺"。《论语·宪问》篇中的守门人还称孔子为"知其不可而为之者",极其准确地

把握了孔子追求理想、自强不息的精神。

其次,孔子具有探求真理的见贤思齐和"闻道"的叩问精神。孔子这种对真理的叩问精神甚至影响到当代学者的命名。著名学者张思齐是武汉大学中文系教授、博士生导师,他的名字就是根据《论语·里仁》"见贤思齐焉,见不贤而内自省也"而起的;著名美学家、文艺理论家王朝闻是依据《论语·里仁》"朝闻道,夕死可矣"所起的名字。孔子是第一个生涯设计的理论家,自述"吾十有五而志于学,三十而立,四十而不惑,五十而知天命,六十而耳顺,七十从心所欲,不逾矩"。孔子这段话不但对自己的生涯进行了科学的总结,而且也对他一生的奋斗与成功进行了人才学意义的解读,对人们进行科学的生涯设计也具有重要的启发意义。为了探求真理,就需要具有谦虚的治学精神,正确认识学与思的关系,所以,《论语·为政》曰:"知之为知之,不知为不知,是知也。"又曰:"学而不思则罔,思而不学则殆。"

再次,孔子的积极进取精神不是为了个人的金钱和权力,也不是个人的光宗耀祖,而是为了更好地建功立业,实现"政和"的社会理想。我国传统文化中,知识分子最重要的理想莫过于"修身、齐家、治国、平天下"了。知识分子通过勤奋学习,修身养性,最终是为了达到"修齐治平"的境界,所谓成家立业之谓也。孔子的"三十而立"曾经激励了无数的人们为了成家立业而不懈地奋斗,而其中的"立业"当然也具有建功立业的内涵,蕴含了忧国忧民的人文情怀。

这里值得注意的是,孔子治学不是单纯为了研究学问,而是最终为了奉献社会,实现自己的政治理想和社会理想。这样,孔子的积极进取精神就不是一时的心血来潮,也不是纯粹的形而上的理论研究,而是要求学以致用,是基于对社会的改造和完善,是自觉地进行理论与实践相结合的尝试。

(二)"中庸"的人生智慧

孔子的核心思想是"仁",为了实现"仁",孔子注重礼乐教化,并且特别注重对方法论的思考,而"中庸"在孔子那里,就具有重要的方法论含义。

从学理上来看,中庸是人类对社会经验的科学总结,也是古今中外一种非常重要的方法论。在中国哲学史上,早在上古时期,原始人群从弓箭文化出发,认为"中"乃旗杆之正,"中"从一开始就具有了准则、标准的意义。孔子继承了周人的尚中思想,《论语·雍也》载孔子曰:"中庸之为德也,其至矣乎!民鲜久矣!"孔子认为中庸是道德的最高境界,进而把中庸上升为一种方法论。结合孔子的其他论述,我们可以发现,中庸在孔子那里既具有道德最高境界的含义,也具有方法论的含义,所谓"过犹不及"即指做人做事的中庸问题。孔子主张以中庸为指导思想,调节人们的言行,既不偏于狂,也不偏于狷,应该在两端之间取中,以此和谐社会关系。后来,子思在《中庸》中继续深化了对中庸的认识,而且还明确把"中"与"和"融合起来:"中也者,天下之大本也;和也者,天下之达道也。致中和,天地位焉,万物育焉",把中和上升为中国古代哲学本体论的高度,升华为天地宇宙和社会人生运行的理想图式。

  孔子的中庸思想对后世发生了重大影响,究其实质在于中庸是优化人生与和谐社会的一种普遍有效的方法论,也体现了人类普适性的人生智慧。在古希腊,亚里士多德提出了"中庸是最高的善和极端的美"[①]的论断,把中庸提到最高的程度,并推及到他的哲学、伦理学、社会学、美学等多个领域,在不同的语言范畴中,他又称之为"居间者"和"中间物"。日本著名汉学家竹添光鸿把中庸解释为"合情、合理、合法",即"合理化管理"。王岳川认为,"中庸在古代政治文化中是一种具有超越性的思想,在今天世界精神生态危机中同样具有调整人心寻求正途的普世性价值"。[②] 实际上,从社会发展史的角度来看,中庸之所以能够被不同的国家和民族所接受和认同,就在于中庸代表了事物发展的一种适度态、平衡态、和谐态与稳定态;而反中庸只能导致事物的非适度态、非平衡态、非和谐态与非稳定态,客观上恰恰成为阻碍事物适度态、平衡态、和谐态与稳定态的一种负面价值。

  对于孔子的中庸思想,有不少学者认为中庸比较适合于社会稳定,但不利于社会改革,因而认为中庸具有一定的保守倾向。笔者认为,这种看法其实也是偏颇的。从社会发展史的角度来看,自进入阶级社会以来,大凡背离了中庸的历朝历代,不仅导致了阶级之间的尖锐对立,造成官逼民反的动乱局面,而且即使在社会变革时期或者历代农民起义的时期,失去了中庸的准则,也会进一步激化矛盾,客观上加剧社会动乱。历代农民起义一方面为推翻统治者发挥了积极的作用,但另一方面有时也出现了烧杀掳掠、破坏生产力的严重后果。

  我国1957年的"整风运动"、1958年的农业"大跃进"运动、1966年的"文革"是矫枉过正,从根本上背离了中庸的方法论,极大地阻碍了社会的发展进步。即使在社会改革的历史时期,也要积极稳妥,不能急于求成,矫枉过正,也不能搞"一刀切",而是要兼顾城乡之间、区域之间、阶层之间、稳定与发展之间各个方面的和

---

① 苗力田主编:《亚里士多德全集》第八卷,中国人民大学出版社,1991年版,第36页。
② 王岳川:《"中庸"的超越性思想与普世性价值》,《社会科学战线》,2009年第5期。

谐发展。所谓科学发展、和谐发展以及统筹协调等,也都与中庸有不谋而合之处。由此可见,对孔子中庸的评价要突破研究者自身的思维遮蔽性,把其上升到人生智慧和方法论的层面,进而把握其普适性与永恒性,这对于社会的稳定与改革都具有积极的方法论意义。

综上可见,在孔子向"孔子"的历史生成过程中,孔子的价值不断被增值,这充分说明孔子思想具有的强大生命力。"总而言之,孔子是中国历史上的一位学识渊博、思想卓越的文化伟人,而且是中国文化史上的一位承上启下的中心人物,他上承夏商周文明之精华,下开两千年中国思想之正统,他的影响遍及政治、伦理、哲学、教育等社会生活的各个领域,对于模塑中华民族的世界观、价值取向和认知思维习惯产生了难以估量的历史作用。"①历史长河,大浪淘沙,孔子历经不同时代的历史阐释,仍然活在当下,活在未来新的历史生成之中。我们需要认真思考的是:我们如何在孔子与"孔子"的和谐统一中,既要注重对孔子本真面貌的追溯探求,沿波讨源,虽幽必显,又要在孔子向"孔子"的转化与生成中把握孔子所蕴含的真与善的融合、共生与统一性,由此进一步揭示我国传统文化继承、传播与创新的基本规律。

四、《论语》的篇目及其主要内容

《论语》由孔子弟子及再传弟子编写而成,至汉代成书,主要记录孔子及其弟子的言行,全书共20篇、492章,首创"语录体"。全书以语录体为主,叙事体为辅,集中体现了孔子的政治主张、伦理思想、道德观念及教育原则等,是儒家学派的最重要的经典,对后世产生了深远的影响。

《论语》在古代有3个版本,包括《古论》《鲁论》和《齐论》。现在通行的《论语》是由《鲁论》和《古论》整理形成的版本,而《齐论》则在汉魏时期失传。《论语》与《大学》《中庸》《孟子》并称"四书",与《诗》《书》《礼》《易》《春秋》等"五经",总称"四书五经"。

阅读文献,需了解文章或著作的篇章结构及其内在逻辑,要特别注意纲举目张,才能更好地了解文章或著作的内容。乍看起来,《论语》的篇名很难懂,读者开始往往不知所云。实际上,《论语》每一篇文章的命名,都是取该篇句首前两个

---

① 林存光:《历史上的孔子形象:政治与文化语境下的孔子和儒学》,齐鲁书社,2004年版,第461页。

字作为篇名;若开篇前两个字是"子曰",则跳过而取句中的前两个字;若开篇三个字是一个词,则取前三个字。篇名与其中的各章没有意义上的逻辑关系,我们可当作页码看待。

《论语》章题的主要内容如下:

学而第一:主要记载孔子讲"务本"的道理,引导初学者进入"道德之门"。

为政第二:主要记载孔子讲治理国家的道理和方法。

八佾第三:主要记载孔子谈论礼乐。

里仁第四:主要记载孔子讲仁德的道理。

公冶长第五:主要记载孔子对古今人物的评价。

雍也第六:主要记载孔子和弟子们的言行。

述而第七:主要记载孔子的容貌和言行。

泰伯第八:主要记载孔子和曾子的言论及其对古人的评论。

子罕第九:主要记载孔子言论,重点为孔子的行事风格,提倡和不提倡做的事。

乡党第十:主要记载孔子言谈举止,衣食住行和生活习惯。

先进第十一:主要记载孔子教育言论和对其弟子的评论。

颜渊第十二:主要记载孔子教育弟子实行仁德、为政和处世的方法。

子路第十三:主要记载孔子论述为人和为政的道理。

宪问第十四:主要记载孔子和其弟子论修身为人之道,以及对古人的评价。

卫灵公第十五:主要记载孔子及其弟子在周游列国时的关于仁德治国方面的言论。

季氏第十六:主要记载孔子论君子修身,以及如何用礼法治国。

阳货第十七:主要记载孔子论述仁德,阐发礼乐治国之道。

微子第十八:主要记载古代圣贤事迹、孔子众人周游列国中的言行及周游途中世人对于乱世的看法。

子张第十九:主要记载孔子和弟子们探讨求学为道的言论,弟子们对于孔子的敬仰赞颂。

尧曰第二十:主要记载古代圣贤的言论和孔子对于为政的论述。

通过对《论语》篇目的简要分析,我们可以大致了解《论语》的内容框架。阅读《论语》是一件十分有益的高级精神活动,对于我们每个人修身养性,增强人生智慧,提高情商,促进每个人的成长与成才,对于家庭和谐以及社会的智慧管理,都具有重要的启迪意义。

五、本书撰写的特点

(一)本书的研究方法

在研究方法上,由于《论语》的内容涉及哲学、社会学、心理学、教育学、人才学、管理学、经济学、文艺学等多个领域,因此,只有运用多种研究方法,对《论语》进行多维辐射与多维辐集的交叉研究,在视域融合中达到思域融通的豁然,才能更好地理解孔子思想。

其中本书特别注重运用阐释学的研究方法,根据《论语》本身内涵的丰富性,一方面结合现实的需要,一方面结合个人的人生经历和生命体悟,在很多章的评析部分,尝试对《论语》进行创造性的阐释,揭示和发现《论语》在现代语境下新的时代价值和普遍价值。

(二)本书主要依靠的参考文本

要研究孔子与《论语》,单纯孤立地研究《论语》是不够的,因此,本书还参考了《孔子家语》《礼记》《史记·孔子世家》《史记·仲尼弟子列传》《春秋左氏传》《吕氏春秋》等大量的相关文献。为了广采博取,本书还采纳了现代学者研究《论语》的诸多成果。

其中,《孔子家语》又名《孔氏家语》,或简称《家语》,也是一部记录孔子及孔门弟子思想言行的著作,原书二十七卷,今本为十卷,共四十四篇,魏王肃注,书后附有王肃序和《后序》。过去因为疑古派的非难,前人多认为是伪书,随着近代简帛文献的出土证明,确信《孔子家语》为先秦旧籍,其真实性与文献价值越来越为学界所重视。

(三)本书的写作体例

本书按照《论语》的体例,把内容分为20篇,然后分篇进行译评。拙著在集思广益的基础上,把《论语》纳入中国传统文化和儒学大背景下进行现代的阐释,对《论语》20篇的全文进行具体的译介,并进行逐章的评析,以引导读者以积极的阅读视野参与中国传统文化的继承与创新。通过对《论语》的丰富思想进行全方位的深度解读,力求对《论语》思想做出新的阐释,揭示其现代价值。

在写作特点方面,拙著采取对《论语》逐章解读的研究方法,总体风格注重深入浅出,雅俗共赏。按照《论语》的自然顺序,在篇章结构方面,每篇的解读都采取先原文、再翻译,最后评析。拙著突破了很多研究《论语》的著作的思路,不再对原文的字词句进行注释,对于原文中比较难以理解的字词句放在评析部分进行简要的解释。评析部分力求结合现实,挖掘《论语》的当代价值。

拙著具体的体例如下:

第一,每章开始,先有一个【本篇引语】,主要概括介绍本章的主要内容。

第二,在【本篇引语】下面是【原文】;在原文一些重要的文句下面加注了着重号,以便引起读者的注意,加深读者对这些文句的理解。

第三,在【原文】下面是【译文】,译文基本采取意译的方式,不拘泥于古汉语的表达方式,而只注重原文的本意。

第四,在【译文】后面是【评析】,这部分内容在评价原文的基础上,按照阐释学的原理和方法,结合现实以及孔子思想的深刻性、丰富性,对原文进行创造性的阐释,揭示其现代意义。

在具体的写作过程中,对《论语》的原文和译文方面,在博采众家之长的基础上,按照本人的理解,进行新的断句和使用标点,对译文进行新的润色,使语言更加流畅,也更加符合原意。

第一篇 《学而》译评

【本篇引语】

《学而》是《论语》第一篇的篇名。《学而》一篇包括16章,内容涉及诸多方面。其中重点有"学而时习之,不亦说乎?有朋自远方来,不亦乐乎?人不知,而不愠,不亦君子乎?";"泛爱众,而亲仁";"不患人之不己知,患不知人也"等孔子的思想。

此外,本篇中还介绍了孔子几个著名弟子的观点。其中有曾子的"吾日三省吾身";子夏的"言而有信";有子的"君子务本,本立而道生"和"礼之用,和为贵";子贡的"贫而无谄,富而无骄"等思想,非常值得学习。

【原文】

1.1 子曰:"学而时习之,不亦说乎?有朋自远方来,不亦乐乎?人不知,而不愠,不亦君子乎?"

【译文】

孔子说:"学习以后经常去实践它,不也高兴吗?有志同道合的人从远方来,不也快乐吗?人家不了解我,我却不怨恨,不也是君子吗?"

【评析】

《论语》开篇就是《学而》篇,可见学习在人生中的重要性。在人才开发的过程中,人生即学习,学习即人生,终身学习已经成为当今社会发展的一大趋势。所以,我们要不断学习再学习,把学习与实践结合起来。

学习《论语》开篇,就遇到"学而时习之"这句话,很多学者和读者很容易把"习"理解为"复习"。实际上,孔子这里所说的"习",不是指复习,而是指实践,包括在实践中运用知识。这句话的正确理解是要求把学习与实践相结合,其中包含了要通过实践去检验学习的治学之道。

《礼记·月令》中有"温风始至,蟋蟀居壁,鹰乃学习,腐草为萤"的记载。这里的"鹰乃学习"中的"习",也是"实践"的意思,即小鹰为了能够捕猎,就需要反复练习捕猎的本领。史赜源认为,《论语》的《为政》篇中有"温故而知新",这个"温"字是复习或温习的意思,因此,他认为如果把"学而时习之"理解为"时时温习"恐怕头都大了,又何"悦"之有?"拿今天的现象来说,高考刚完毕,或者大四刚毕业,教材书本都被撕扯成碎片而满天飞舞,很显然,这种撕裂是对重复学习的痛恨以及过后那种逃离的喜悦,哪里有丝毫想重温和复习的喜悦?"①因此,把"学而时习之"解读为"学习并且经常实践运用",也许更符合孔子思想的原意。白川静认为,孔子之学,是"学而时习之",那样需要实践的东西……实践才是孔子教学的根本。②

人生赤条条来到这个世界上,出生的婴儿简直就像一个既笨拙无能,又非常可爱的小动物,一切都要从零开始学习,从认识爸爸妈妈,咿呀学语,逐渐认识周围的人和事物,从幼儿园、小学、中学,再到大学,再到成家立业,一切都需要不断学习。因此,不管你愿意不愿意,学习都会自觉不自觉地贯穿于你的一生。既然如此,我们就应该像孔子所说的那样,以学习和实践为快乐,不要被动学习,而是应该主动学习,以学习为快乐。

人活在世界上,不能没有朋友。没有朋友的人生是孤独寂寞的,所以当朋友从远方来与你相聚的时候,不要嫌麻烦,要感到志同道合的快乐,要体验知音难觅的感觉。世界之大,一个人与另一个人能够从相识、相知,进而达到知心朋友的境界,不管是红颜知己还是蓝颜知己,都是缘分,都来之不易,且聚且珍惜。

当然,人生在世,无不渴望他人理解自己,但不要希望所有的人都能够理解自己,因为理解人是最难的,因为你也不可能理解你所认识的一切人。我们应做到的是,对他人不理解自己这一事实能够学会理解。即使在家庭内部,父子之间、夫妻之间、兄弟姊妹之间,也容易经常出现误会。在现实生活中,人与人之间彼此有时不理解或理解得不够全面,甚至是误解,这都是很正常的,所以应该像君子那样,即使别人不理解自己,自己也不要怨恨对方。

【原文】

1.2 有子曰:"其为人也孝弟,而好犯上者,鲜矣;不好犯上,而好作乱者,未之

---

① 史赜源:《论语清源》,中国文史出版社,2014年版,第33页。
② 白川静:《孔子传》,人民出版社,吴守钢译,2014年版,第53页。

有也。君子务本,本立而道生。孝弟也者,其为仁之本与!"

【译文】

有子说:"他的为人,孝顺爹娘,敬爱兄长,却喜欢触犯上级,这种人是很少的;不喜欢触犯上级,却喜欢造反,这种人从来没有过。君子专心致力于根本,根本建立了,道就会产生。孝顺爹娘,敬爱兄长,这就是仁的基础吧!"

【评析】

这段话是《论语》中第一次谈"仁"。通过有子这段话可以发现,"仁"并不是很抽象的看不见摸不着的虚无缥缈的东西,而是可以从建立家庭内部的和谐关系开始。有子这里提到了三个"本"字,意思是把孝弟视为"仁"的根源,可以由孝弟推及到对"仁"的修行。由此,我们也可以进一步理解"家庭是社会的细胞"所蕴含的原理了,不仅家和万事兴,而且家和国家兴。

孔子的学生有若这段话对于个人修身与社会治理,都具有重要的启发意义。意思是说,一个人如果在家里修行很好,就很少会在工作中触犯上级,而不在工作中触犯上级的人,就不可能喜欢造反。由此可见,一个社会成员如果能够在家中修身养性,掌握做人的根本,就会有利于工作秩序的稳定和社会秩序的稳定。所以,素质教育注重做人的教育,这无论对于个人发展,还是家庭和谐,抑或对于建立和谐的社会,都具有非常重要的意义。

【原文】

1.3 子曰:"巧言令色,鲜矣仁!"

【译文】

孔子说:"花言巧语,心口不一,是缺少仁的表现。"

【评析】

我们在判断一个人的时候,需要察其言而观其行,而决不能听其巧舌如簧、花言巧语甚至信口雌黄。在历史上,但凡奸臣小人,无不巧言令色,善于伪装,往往运用三寸不烂之舌,忽悠上级,欺上瞒下。即使从面相的角度来看,这种小人因为内心世界非常晦暗、猥琐、狭隘甚至阴险,就会在不经意间把自己内心的晦暗反映在猥琐甚至邪恶的眼神里。

对此,我们要善于和敢于用我们自己内心的正直、坦白与敞亮,去直射对方的目光,因为只有魔鬼才害怕阳光,所以,我们面对巧言令色的小人甚至奸臣时,就要敢于亮剑,要亮出我们正义和真理的照妖镜,让其在阳光下无处存身。

从领导科学的角度来看,领导干部在考核人才和任用人才时,多关注那些苦口良药和忠言逆耳者,睁开你的火眼金睛,善于识别"巧言令色"的伪君子、真小人,切忌上这类"巧言令色"之辈的当。

假的就是假的,伪装应该剥去,真理与真相总会大白于天下。我们应该谨记"君子务本,本立而道生"的人生智慧。

【原文】

1.4 曾子曰:"吾日三省吾身——为人谋而不忠乎?与朋友交而不信乎?传不习乎?"

【译文】

曾子说:"我每天多次反省自身:替人家谋虑是否不够尽心?和朋友交往是否不够诚信?老师传授的知识是不是还没有练习?"

【评析】

人生在世,只有坚持自我反思,才能不断完善自己的生命,顺利完成人生的社会化、文化化和文明化。《论语·学而》篇通过曾子所言,揭示了人生"吾日三省吾身"的重要性。

曾子是孔子的学生,名参,比孔子小46岁。"吾日三省吾身"中的"三"不一定是确指,是指"多次"的意思,旨在说明每天都坚持多次自我反省。曾子这段话启示我们:人生在世,应该按照做人的标准,每天都要坚持自我反思,时刻提醒自己如何做人,如何做事。为人出谋划策时,应该尽心,不能敷衍;与朋友交往,应该以诚相待;向老师学习知识,要不断深入领会和实践。

很显然,从人才开发的角度来看,曾子所说的这些做人做事的原则,对于今天的素质教育,引导我们每个人学会做人做事,仍然具有重要的启发意义。特别是身处领导干部的岗位,如果不能做到"三省吾身",就有可能失去自知之明,骄傲自大,以权谋私等,发生权力与人生的异化。

【原文】

1.5 子曰:"道千乘之国,敬事而信,节用而爱人,使民以时。"

【译文】

孔子说:"治理具有一千辆兵车的国家,就要严肃认真地对待工作,信实无欺,节约费用,爱护官吏,使用老百姓要在农闲时间。"

【评析】

在春秋时期,千乘之国是一个中等的国家,治理国家就必须严肃认真地对待工作,做到信实无欺,爱护官员,在农闲时间使用老百姓。孔子的意思是说,统治者要勤俭节约,要爱民,包括爱护官员和老百姓。孔子这种思想在春秋时期是非常先进的,真正体现了"仁"的内涵。

把孔子这段话用于当下的社会治理,不难发现,我们近些年惩治了这么多的"大老虎",在可喜可贺的同时,也要反思我们的干部制度是否真正保护了干部的健康成长?是否预防了干部的犯罪?实际上,由于干部制度不够完善,缺乏必要的监督,客观上是把一些缺乏自省的干部宠坏了,许多干部于不经意间蜕变成了"大老虎",不亦悲乎!

孔子所说的"使民以时",客观上体现了孔子对农业劳动规律的认识和尊重,也体现了以人为本的民本思想。

【原文】

1.6 子曰:"弟子,入则孝,出则弟,谨而信,泛爱众而亲仁。行有余力,则以学文。"

【译文】

孔子说:"为人弟为人子的人,进家要孝顺父母,出外要顺从兄长,行为时常谨慎、守信,博爱大众,而亲近仁者。在上述几点全部做到之后,若有余力,则可研习文化。"

【评析】

孔子这段话倡导人伦修养的重要性。人生在世,回到家里,要孝顺父母,这是理所当然的为子之道;出门在外,要顺从兄长,这也是符合人之常情的,也基本符合组织管理学的原理。在组织管理方面,下级服从上级,这体现了组织纪律,而顺从兄长,显然也是合乎伦理和人之常情的。无论是家庭还是社会,论资排辈客观上具有一定的合理性,比如提拔干部,要考虑相应的任职年限;工资薪酬,要考虑工龄等因素。

孔子还特别重视做事要谨慎守信,尊重别人。这里的"泛爱众",具有理解人、尊重人和关心人的内涵,具有以人为本的含义。而"亲仁"则是画龙点睛之笔。中国古代哲学认为,物以类聚,人以群分;近朱者赤,近墨者黑。当我们"亲近仁者"的时候,我们就会不知不觉地受到仁者潜移默化的积极影响,自己也会逐渐成为一个仁者。

素质教育特别注重先做人,后做事,认为学会做人比做事还重要。孔子认为,一个人在学会做人的前提下,就可以进而学习文化了。孔子这种思想与当下我们提倡的素质教育不谋而合。

【原文】

1.7 子夏曰:"贤贤易色;事父母,能竭其力;事君,能致其身;与朋友交,言而有信。虽曰未学,吾必谓之学矣。"

【译文】

子夏说:"一个人能够看重贤德而不以女色为重;侍奉父母,能够竭尽全力;服侍君主,能够献出自己的生命;同朋友交往,说话能讲信用。这样的人,尽管他自己说没有学习过,我一定说他已经学习过了。"

【评析】

子夏:姓卜,名商,字子夏,是孔子的学生,比孔子小44岁。子夏认为,男人对待妻子,应该注重她的贤德,而不是相貌;要孝顺父母,忠于君上,交朋友要言而有信。

其中,关于"贤贤易色",战国时钟离春外貌极丑,四十岁不得出嫁,自请见齐宣王,陈述齐国危难四点,为齐宣王采纳,立为王后;三国时诸葛亮以德才为标准,娶黄承彦的丑女黄月英为妻。我们当代很多人择偶时在德与貌之间的选择上需要谨记子夏的名言,不能重色轻德,以貌取人。至于有的人因爱美而整容,则往往是本末倒置了。一些其貌不扬的女孩也可以从钟无盐和黄月英的婚姻中汲取人生的智慧,因为只有内在的修行,才是真正决定人生价值的根本所在。

对于"事君,能致其身"的观点,因为古代知识分子通常把忠君与爱国联系在一起,所以,为主尽忠,就成为古代知识分子重要的价值追求,客观上既有合理性,也有局限性。子夏这一思想也反映了孔子教育重在品行的教育理念。

关于与朋友交往中的诚信问题,在市场经济条件下,诚信不但是做人的重要素质,而且也是发展经济的重要软实力,因为企业家大部分也都希望与诚信的人合作。所以,从根本上来说,人无信不立。子夏提出了"与朋友交,言而有信"的观点,仍然值得我们学习。

【原文】

1.8 子曰:"君子不重,则不威;学则不固。主忠信,无友不如己者,过则勿惮改。"

【译文】

孔子说:"君子不庄重,就没有威严;学习可以使人不闭塞;要以忠信为主,没有朋友不如自己的;有了过错,就不要怕改正。"

【评析】

孔子这段话谈的是君子的修行。他主张君子要庄重威严,要认真学习,做人要忠信,要善于与优秀的人交朋友,不要怕犯错误,即使犯了错误,也要及时改正。由此可见,孔子非常注重修身,追求高尚人格,严于律己,襟怀坦白,这对于我们今天的做人教育,也具有启发意义。

其中,关于"无友不如己者,"并非是指"不要同不如自己的人交朋友,"而是忠信交友,要善于学习朋友的长处。可以参照"三人行,必有吾师",来理解孔子这句话的内涵。

【原文】

1.9 曾子曰:"慎终,追远,民德归厚矣。"

【译文】

曾子说:"谨慎地对待父母的去世,追念久远的祖先,就会使百姓的道德归于淳厚了。"

【评析】

曾子这段话看似很简约,但非常耐人寻味。中国传统文化源远流长,根深叶茂,唯有沿波讨源,才能虽幽必显,理清中国历史长河的发展脉络。惟其如此,对待自己的父母祖先,要有敬畏之心和感恩之心,决不能数典忘祖。孔子虽然不相信鬼神的存在,说自己"敬鬼神而远之",但非常重视祭祀之礼,把祭祀之礼看作一个人孝道的传承和表现,通过祭祀之礼寄托和培养个人对父母和先祖尽孝的情感。

从人生哲学的角度来看,一个人如果孝顺父母,在父母去世后,仍然能够心怀父母,不忘祭祀,这样的人在现实中一般都能够维持家庭的和谐,而善待他人,对国尽忠,因为孝是忠的基础,忠是孝的延伸和外化。

不忘初心,方得始终。

【原文】

1.10 子禽问于子贡曰:"夫子至于是邦也,必闻其政,求之与?抑与之与?"子贡曰:"夫子温、良、恭、俭、让以得之。夫子之求之也,其诸异乎人之求之与?"

【译文】

子禽向子贡问道:"先生一到哪个国家,一定会了解那个国家的政事,是他打听来的呢?还是别人自动告诉他的呢?"子贡道:"先生是靠温和、善良、严肃、俭朴、谦逊得到的。先生获得的方法,和别人获得的方法不相同吧?"

【评析】

无论是研究社会问题,还是治理国家,都需要搞好调研活动。孔子不仅关心国家大事,而且还非常善于以"温、良、恭、俭、让"的态度和方式,了解一个国家的政事。

这段对话表明孔子的为人之道和做事之道。他为人谦和、善良、严肃、俭朴、谦逊,这既是做人之道,也是做事之道。只有谦和、善良与谦逊,才能建立良好的人际关系,获得他人的赞许和肯定;只有严肃,做事情才能认真而不马虎;只有俭朴,才能与他人拉近感情。由此可见,孔子的为人处世表现了文质彬彬的君子风采,在与别人交流时,自然而然能够得到最真实的信息。

从孔子成为圣人的归因来看,正是因为孔子在对待他人,对待求学如此虚怀若谷,彬彬有礼,谦恭待人,才能够得道多助,学习到别人学不到的知识,才能成为真正集大成的博学者。

【原文】

1.11 子曰:"父在,观其志;父没,观其行;三年无改于父之道,可谓孝矣。"

【译文】

孔子说:"当他父亲活着,要观察他的志向;他父亲死了,要考察他的行为;若是他对父亲的合理部分,长期地不加改变,可以说做到孝了。"

【评析】

这段话谈的是儿子对父亲精神遗产的继承问题。当父亲在世时,我们评价他的儿子,就要看他具有什么样的志向;他父亲去世后,因为儿子已经没有父亲的监管,就要看儿子如何管好自己的行为;如果儿子能够长期坚持父亲正确的家教传统,就是对父亲的孝顺了。

"三年无改于父之道"可以指三年,但也可以指很长时间,不一定是确指。这段话看似是对儿子的评价,但也可以用于我们对传统文化态度和对待已有的规章制度等传统文化的评价。对待传统文化遗产中的精华,我们应该积极继承和发扬光大;而对于过时的陈规陋习,就应该大胆扬弃。同理可证,子女对待父亲的传统,不应该在父亲去世后马上离经叛道,彻底否定父亲的一切,而是应该尽量保留父亲的合理因素。

我们如果换一个角度来看,孔子这句话还具有深刻的历史哲学意味。从历史继承性的角度来看,每个新的统治阶级都需要从以往的统治阶级中汲取其合理之处,通过科学的传承,逐步完成历史的新老交替。

【原文】

1.12 有子曰:"礼之用,和为贵。先王之道,斯为美;小大由之,有所不行,知和而和,不以礼节之,亦不可行也。"

【译文】

有子说:"礼的作用,以遇事都做得恰当为可贵。过去圣明君王治理国家,可宝贵的地方就在这里;他们小事大事都做得恰当。但是,如有行不通的地方,便为恰当而求恰当,不用一定的规矩制度来加以节制,也是不可行的。"

【评析】

"和为贵"体现了人生与社会治理的大智慧。无论是做人还是做事,无论是家庭还是国家,都要做到"和为贵",因为只有和谐,才能维持一个社会系统的正常运转与可持续发展。

"和为贵"是有子非常重要的思想,但有很多人误读了有子的"和为贵",认为"和为贵"是指不讲纷争,搞一团和气,搞调和,要和气生财等。实质上,《礼记·中庸》对"和"解释很清楚:"喜怒哀乐之未发谓之中,发而皆中节谓之和。""中"与"和"相融相谐,就是中和之美。

《学而》这段话谈的"和"不是指和气,而是指适合、恰当、恰到好处。意思是说,礼的作用就是为人处世应该做到恰当,恰到好处。当然,不能为恰当而恰当,有时也需要规矩制度的约束,并非无原则的为和而和。

【原文】

1.13 有子曰:"信近于义,言可复也。恭近于礼,远耻辱也。因不失其亲,亦可宗也。"

【译文】

有子说:"所守的约言符合义,说的话就能兑现。态度容貌庄矜符合礼,就不会遭受侮辱。依靠最亲近的人,也就靠得住了。"

【评析】

这段话的意思是说,只有做一个讲信义之人,说话才能诚实可靠,才能兑现诺言;一个人的态度容貌合乎道德规范,就不会遭受别人的侮辱;建立和谐的人际关系,才能处事更加稳妥。可是,我们联想到当今社会,"大老虎"们在入党宣誓中,哪个没有信誓旦旦?在平时的大会上哪个不慷慨陈词?但究其实质,都是一些不讲信义的小人。

姑且不说"大老虎"。生活中的那些"苍蝇蚊子们",实质上也属于缺乏信义的小人,言行不一,口是心非,甚至口蜜腹剑,一副小人嘴脸尽可显现于猥琐的眼神。根据我的经验,凡是缺乏信义的人,其眼神往往与常人不一样,表现为游移不定,尽显空虚乃至邪恶的灵魂。

【原文】

1.14 子曰:"君子食无求饱,居无求安;敏于事而慎于言,就有道而正焉,可谓好学也已。"

【译文】

孔子说:"君子,吃食不要求饱足,居住不要求舒适,对工作勤劳敏捷,说话却谨慎,到有道的人那里去匡正自己,这样,可以说是好学了。"

【评析】

孔子的思想博大精深,他在重视人伦修养的同时,还对什么是"好学"提出了自己的见解,对于我们今天正确理解君子,学会做人做事,都具有重要的参考价值。

孔子这段话对于人生的修炼非常重要。从健康养生的角度来看,孔子是养生学家,"食无求饱"的饮食习惯非常符合现代养生的理念。从居住环境来看,"居无求安",是指不要过于追求舒适,注重简约之美,这在客观上也符合君子的修行,因为一个真正的君子,往往是以追求真理为己任,对于舒适的居住环境大多不太在意,不会去追求奢侈豪华。从做人的言行来看,孔子注重"敏于事而慎于言,就有道而正焉",要求工作努力勤奋,做人谦虚谨慎,向德高望重的君子学习,以真正的君子规范来塑造自己,这恰恰体现了孔子成才的规律。

孔子这段话不但阐述了君子应有的修行,而且也阐明了什么是真正的"好学"。"食无求饱,居无求安,敏于事而慎于言,就有道而正焉",非常符合人才开发的原理,充分体现了每一个人的修身之道和成才之道。

【原文】

1.15 子贡曰:"贫而无谄,富而无骄,何如?"子曰:"可也;未若贫而乐,富而好礼者也。"子贡曰:"《诗》云:'如切如磋,如琢如磨。'其斯之谓与?"子曰:"赐也,始可与言诗已矣,告诸往而知来者。"

【译文】

子贡说:"贫穷却不巴结奉承,富裕却不骄傲自大,怎么样?"孔子说:"可以了。但是还不如安贫乐道,富裕却谦虚好礼。"子贡说:《诗经》上说:'要像对待骨、角、象牙、玉石一样,先开料,再糙锉,细刻,然后磨光。'那就是这样的意思吧?"孔子道:"赐呀,现在可以同你讨论《诗经》了,告诉你一件,你能有所发挥,举一反三了。"

【评析】

在市场经济条件下,我国目前的贫富分化已经非常严重,导致贫富悬殊的原因既有政策方面的,也与个人把握市场能力的高低有关。但无论什么原因,贫富悬殊已经成为一种重要的社会现象。那么应该怎样对待自己的贫富呢?孔子给出了很好的阐释。

针对贫富的现象,孔子的学生子贡认为,你贫穷的时候,不去巴结奉承他人;你有钱的时候不骄傲自大。孔子在肯定子贡这一观点合理性的基础上,又进一步提出了他的贫富观:"贫而乐,富而好礼。"意思是说,即使一个人处于贫穷的时候,仍然要争取获得人生的快乐,特别要用追求"道"来自我激励,通过获得精神的愉悦来平衡人生;即使有钱了,也应该谦虚做人,不要张扬跋扈。

看看我们今天社会的仇富心理,不难看出,人们为什么仇富了。一些所谓富人富而不贵,缺乏基本的做人和文化修养:言语粗鄙,行为不检点,甚至飞扬跋扈;到旅游景点有时乱刻乱画,不守秩序;平时宁肯享受夜生活的高消费,对于公益事业却无动于衷,一毛不拔。笔者认为,正确的态度应该是:贫而不失其志,富而不失其仁。

还需要注意的是,孔子在这段话里还提出了"举一反三"的推理方法,对于我们的学习和学术研究,都具有重要的启发意义。

【原文】

1.16 子曰:"不患人之不己知,患不知人也。"

【译文】

孔子说:"不要担心别人不了解我;我担心不了解别人。"

【评析】

孔子这句话非常简练,言简意深。人生在世,很多人总是认为自己怀才不遇,唯恐别人不了解自己,实际上,按照孔子的观点来看,为人处世,不要担心别人不了解自己,而是应该担心自己不了解别人。孔子的这一思想启示我们,对待他人,要做更深入的观察和分析,不但要察言观色,更要洞察一个人的心扉。但是对于一些面善心恶之徒,就要及时防患于未然了。

就我的人生阅历来看,我虽然已达耳顺之年,还算是比较了解自己,但有时确实不了解别人,难免会犯眼拙的错误,真正体会了知人之难。有个朋友告诉我他的人生体会:你把别人当朋友,别人却在利用你,你说这是些什么人啊!还有的人当面说好话,背后却给你捅刀子!啊!知人之难,难于上青天乎?

第二篇 《为政》译评

【本篇引语】

《为政》篇包括24章。孔子提出"为政以德"的思想,深入研究了"温故而知新"以及学与思的关系,认为"学而不思则罔,思而不学则殆",提出"思无邪"的文学观。揭示了生涯设计的内在规律:"吾十有五而志于学,三十而立,四十而不惑,五十而知天命,六十而耳顺,七十而从心所欲不逾矩。"对君子与小人的区别进行了对比,"君子周而不比,小人比而不周"。

【原文】

2.1 子曰:"为政以德,譬如北辰,居其所而众星共之。"

【译文】

孔子说:"用道德教化来治理政事,就会像北极星那样,自己居于一定的方位,而群星都会环绕在它的周围。"

【评析】

管理是一门科学,领导是一门艺术。在原始社会,氏族首领凭借着氏族成员的素朴道德维系着正常的社会秩序。进入阶级社会以来,社会治理则需要法制与德治并行不悖,二者相辅相成。王雅认为,孔子主张"德治",提出"为政以德"的理念和方法。所以"德治",是指统治者率先垂范,从自我修身开始,然后齐家、治国、平天下,统治者必须以"德"来获得并保有统治地位。① 孔子在中国历史上则最早明确提出了"为政以德"的国家治理理念,显示了他对领导科学与艺术的深刻领悟。

道德是衡量行为正当的观念标准,是社会调整人们之间以及个人和社会之间关系的行为规范的总和。任何时代一般都具有社会公认的道德规范。只涉及个人、个人之间、家庭等私人关系的道德,称私德;涉及社会公共部分的道德,称为社

---

① 王雅:《孔子哲学》,人民出版社,2014年版,第41页。

会公德。由道德的定义来看，道德既是个人的自我约束与规范，主要体现在个人的自律，也是社会对社会具体成员的外在约束和规范，主要体现为社会的他律。

管理者需要掌握领导的科学和艺术。从国家治理的角度来看，从领导科学与艺术的角度来看，仅靠法制显然是不够的，因为法制主要体现在刚性的他律，而不是个人自我约束的自律。孔子说的"为政以德"，客观上揭示了领导科学与艺术以及国家治理的一条很重要的基本规律，即通过道德教化，使社会每个成员都能够自我约束、自我规范，自我调节和控制个人的行为，使个人的言行都符合社会既定的道德规范和法律法规。根据人的本质以及社会发展规律来看，人与人之间、人与社会之间的关系大部分并不涉及法律关系，而更多地体现为道德关系，或者说是非法律关系，因此决不能用法律关系来理解、判断与代替道德关系。

从儒家注重文以载道，到中央提出的"以德治国"和加强精神文明建设，实际上都是看到了道德在和谐社会关系中的重要性。在现代社会，道德也是一个公民素质和文明的具体表现。一个道德高尚的人，必然是一个遵纪守法的合法公民；反之，一个道德低下的人，很可能也是一个不遵纪守法甚至是违法乱纪的人。

"为政以德"启示我们：从领导科学与艺术的角度来看，从国家治理的角度来看，在依法治国与依宪治国的同时，尤其需要注重管理者自身的道德塑造，即各级领导干部都要以身作则，成为道德模范的楷模，只有为政以德，才能像北极星那样，自己居于一定的方位，而群星都会环绕在它的周围。从宇宙科学的角度来看，各种星球的运转不正是以特定巨大的星球的吸引力吸引着其他星球围绕自身进行旋转吗？从为政以德的角度来看，管理者只有具备了较高的道德素养，才能够形成人际关系的吸引力，组织才能够具有凝聚力。如果己身不正，焉能正人？所以，为政以德的前提是要求各级领导干部要不断提高自身的道德修养，"修身齐家治国平天下"，才能充分发挥为政以德的示范作用。

与此同时，各级领导干部还应该注重对公民或员工进行道德的提升，全面营造讲道德、讲诚信的社会风气，以德育人，以德化人，以德用人。在发现人才和任用人才的过程中，既要注重德才兼备，又要注重以德为先的价值取向。

文明是道德的鲜花，和谐是道德的象征，法制是道德的他律。孔子说："人道政为大。政者，正也。君为正，则百姓从而正矣。君之所为，百姓之所从。君不为正，百姓何所从乎！"①由此可见，为政以正，"为政以德"理当如此。

---

① 王国轩、王秀梅译注：《孔子家语》，中华书局，2016年版，第32—33页。

【原文】

2.2 子曰:"《诗》三百,一言以蔽之,曰:'思无邪。'"

【译文】

孔子说:"《诗经》三百篇,可以用一句话来概括它,就是'思想纯正'。"

【评析】

孔子这里说的"《诗》三百",是指我国第一部诗歌总集《诗经》。《诗经》共收录305首诗。孔子这里说"诗三百",言其整数概之。这里的"思"是指《诗经》的内容和思想;"无邪"是指诗歌内容和思想的纯正无邪。

孔子时代非常注重青少年对《诗经》的学习,认为"不学诗无以言"。也就是说,《诗经》内容健康,具有"思无邪"的特点,不但能够使读者受到潜移默化的熏陶教育,而且也能够使人学会人际交往。

孔子对《诗经》"思无邪"的评价,深刻影响了我国儒家对文以载道的高度重视。明代于慎行认为"学术不可不纯也,关乎心术;文体不可不正也,关乎政体"[①];钱谦益《纯诗集序》:"夫文章者,天地之元气也。忠臣志士之文章,与日月争光,与天地俱磨灭";顾炎武认为"文须有益于天下";张谦宜《絸斋论文》第一卷认为"文品以人品为本";康熙评价朱熹"文章言谈之中,全是天地正气、宇宙之大道"。由此可见,中国古代非常重视文品与人品,注重文章的道德教化。

文学是时代和民族精神的感性显现和审美显现,只有具备"思无邪"的品格,作家才能给广大读者奉献健康的精神食粮。文学创作虽然是作家谋生的职业,但君子爱财,取之有道。作家的创作理所当然应该具有"思无邪"的文品。从"思无邪"推及到文以载道,尽管"道"的内容不能仅仅是说教,其内容也应该与时俱进,但无论怎样与时俱进,文学的内容都应该是健康积极的,都应该体现真善美的和谐统一。

放眼中外文学史,历代历朝几乎都高度重视文学的社会作用。古希腊的柏拉图、亚里士多德,古罗马的郎吉弩斯都重视文学的教化作用,而古罗马诗人兼批评家贺拉斯则直接提出了"寓教于乐"的主张。孔子则直接提出了诗三百"思无邪"的价值判断,深刻影响了中国古代的诗教传统。

【原文】

2.3 子曰:"道之以政,齐之以刑,民免而无耻;道之以德,齐之以礼,有耻且格。"

---

① 于慎行:《谷山笔麈》卷八,中华书局,1984年版,第84页。

【译文】

孔子说:"用法制禁令去管理百姓,使用刑法来约束他们,老百姓只是免于犯罪受惩,却失去了廉耻之心;用道德教化引导百姓,使用礼制去规范百姓的言行,百姓不仅会有羞耻之心,而且也就守规矩了。"

【评析】

孔子深谙社会治理方略。治理国家固然需要法治,但在孔子看来,治理国家的最高境界并不是法治,而是要对人们实行道德教化与礼仪教化。

在《为政》篇中,孔子举出两种截然不同的治国方针:法治与德治。孔子认为,刑罚只能使人避免犯罪,不能使人懂得犯罪可耻的道理,不能养成人的羞耻心;而道德教化与礼仪教化要优于刑罚处罚,既能使百姓守规蹈矩,又能使百姓养成羞耻之心,懂得耻辱。孔子注意到法律与道德在治理国家时的不同特点和不同作用,这是富有真知灼见的。

孔子的伟大之处不仅在于他看到了为政以德和道德教化的社会作用,而在于一方面重视预防犯罪,另一方面重视道德教化与法制的协同管理。他认识到有些人仅凭道德教化和礼教是不能奏效的,而是需要法律的规范乃至违法后的严惩,所以,孔子的"为政以德"思想,在重视道德教化与礼仪教化的重要作用的同时,并不忽视刑政、法制在治理国家中的作用。但是,孔子主张:"言必教而后刑也。既陈道德以先服之,而犹不可,尚贤以劝之;又不可,即废之;又不可,而后以威惮之。若是三年,而百姓正矣。其有邪民不从化者,然后待之以刑,则民知罪矣。"①孔子这一思想对于社会治理和预防犯罪,都具有重要的参考价值。

当然,从社会发展进步的角度来看,随着社会发展进步以及教育程度的提高,社会治理既要坚持法治与德治和礼教的结合,又要更多地倡导每个社会成员的自我约束、自我教化,从修身养性逐步完善自我,使个人的言行不仅符合法律法规,而且符合道德规范和行为规范。

事实上,一个真正的文明人,内心里是不需要法律法规的约束的,而是仅凭个人的道德完善就可以自我约束,如同情商对个人重要性一样,一个人的情商的高低不是依赖于个体对法律的遵守乃至忠诚,而是建立在人格自我完善的基础上的自我认知、自我调控与自我激励。

---

① 王国轩、王秀梅译注:《孔子家语》,中华书局,2016年版,第19页。

【原文】

2.4 子曰:"吾十有五而志于学,三十而立,四十而不惑,五十而知天命,六十而耳顺,七十而从心所欲,不逾矩。"

【译文】

孔子说:"我十五岁立志学习;三十岁自立;四十岁不被外界事物所迷惑;五十岁懂得了天命;六十岁能正确对待各种言论;七十岁能随心所欲而不越出规矩。"

【评析】

孔子是中国第一个生涯设计理论家。生涯设计在成功学和人才开发的过程中具有非常重要的引路导航的作用,因此,学会生涯设计,科学地对自己进行生涯设计,这是促进人才开发的重要举措。孔子作为中国历史上伟大的思想家,他提出的生涯设计理论对于我们今天认识人生发展的各个阶段,对于我们今天进行生涯设计,仍然具有重要的指导意义。

孔子首先肯定了自己从15岁开始立志学习的人生经历;其次,把人生分为两个大的阶段:第一个阶段是"三十而立",即到了30岁的时候,能够自我确定人生的职业,自立自强,养家糊口;再次,孔子在肯定"三十而立"的基础上,对人生的每十岁年龄作为一个发展阶段进行了评述,每个阶段都具有各自阶段的不同特点。

古代人的寿命没有现在这么长,在人生七十古来稀的年代,三十岁就已经度过了人生的将近一半了,所以必须立起来;四十岁已经具有比较丰富的人生阅历和经验,应该具有明辨是非的认识能力、分析能力和解决问题的能力;五十岁时,对于自己的人生事业已经具有了基本的理解和认知,能够清醒地自我认知,不再沉溺于幻想,而是脚踏现实,安心立命,顺其自然;六十岁时,听到各种言论不再偏信则暗,情绪激动,而是兼听则明了,用现在的时髦语言来说,就是具有处理各种信息的能力,已经达到"不畏浮云遮望眼"的境界了;七十岁在古代已经是高寿了,对于人生此前的几个阶段而言,这时的人生已经达到了炉火纯青的境界,处变不惊,自由自在,即使随心所欲,客观上也不会越雷池一步,体现了人生对必然的认识和超越,进入到哲学所说的自由境界。

在现代社会,在生涯设计的阶段划分上,不同的学者有不同的方法,主要有"四分法""五分法""六分法"和"十年阶段法"。

四分法:休普将人生职业生涯分为四个阶段,即25岁以前的试探阶段、25~45岁的创立阶段、45~65岁的维持阶段和65岁以后的衰退阶段。

五分法:萨珀主张把职业生涯分为五阶段,即14岁以前的成长阶段、15~24岁的探索阶段、25~44岁的创业阶段、45~64岁的维持阶段和65岁以上的衰退阶段。

六分法：利文森把职业生涯分为六个阶段，即16~22岁的拔根期、22~29岁的成年期、29~32岁的过渡期、32~39岁的安全期、39~43岁潜伏的中年危机期和43~59岁的成熟期。

十年阶段法：孔子认为，三十而立，四十而无惑，五十而知天命，六十而耳顺，七十而从心所欲不逾矩。孔子最早以十年为阶段，对人生进行划分。卡耐基也将人生以十年为一个阶段进行划分，即变化的二十岁，充实的三十岁，成熟的四十岁和秋暮的五十岁。

上述分类虽然各有道理，但仍需要重新审视。笔者认为，生涯的年龄可划分为如下六个阶段：15岁以前为幻想期；16~25岁为理想探索期；26~35岁为初创期；36~45岁为飞跃期；46~60岁为稳定发展期；61~80岁为智慧升华期。①

这种划分既考虑了年龄的生理因素，又注意了潜能开发与健康长寿的因素，还借鉴老年人才学的研究成果，把继续教育与终生开发也纳入生涯设计之中。

当然，社会的复杂性以及人类生命的有限性，客观上存在着许多难以认知的事物，无论是社会问题还是自然界问题，仍然有大量的未知需要我们去探索，要超越庄子所说的"吾生也有涯，而知也无涯"的困境，确实非常困难。也就是说，孔子虽然说"四十无惑"，但我们即使到八十岁，也不能说自己已经无惑了；即使到了五十岁，虽然可以安身立命，但不能听天由命，因为你仍然可以大器晚成，实现人才开发的"摩西老母效应"。

人生是一场漫长的马拉松，虽然"老冉冉其将至兮"，但人活到老，人才就应该开发到老，方不虚度终生。

【原文】

2.5 孟懿子问孝，子曰："无违。"樊迟御，子告之曰："孟孙问孝于我，我对曰无违。"樊迟曰："何谓也。"子曰："生，事之以礼；死，葬之以礼，祭之以礼。"

【译文】

鲁国大夫孟懿子问什么是孝，孔子说："孝就是不要违背礼。"后来樊迟给孔子驾车，孔子告诉他："孟孙问我什么是孝，我回答他说不要违背礼。"樊迟说："不要违背礼是什么意思呢？"孔子说："父母活着的时候，要按礼侍奉他们；父母去世后，要按礼埋葬和祭祀父母。"

---

① 薛永武：《人才开发学》，中国社会科学出版社，2008年版，第63页。

【评析】

父母在世时,儿女应该好好孝敬父母;父母去世以后,儿女也应该采取适当的方式祭祀父母。为了让父母的灵魂安息,九泉之下感到欣慰,儿女们自己应该珍惜人生,努力工作,把父母对自己的希望变为现实,用自己的成就告慰父母的养育之恩。

【原文】

2.6 孟武伯问孝,子曰:"父母唯其疾之忧。"

【译文】

孟懿子的儿子孟武伯向孔子请教孝道。孔子说:"对父母,要特别为他们的疾病担忧。"

【评析】

人生天地间,父母是子女的唯一。所谓唯一,是指亲生父母是子女生命的源泉,也是亚里士多德所说的"创造因"。父母对于子女的重要性,可以从两个角度进行阐释,一是没有父母,就没有子女的生命;二是父母一旦有病,这是子女们的头等大事,特别是当父母年事已高的时候,身体的抵抗能力也比较弱,一旦有病,往往难以医治,甚至因疾病而去世。因此,孔子告诫孟武伯,子女们要特别关心父母的疾病。

【原文】

2.7 子游问孝,子曰:"今之孝者,是谓能养。至于犬马,皆能有养,不敬,何以别乎?"

【译文】

子游问什么是孝,孔子说:"如今所谓的孝,只是说能够赡养父母便足够了。然而,就是犬马都能够得到饲养。如果不存心孝敬父母,那么赡养父母与饲养犬马又有什么区别呢?"

【评析】

孝敬父母是道德、法律与人性的三重律令。按照孔子的观点,儿女在孝敬父母方面,不仅要在物质方面给予父母应有的照顾,而且要从内心里对父母心存感激,从内心里认为应该孝敬父母,即孝敬父母不只是法律的规定和道德的他律与自律,而是人性内在心理的情感表达,是子女对父母发自内心的孝敬,要孝中有敬。如此一来,孔子就把孝敬父母与饲养犬马从本质上区别开来了。

子女在父母面前,应该像一个天真的孩子,保持孩提时代的坦诚、热情、率真,不能欺骗父母。所谓孝,是应该发自内心的孝顺和敬爱,不是敷衍了事。此外,要尽可能为父母提供良好的生活条件。

【原文】

2.8 子夏问孝,子曰:"色难。有事,弟子服其劳;有酒食,先生馔,曾是以为孝乎?"

【译文】

子夏问什么是孝,孔子说:"子女尽孝最不容易做到的就是对父母和颜悦色,仅仅是有了事情,儿女需要替父母去做,有了酒饭,让父母吃,难道能认为这样就可以算是孝了吗?"

【评析】

理解子夏问孝,可以参照前面的子游问孝。孔子非常重视对父母的孝,要求人们对自己的父母尽孝道,无论他们在世或去世,都应如此。孔子的意思是说,父母在世的时候,儿女应该按照礼的规定侍奉双亲,从内容到形式都要做到孝敬父母;父母不在世了,儿女也应该按照礼的规定祭祀父母。

中国是礼仪之邦,文明古国,历来注重人伦亲情。人生在世,都是父母所生,父母所养,因此,父母在世的时候,儿女们应该尽孝心,尽可能让父母衣食无忧、精神愉快。孔子在这里讲了孝敬父母要注意如下几点:一是关心父母的身体健康;二是要从内心里关心父母的衣食住行;三是要从内心深处真正地孝敬父母,对父母要和颜悦色。

时代发展到今天,我们仍然可以从一些新闻报道中见到孝顺父母的例子,山西省临汾市隰县文物旅游局干部孟佩杰就是其中典型的一位。5岁时生父去世,生母因生活所迫将其送给隰县老干部局的刘芳英收养,后刘芳英患上了瘫痪症,养父离家出走,年仅8岁的孟佩杰便承担起这个风雨飘摇的家责任,直到大家毕业,一直不离不弃地悉心照料养母。她的事迹感动了无数人,她也获得"2011年感动中国人物"称号。

孝敬父母是儿女们的道德、法律与人性的三重律令。从道德自律来看,孝敬父母这是任何人都应该具有的最基本的道德律令;从法律角度来看,赡养和孝敬父母也属于法律的他律范畴;从人性伦理的角度来看,人之所以为人,就在于人具有人性伦理。

20世纪80年代有一首非常流行的歌曲《酒干倘卖无》,其中有这样的歌词:

没有天哪有地

没有地哪有家

没有家哪有你

没有你哪有我

多么熟悉的声音

陪我多少年风和雨

从来不需要想起

永远也不会忘记

《酒干倘卖无》是1983年电影《搭错车》的主题曲。《搭错车》讲述了一个退伍老兵哑叔与弃婴的故事。1958年冬天的一个清晨,哑叔在高级住宅区捡回一个被遗弃的女婴,取名阿美。此后,哑叔又当爹又当娘,父女二人相依为命,在艰辛贫困的日子中挣扎,哑叔靠微薄的收入将阿美抚养成人。阿美在青年作曲家时君迈的帮助下,成为红歌星,然而,她竟然逐渐遗忘了哑叔对她的恩情。在一次演唱会上,时君迈在阿美家附近的时候想去看看阿美的父亲,走到阿美父亲的窗前,邻居给时君迈讲述了阿美父亲从小用《酒干倘卖无》的小号声来逗阿美欢乐,时君迈得到了灵感,没有见阿美的父亲,而是立马回到家里,为了唤醒阿美,为她写了一首歌,就是这首《酒干倘卖无》。时君迈在演唱会前几天把歌寄到了她手里。阿美看了歌词,痛哭流涕,她不停地学唱那首歌,父亲辛苦抚养她长大的一幕幕全都如潮般涌向眼前,从心灵深处对自己过去的人生感到歉疚而忏悔,,痛悔自己在人生道路上搭错了车。

没有天哪有地,没有地哪有家,没有父母教我们学说话,学走路,一滴血一滴汗地养育我们,哪有我们儿女的今天和明天?孝敬父母不仅是儿女们的道德律令,而且更是儿女们人性的律令。倘若你承认自己还是人而不仅仅是动物,你就应该具有道德律令、法律和人性律令。

【原文】

2.9 子曰:"吾与回言,终日不违,如愚。退而省其私,亦足以发,回也不愚。"

【译文】

孔子说:"我给颜回讲学,他从来不提反对意见和疑问,像个愚人。等他退下之后,我考察他私下的言论,发现他对我所讲授的内容有所发挥,可见颜回其实并不愚。"

【评析】

孔子的教育思想非常注重教学相长,而教学相长的前提是师生之间能够积极地互动和交流,因此他不满意那种"终日不违",从来不提相反意见和问题的学生,希望学生在接受教育的时候,要开动脑筋,主动思考问题,对老师所讲的问题应当有所发挥。所以,他认为不思考问题,不提不同意见的人,是愚人。但是,孔子通过长期对颜回的了解,逐渐发现颜回并不是他认为的"愚人",而是比较内秀、内敛,做人不张扬。

各类教师在教书育人过程中,尤其需要注意了解和观察那些看似很愚或者有点愚的学生,要注意对其因材施教,不要忽视或者鄙视这类学生,这类学生也许有类似颜回的特点。

【原文】

2.10 子曰:"视其所以,观其所由,察其所安,人焉廋哉?人焉廋哉?"

【译文】

孔子说:"要了解一个人,应看他做什么,观察他做事的方法,考察他安心干什么,这样,这个人怎样能隐藏呢?这个人怎样能隐藏呢?"

【评析】

孔子这段话主要讲了考察人的方法。孔子认为,识人应当听其言而观其行,还要看他做事的方法,从他的言论、行动了解到他的内心,全面了解观察一个人,那么这个人就没有什么可以隐藏的。

孔子虽然是著名的教育家,但他也深知识人之难。实际上,天地之大,我们最难以认识的就是我们人类自己了。孙子兵法说知己知彼,才能百战不殆。历史表明:无论是知己还是知彼,都需要识人,但识人很不容易。

人生哲学的全部奥妙就在于一个人说什么,怎么说;做什么,怎么做。如果一个女孩对自己的男朋友撒着娇说:"你真坏,你真坏!"这恰恰说明两个人的关系很亲密;如果两个素有矛盾的人之间对话,一个人说另一个人"你真坏!"就可能是真的说对方坏。因此,我们判断一个人,不但要听其说什么,还要听其怎么说,还要注意说话对象及其具体的语境。

在言与行的关系上,语言虽然非常重要,但行动比语言更重要。因此,我们了解和判断一个人,不但要看他说什么,怎么说,更要看他做什么,怎么做。行动最能证明自己的心灵、人格和全部主体性。

【原文】

2.11 子曰:"温故而知新,可以为师矣。"

【译文】

孔子说:"在温习旧知识时,能有新体会、新发现,就可以当老师了。"

【评析】

"温故而知新"是我们耳熟能详的教学名言,这是孔子对我国教育学的重要贡献。他认为,通过不断温习所学过的知识,可以获得新知识。这一学习方法表面看起来比较简单,其实质上却具有哲学的意味。因为从价值论哲学的角度来看,相对于一个学习的人而言,你过去学过的知识本身虽然没有变,但是你自己却每天都在不经意间自觉不自觉地发生这样或那样的变化,人作为认识主体一变,客体的知识虽然不变,但二者的认识关系也会变化,认识关系发生变化,知识的价值就要变,学习者就会对过去所学习的知识产生新的认识和理解,并由此达到"知新"的目的。

熟能生巧,温故而知新。因此,人们的新知识、新学问往往都是在过去所学知识的基础上发展而来的,只要我们不拘泥于旧的知识,就有可能从旧知识中感悟、理解和创造新的知识。我们如今重新学习国学,就一定能够从经典中获得新收获,也是这个道理。对于达·芬奇学画蛋的故事,很多年来教师大多认为,这是达·芬奇的老师为了让他练好基本功,才让他坚持长期画蛋。实际上,根据孔子"温故而知新"的原理,我们可以发现,学习画蛋不仅仅是学习绘画需要练好的基本功,而且画蛋本身客观上蕴含了一个深刻的哲学原理,即动机与效果能否统一的问题。你想画一个具体的蛋,但客观上最终不一定画出你想画的蛋,这就是动机与效果的差异;你画出了一个自己想画的蛋,这就是动机与效果的统一。另外,达·芬奇画蛋这个故事还说明,画家有多少个观察角度,就可以画出多少个不同角度的蛋,有无数的角度,就可以画出无数的蛋。这就是我们今天温达·芬奇画蛋之故,而感悟出来的若干新理解。

【原文】

2.12 子曰:"君子不器。"

【译文】

孔子说:"君子不像器具那样,只有某一方面的用途。"

【评析】

在物质产品中,一般而言,某个具体的器具只有一种具体的功能,而君子则与一般的器具不同,应该是复合型的专家,具有多种能力。

孔子本身就是一个正人君子,因此,孔子心目中的君子应该具有理想人格,绝非凡夫俗子,君子应该担负起治国安邦的重任。为此,君子要具有优良的综合素质和多种能力,对内可以妥善处理各种政务;对外应该具有外交才能,不辱君命。所以,孔子说,君子应当博学多识,具有多方面才干,不应该像一个具体的器具那样只局限于某个方面的作用,君子要通观全局、领导全局,成为卓越的领导者。

【原文】

2.13 子贡问君子。子曰:"先行其言而后从之。"

【译文】

子贡问怎样做一个君子。孔子说:"对于你要说的话,先实行了,再说出来,这就够说是一个君子了。"

【评析】

孔子这里理解的君子,是指做人要先行后言,意思是说行重于言。做人要有道德修养、博学多识,君子不能只说不做,而应先做后说。君子做事,切忌言过其实,也不能雷声大雨点小。只有先做后说,用行动说话,才可以取信于人。

【原文】

2.14 子曰:"君子周而不比,小人比而不周。"

【译文】

孔子说:"君子合群而不与人勾结,小人与人勾结而不合群。"

【评析】

孔子在这一章中提出君子与小人的区别点之一。小人喜欢结党营私,与人相勾结,不能与大多数人融洽相处;而君子则不同,君子胸怀广阔,与众人和谐相处,从不与人相勾结,无帮无派。孔子这种思想在今天仍不失其积极意义。

"君子"与"小人"在中国传统文化中是经常使用的两个概念,一褒一贬,泾渭分明。早在两千多年以前,孔子就指出要做君子,不要做小人。在孔子看来,君子是像老师一样有理想人格的人,要言符其实,应该具有社会责任感。

我回顾我半生的工作经历,自以为豪的是既无帮无派,又有帮有派。所谓无帮无派,是说自己从来不搞小集团活动;所谓有帮有派,是指以正义为帮,以全局为派,在许多重要问题上,都是顾大局,识大体,以事业为重。

君子不能与小人一般见识,君子应该有大格局,而小人则唯利是图。历史是一面镜子,你的历史将会客观地保存在这面镜子里。与其做一个"常戚戚"的小人,不如做一个"坦荡荡"的君子。

【原文】

2.15 子曰:"学而不思则罔,思而不学则殆。"

【译文】

孔子说:"只读书不思考,就会惘然无知而没有收获;只思考而不读书,就会疑惑而不能明辨。"

【评析】

人生在世都需要学习,但怎样理解和处理学与思的关系,客观上直接影响着我们的学习和成才。孔子对学与思的论述,非常富有远见卓识,对我们今天的学习与思考仍然具有重要的启发意义。

孔子认为,在学习的过程中,学习需要思考,如果没有学习,也就不能单纯进行思考,所以,在孔子看来,学与思是辩证统一的关系,二者互相促进,彼此不能分离。孔子认为,学而不思与思而不学,二者都有局限性,只有把学与思结合起来,促进学与思的有机统一,才能促进学业的发展进步。

实际上,在学与思的关系上,学习本身就应该包括思考。如果没有思考,那么学习就只能停留在学习的过程和感性经验的层面,而不能达至理性思考的层面。因此,唯有通过比较全面系统和具体深入的思考,才能把学到的知识从感性化上升到理性化,从具体深化到抽象,从个别到一般,从现象到本质,实现知识的转型与升级。

我在指导研究生撰写论文时,要求研究生在写完初稿以后,要反复修改,达到自己无法修改的程度为止。然后,再阅读相关的文献资料,同时把新阅读的材料和自己的论文联系起来,进行学与思的相应思考,这样就不知不觉地能够产生新的思想。这样经过多次的循环往复,一篇比较成熟的论文就基本可以定稿了。

【原文】

2.16 子曰:"攻乎异端,斯害也已。"

【译文】

孔子说:"攻击那些不正确的言论,祸害就可以消除了。"

【评析】

在思想史上,所谓不破不立,就是要敢于破除那些旧的或者错误的思想观念,才能树立新的思想观念。当然,这里的关键和难题是要认定哪些是不正确的言论。对于那些确实是错误的言论,我们应该敢于和善于给予应有的批判;对于那些不同于自己的观点,在未经过研讨论证以前,不能简单否定。所以,我们对待孔子这句话,不能简单化和片面的理解。对于一些思想观点的纷争,要实事求是,要在包容中百家争鸣,百花齐放,要经得起时间和实践的检验。

在百家争鸣的学术背景下,我们对待"异端"要采取学术的方法,给予正本清源的分析、梳理,在理论和实践的双重维度上弄清所谓"异端"的特点及其本质。

如果确实属于"异端",就应该彻底批判否定,以正视听;如果不是"异端",而只是不同意见,则可以包容、观察、检验。在这方面,尤其需要站在社会发展进步的历史高度,来检验和判断一些所谓的"异端",切忌对"异端""一刀切",要注意保护那些看似"异端",而实属新思想、新见解的好声音。因为真理不但有时掌握在少数人手里,而且真理有时掌握在一少部分先知先觉者的手中。历史业已证明,我们有时称之为"谬误""反动"的人物,实际上却是大冤案。

【原文】

2.17 子曰:"由,诲女,知之乎?知之为知之,不知为不知,是知也。"

【译文】

孔子说:"仲由,我告诉你求知的道理,你明白了吗?知道的就是知道,不知道就是不知道,这就是智慧啊!"

【评析】

"知之为知之,不知为不知,是知也。"孔子这句话反映了人生治学与做人做事的基本规律,对于人生非常重要。

孔子这段话是对学生仲由说的,孔子对学生真是千叮咛万嘱咐,希望学生能够领悟人生的智慧。但是,我们很遗憾地看到现实中一个不争的事实:一是一些专家教授治学不严谨,甚至有沽名钓誉之嫌,不知以为知,敢讲话,乱讲话,以至于被人们讥讽为"砖家"和"叫兽"。事实上,恰恰这些名不副实的"砖家"和"叫兽"严重损害了真专家和真教授的声誉,甚至误导了社会的价值取向和认知判断。二是在网络与自媒体泛滥的前提下,不知以为知,自以为是者甚多,网上各种随意的谩骂与混乱甚至无知的观点随处可见,没有正确的真理观和是非观,构成了一种特有的荒诞风景。

"知之为知之,不知为不知,是知也。"孔子这一思想启示我们,只有做到"不知为不知"时,才能知不足,然后去努力学习,不断增加人生的智慧。笔者深受孔子思想的影响,从教三十多年,无论是授课还是回答学生的提问,坚持做到孔子说的"不知为不知",从不随意回答自己还不明白的问题。我的信条是:要给学生真知识,真思想,绝不做伪知识分子。

【原文】

2.18 子张学干禄。子曰:"多闻阙疑,慎言其余,则寡尤;多见阙殆,慎行其余,则寡悔。言寡尤,行寡悔,禄在其中矣。"

【译文】

子张向孔子学习谋求官职和俸禄的方法。孔子说:"多听,有怀疑的地方,加以保留;其余足以自信的部分,谨慎地说出,就能减少错误。多看,有怀疑的地方,加以保留;其余足以自信的部分,谨慎地实行,就能减少懊悔。言语的错误少,行动的懊悔少,官职俸禄就在这里面了。"

【评析】

子张是孔子的学生,即颛孙师。孔子这里强调,做人之道,要注重多听,保留怀疑的地方。实际上,只有多听,才能得到更多的信息,有利于了解实情;对于自己拿不准的地方,保留怀疑态度,这恰恰是求真所需要的科学态度。在孔子看来,即使自己感到自信的地方,也要注意谦虚谨慎,以减少懊悔。因此,只要自己的言行少犯错误,官职俸禄就自然而然地能够得到了。

应该说,当前社会的风气比较清正,为人只要正派能干,就能在仕途上有所作为,得到正常的晋升机会。

【原文】

2.19 哀公问曰:"何为则民服?"孔子对曰:"举直错诸枉,则民服;举枉错诸直,则民不服。"

【译文】

鲁哀公问道:"怎样做事才能使百姓信服呢?",孔子答道:"把正直的人提拔起来,放在邪曲的人之上,百姓就信服了;若是把邪曲的人提拔起来,放在正直的人之上,百姓就会不信服。"

【评析】

孔子非常注重做人与为政之道。关于做人,孔子具有深刻的人生哲学思想;探索为政之道,孔子可谓深刻至极。时至今日,孔子的这些思想对于我们学会做人处事,掌握执政之本,都具有非常重要的启发意义。

孔子认为,为政之道,正确的做法是提拔任用正直的人,要亲君子,远小人,百姓才能信服;反之,如果提拔任用邪恶的小人,压抑正直的人,亲小人,远君子,百姓就不会信服。"举直错诸枉"非常深刻地揭示了为政之道就在于提拔和任用正直的人。

【原文】

2.20 季康子问:"使民敬,忠以劝,如之何?"子曰:"临之以庄,则敬;孝慈,则忠;举善而教不能,则劝。"

【译文】

季康子问道:"要使人民严肃认真,尽心竭力和互相勉励,应该怎么做呢?"孔子说:"你对待人民的事情严肃认真,他们对待你的政令也会严肃认真了;你孝顺父母,慈爱幼小,他们也就会对你尽心竭力了;你提拔好人,教育能力弱的人,他们也就会劝勉了。"

【评析】

孔子这段话非常具有启发意义。人们常说,上行下效。为政之道,官员只要勤政,真正关心人民群众的疾苦,对于人民群众关心的民生等问题,不懒政,不推诿,不扯皮,人民群众就会认真尊重政府的政令了。官员带头孝敬父母,尊老爱幼,人民群众也就尊重官员了。提拔好人,培养弱者,人民群众就会努力向上。有感于斯,我国目前社会缺乏信仰,存在风气不正的现象,客观上就与部分官员没有正确的为政之道不无关系。

【原文】

2.21 或谓孔子曰:"子奚不为政?"子曰:"《书》云:'孝乎惟孝,友于兄弟,施于有政。'是亦为政,奚其为为政?"

【译文】

有人对孔子道:"你为什么不参与政治?"孔子道:"《尚书》上说,'孝呀,只有孝顺父母,友爱兄弟,把这种孝道应用于政治上去。'这也就是参与政治了呀,为什么一定要做官才算参与政治呢?"

【评析】

孔子这里的意思是注重一种大政治观,他打破了我们常常以为的政治就是当官从政的思维定式。孔子认为,一个人倡导孝道这种好的风气,就会影响到政治。因此,笔者认为,中国历代知识分子实际上一直都在关心政治,从事着政治。知识分子一方面通过著书立说,向社会传播知识和思想;另一方面通过自己的一言一行,影响社会的风气,这也是参与了政治。在修身齐家治国平天下的价值取向中,在修身齐家阶段,人们就已经通过建立和谐的家庭,积极建构和谐的人际关系,用自己的言行影响社会风气,这实际上已经参与了政治。

孔子是一个具有政治理想的思想家,他不仅亲自参加了鲁国的政治,而且对政治的理解也具有非常重要的启发意义。同时,为人如何做到诚信,这也是孔子非常注重的为人之道。

【原文】

2.22 子曰:"人而无信,不知其可也。大车无輗,小车无軏,其何以行之哉?"

【译文】

孔子说:"一个人不讲信誉,不知那怎么可以。大车子没有安横木的輗,小车子没有安横木的軏,它怎么能走呢?"

【评析】

孔子认为,诚信是一个人的精神生命,个人如果没有诚信,我们就不知道他能够做出什么事来。诚信的重要性如同车的转轴一样,车如果没有了转轴,就不可能正常运转。

实际上,在市场经济条件下,丢失了诚信是道德滑坡的重要表现。各种假冒伪劣产品的出现,客观上验证了有些企业生产者是多么的缺乏诚信。而一诺千金的诚信,既是做人之道,也是诚信的重要体现,更是企业文化的经营之道。人活着,就要讲究诚信;言而无信,非君子,乃小人也!诚信乃做人之本,做人不可不慎啊!

【原文】

2.23 子张问:"十世可知也?"子曰:"殷因于夏礼,所损益可知也;周因于殷礼,所损益可知也。其或继周者,虽百世,可知也。"

【译文】

子张问孔子:"今后十世的礼仪制度可以预先知道吗?"孔子回答说:"商朝继承了夏朝的礼仪制度,所减少和所增加的内容是可以知道的;周朝又继承商朝的礼仪制度,所废除的和所增加的内容也是可以知道的。将来有继承周朝的,就是一百世以后的情况,也是可以预先知道的。"

【评析】

孔子这里提出"损益"的重要概念。它的含义是增减、兴革,即在继承和沿袭前代典章制度、礼仪规范的基础上,也有改革和变通。由此可见,孔子虽然推崇周礼,但并不拘泥于周礼,而是看到了制度改革的历史必然趋势。

孔子是一个具有政治理想的思想家,他通过对夏礼、殷礼和周礼历史变迁所蕴含的内在规律,深刻揭示了社会制度通过损益实现合规律性与合目的性的变迁,这对于我们推进今天的社会改革也不无启发意义。

实际上,在社会发展与改革的历史进程中,我们一方面需要继承传统文化的精华,即使规章制度、传统习俗礼仪等,也都具有许多合理之处,因此,我们进行社会改革,不能矫枉过正;另一方面,又需要积极进取,与时俱进,不能沉溺于传统规范的束缚,要敢于和善于"损益",才能真正促进社会在积极稳定中和谐发展,才能实现合规律性与合目的性有机统一的社会变迁。

【原文】

2.24 子曰:"非其鬼而祭之;谄也。见义不为,无勇也。"

【译文】

孔子说:"不是你应该祭的鬼神,你却去祭它,这就是谄媚。见到应该挺身而出时却袖手旁观,就是怯懦。"

【评析】

孔子这里对"非其鬼而祭之"提出了批评,认为这是"谄也"。孔子这里的批评很有意思,值得我们深思。我们不妨设想一下:改革开放以来,西方的基督教文化迅速进入中国社会,从以圣诞老人为文化产品的生产与营销,到基督教人数的增加,都客观上说明了孔子的预言性。我国许多人并不真正了解西方文化,对基督教文化也是一知半解,就贸然随意过起了圣诞节、圣诞夜,这多少有些滑稽之感。扪心自问:你真的信仰基督教文化吗?

另外,在现代旅游热中,许多游客进庙就烧香,见神像就磕头作揖,显出非常虔诚的样子,让人感觉实在是可笑,其实是一种盲目的"非其鬼而祭之",愚昧而又滑稽,这些神像并不能解决你需要解决的任何问题。

孔子在本章中又提出"义"和"勇"的概念,这都是儒家有关塑造高尚人格的规范。《论语集解》注:义,所宜为。符合于仁、礼要求的,就是义。"勇",就是果敢,勇敢。孔子把"勇"作为实行"仁"的条件之一,"勇",必须符合"仁、义、礼、智",才算是勇,否则就是"乱"。大家知道,改革开放以来,随着市场经济的巨大影响,随着道德滑坡的出现,见义勇为这一中华民族精神受到了严重冲击,以至于出现了面对倒地老人扶不扶、救不救的良心叩问问题。很显然,孔夫子早就明确告诉我们,"见义不为,无勇也。"这是孔子对见义勇为的明确倡导,也是对见义无勇的公开批评。

亚里士多德认为,在人的性格中,鲁莽是过分,怯懦是不足,介于鲁莽和怯懦之间的是勇敢,即勇敢是最好的品质。孔子这里所说的"无勇",不是指"鲁莽",而是指"怯懦"。

综上可见,在社会发展进步的历史进程中,我们应该对历史传统进行大胆的"损益";在现实人生中,面对需要见义勇为的情境,我们该出手时就出手,要敢于和善于见义勇为,因为"见义不为,无勇也"。

第三篇 《八佾》译评

【本篇引语】

《八佾》篇包括26章。本篇主要涉及"礼"的问题,孔子主张维护礼的合法性;孔子提出"绘事后素"的观点,表达了他的伦理思想以及"君使臣以礼,臣事君以忠"的政治道德主张。

【原文】

3.1 孔子谓季氏:"八佾舞于庭,是可忍也,孰不可忍也!"

【译文】

孔子谈到季氏时说,"他用六十四人在自己的庭院中奏乐舞蹈,这样的事都能容忍,还有什么不可以容忍呢?"

【评析】

春秋末期,奴隶制社会处于土崩瓦解、礼崩乐坏的过程中,违犯周礼、犯上作乱的事情不断发生,这是封建制代替奴隶制过程中的必然表现。古时一佾8人,八佾就是64人。《周礼》规定,周天子使用八佾,诸侯用六佾,卿大夫为四佾,士用二佾。季氏是正卿,只能用四佾。很显然,季孙氏用八佾舞于庭院,是典型的破坏周礼的事件。对此,孔子表现出极大的愤慨,"是可忍孰不可忍"一句,反映了孔子对此事的否定态度。

这里有个疑问,就是"可忍"的主体是谁?很多研究《论语》的版本大多认为,这里的主体是指季氏,是指季氏忍心还是不忍心做。笔者认为,这里的主体应该是"我们",是以孔子为代表的礼制思想对于季氏违反礼制的一种否定性评价,意思是说,我们怎么能够容忍季氏违反礼制呢!

在"极左"路线时期,人们曾经批评孔子这一思想是为了维护旧的礼制。我们现在不妨设想一下,周代规定,天子才能使用八佾,而卿大夫只能使用四佾。很显然,季氏违规使用了八佾,不仅违反了当时的规定,而且显然造成了人为的浪费。

那么,我们从"季氏八佾舞于庭"可以联想到什么呢?众所周知,前些年,我国无论是一些大城市还是中等城市甚至一些贫困县,建有豪华超标办公楼的可谓比比皆是。办公楼的超标在本质上是否与孔子所批评的"季氏八佾舞于庭"具有本质的相似性乃至相同性?!我们的办公楼有必要建设那么豪华吗?这可都是纳税人的血汗钱啊!诚如孔子所言,"是可忍,孰不可忍也!"好在近年来,楼堂馆所已得到控制。

【原文】

3.2 三家者以《雍》彻。子曰:"'相维辟公,天子穆穆',奚取于三家之堂?"

【译文】

孟孙氏、叔孙氏、季孙氏三家在祭祖完毕撤去祭品时,也命乐工唱《雍》这首诗。孔子说:"《雍》诗上这两句'助祭的是诸侯,天子严肃静穆地在那里主祭。'这样的意思,怎么能用在你三家的庙堂里呢?"

【评析】

本章与前章都是谈鲁国当政者违"礼"的事件。对于这些越礼犯上的举动,孔子极为愤慨,天子有天子之礼,诸侯有诸侯之礼,各守各的礼,社会才能有秩序,才可以使天下安定。因此,"礼"是孔子政治思想体系中的重要范畴。《雍》是《诗经·周颂》中的一篇,古代天子祭宗庙完毕撤去祭品时唱这首诗,但孟孙氏、叔孙氏、季孙氏三家在祭祖完毕撤去祭品时,也命乐工唱《雍》这篇诗,就不符合当时的礼制。

对于孔子维护礼制的观点,很多人也许认为孔子的思想保守,但从社会秩序的建构来看,不同层级的社会组织在礼制方面确实有不同的要求。比如,国家外交部接待外宾特别是接待外国政要需要特定的高规格的接待仪式,而各省市接待外宾的仪式就不能等同于外交部的接待仪式。

【原文】

3.3 子曰:"人而不仁,如礼何?人而不仁,如乐何?"

【译文】

孔子说:"一个人没有仁德,他怎么能实行礼呢?一个人没有仁德,他怎么能运用乐呢?"

【评析】

孔子这句话言简意赅,言简意深,言简意丰。孔子的伟大深刻之处就在于,这段话深刻揭示了礼乐文化与人的内在仁德的辩证关系。在孔子看来,礼和乐都是人内在仁德的外在表现。人如果没有内在的仁德,就不可能外显为符合礼制的礼;而人如果没有内在的仁德,也就不可能恰到好处地运用乐。

实际上,从礼乐文化的角度来看,礼与乐通常是有机结合的,礼是发自内心而外化为人的行为规范的外在形式,而乐则是表达思想情感的一种形式。如果从内在的仁德来看礼乐,那么,礼与乐都是外在的表现。这样,孔子就把礼、乐与仁紧紧联系起来,认为没有仁德的人,根本谈不上什么礼、乐的问题。

我们通常讲言为心声,由此而论,我们也可以从孔子这里感悟到礼为心情,乐为心声。

【原文】

3.4 林放问礼之本。子曰:"大哉问!礼,与其奢也,宁俭;丧,与其易也,宁戚。"

【译文】

林放问什么是礼的根本。孔子回答说:"你问的问题意义重大,就礼节仪式而言,与其奢侈,不如节俭;就丧事而言,与其仪式上治办周备,不如内心真正哀伤。"

【评析】

本章记载了鲁人林放向孔子问礼的对话。他问礼的根本究竟是什么。孔子认为,礼的根本不在于形式,而在于内容,即在于人的内心要真诚。礼的内涵不能只停留在表面仪式上,更重要的是要从内心和感情上体悟礼的根本,符合礼的要求。因此,孔子反对礼仪的奢侈,而是倡导"节俭";办丧事关键不在于治办周备,而在于内心的真正哀伤。

孔子这段话对我们今天仍然具有启发意义。我们接人待物要以节俭的形式表达内心的真诚;举办丧事,要从内心里感到对去世亲人的哀痛,而不仅仅在于形式主义。但是,近几十年来,我国的葬礼在节俭程度上较之以前不但没有进步,反而在很大程度上倒退了。比如在农村的习俗是,人去世以后,先要火化,再把骨灰盒放进棺材,各地都按照本地相应的出殡仪式,进行筑坟土葬,经济上花费比较大,可谓劳民伤财。

【原文】

3.5 子曰:"夷狄之有君,不如诸夏之亡也。"

【译文】

孔子说:"夷狄虽然有君主,还不如中原诸国没有君主好呢。"

【评析】

夷狄:古代中原地区的人对周边地区的贬称,谓之不开化,缺乏教养,不知书达礼。诸夏:古代中原地区华夏族的自称。孔子具有强烈的"夷夏观",他认为,"诸夏"有礼乐文明的传统,这是好的,即使"诸夏"没有君主,也比虽有君主但没有礼乐的"夷狄"要好。这种观念表现了一定的大汉族主义的倾向,但其本质上是肯定了礼乐文化对于民族发展的重要性。

【原文】

3.6 季氏旅于泰山。子谓冉有曰:"女弗能救与?"对曰:"不能。"子曰:"呜呼!曾谓泰山不如林放乎?"

【译文】

季孙氏去祭祀泰山。孔子对冉有说:"你难道不能劝阻他吗?"冉有说:"不能。"孔子说:"唉!难道说泰山神还不如林放知礼吗?"

【评析】

在中国古代,祭祀泰山是天子和诸侯的专权。季孙氏只是鲁国的大夫,竟然也去祭祀泰山,所以孔子认为这是"僭礼"行径。冉有:姓冉名求,字子有,生于公元前522年,孔子的弟子,比孔子小29岁,当时是季氏的家臣,所以孔子责备他。

孔子这里表现出了天子本位的等级思想,按照当时的规矩,只有天子可以祭祀泰山,而季孙氏是鲁国的大夫,没有资格祭祀泰山。从今天的角度来看,此一时彼一时也,孔子这一思想显然不符合当今的时代要求。

【原文】

3.7 子曰:"君子无所争,必也射乎!揖让而升,下而饮。其争也君子。"

【译文】

孔子说:"君子没有什么可与别人争的事情。如果有的话,那就是射箭比赛了。比赛时,先相互作揖谦让,然后上场。射完后,又相互作揖再退下来,然后登堂喝酒。这就是君子之争。"

【评析】

孔子在这里所说的"君子无所争",是指君子的为人要大度,"无所争",并不是没有竞争,而是指"不战而胜",不争而争,意思是说,只要你付出了,就一定会有收获,不需要为了名利而费心劳神。他以射箭为例,即使要争,也是彬彬有礼的争,这才是君子之争。

联想到现在,有的人为了一己之私,与国争利,与民争利,与他人争利,甚至与朋友同事争利,不亦小人乎!在各种体育比赛或各种岗位竞聘中,彼此之间也应该是君子之争,正确而坦然对待比赛的输赢,胜不骄,败不馁,彼此之间彬彬有礼,而不是你死我活,如同仇敌。在这几年的CBA联赛中,有些球队的粉丝与粉丝之间,甚至也出现了彼此互骂的丢人现象。

我们在学习、生活和工作之中,可能会遇到各种各样的竞争,我们应该学会孔子所说的君子之争,做人不可不慎!

【原文】

3.8 子夏问曰:"'巧笑倩兮,美目盼兮,素以为绚兮'。何谓也?"子曰:"绘事后素。"曰:"礼后乎?"子曰:"起予者商也,始可与言《诗》已矣。"

【译文】

子夏问孔子:"'笑得真好看啊,美丽的眼睛真明亮啊,用素粉来打扮啊。'这几句话是什么意思呢?"孔子说:"这是说先有白底然后画画。"子夏又问:"那么,是不是说礼也是后起的事呢?"孔子说:"商,你真是能启发我的人,现在可以同你讨论《诗经》了。"

【评析】

巧笑倩兮,美目盼兮,素以为绚兮:前两句见《诗经·卫风·硕人》篇。倩:笑得好看;盼:眼睛黑白分明。绘事后素:绘,画。素,白底。起予者商也:起,启发。予,我,孔子自指。商,子夏,名商。

这是孔子回答子夏的一段话。子夏从孔子所讲的"绘事后素"中,领悟到仁先礼后的道理,受到孔子的称赞。就伦理学说,这里的礼指对行为起约束作用的外在形式——礼节仪式;素指行礼的内心情操。孔子认为,外表的礼节仪式同内心的情操应是统一的,如同绘画一样,质地不洁白,不会画出丰富多彩的图案。

【原文】

3.9 子曰:"夏礼吾能言之,杞不足征也;殷礼吾能言之,宋不足征也。文献不足故也。足,则吾能征之矣。"

【译文】

孔子说:"夏朝的礼,我能说出来,但是它的后代杞国不足以证明我的话;殷朝的礼,我能说出来,但它的后代宋国不足以证明我的话。这都是由于文字资料和熟悉夏礼和殷礼的人不足的缘故。如果足够的话,我就可以得到证明了。"

【评析】

这一段话表明两个问题。孔子对夏商周代的礼仪制度等非常熟悉,他希望人们都能恪守礼的规范,可惜当时僭礼的人实在太多了。其次,他认为对夏商周之礼的说明,要靠足够的历史典籍贤人来证明,也反映了他对知识的求实态度。

实际上,孔子主张对周礼的尊重和维护,虽然具有一定的道理,但从社会发展进步的角度来看,一些诸侯违背礼仪规范,客观上也反映了社会的发展进步往往是通过对已有的秩序的"破坏",才能逐渐形成新的社会规范。

【原文】

3.10 子曰:"禘自既灌而往者,吾不欲观之矣。"

【译文】

孔子说:"对于行禘礼的仪式,从第一次献酒以后,我就不愿意看了。"

【评析】

禘:是古代只有天子才可以举行的祭祀祖先的非常隆重的典礼。灌:禘礼中第一次献酒。孔子认为,一个人的等级名分,不仅活着的时候不能改变,死后也不能改变。生时是贵者、尊者,死后其亡灵也是尊者、贵者。这里,他对行禘礼的议论,反映出当时礼崩乐坏的状况,也表示了他对现状的不满。

【原文】

3.11 或问禘之说,子曰:"不知也。知其说者之于天下也,其如示诸斯乎!"指其掌。

【译文】

有人问孔子关于举行禘祭的规定。孔子说:"我不知道。知道这种规定的人,对治理天下的事,就会像把这东西摆在这里一样容易吧!"一面说一面指着他的手掌。

【评析】

禘之说:"说",理论、道理、规定。禘之说,意为关于禘祭的规定。示诸斯:"斯"指后面的"掌"字。孔子认为,在鲁国的禘祭中,名分颠倒,不值得一看。所以有人问他关于禘祭的规定时,他故意说不知道。但紧接着又说,谁能懂得禘祭的道理,治天下就容易了。这就是说,谁懂得禘祭的规定,谁就可以归复紊乱的"礼"了。

从触类旁通和举一反三的角度来看,孔子这里虽然谈的是祭祀的规定,但对于我们了解社会治理却有启发意义。可以设想,人们如果懂得祭祀的内在义理,就有可能通过触类旁通、举一反三,进而了解治理社会的一般规律。

【原文】

3.12 祭如在,祭神如神在。子曰:"吾不与祭,如不祭。"

【译文】

祭祀祖先就像祖先真在面前,祭神就像神真在面前。孔子说:"我如果不亲自参加祭祀,那就和没有举行祭祀一样。"

【评析】

孔子并不过多提及鬼神之事,如他说:"敬鬼神而远之。"所以,这一章他说祭祖先、祭鬼神,就好像祖先、鬼神真在面前一样,并非认为鬼神真的存在,而是强调参加祭祀的人,应当在内心有虔诚的情感。

从心理学的角度来看,庄子曾经说过,不精不诚,不能动人。孔子也认为,祭祖和祭神都要虔诚,心里要装着祖先和神灵,而不能单纯搞形式。"祭如在,祭神如神在"客观上符合心理学的原理。祭奠者如果从内心里去祭奠亲人或神灵,就会在大脑中复现出亲人或者想象出神灵的感性形象,因为这些形象是在祭奠者大脑中的存在,是以意象的形式浮现在祭奠者的大脑,所以,就会出现孔子所说的"祭如在,祭神如神在"的心理现象。这样看来,孔子主张进行的祭祀活动主要是道德的,也是心理学的,而不是宗教的。

【原文】

3.13 王孙贾问曰:"与其媚于奥,宁媚于灶,何谓也?"子曰:"不然。获罪于天,无所祷也。"

【译文】

王孙贾问道:"与其奉承奥神,不如奉承灶神。这话是什么意思?"孔子说:"不是这样的。如果得罪了天,那就没有地方可以祷告了。"

【评析】

本段对话中,王孙贾是卫灵公的大臣,时任大夫。奥:这里指屋内位居西南角的神;灶:这里指灶旁管烹饪做饭的神;天:以天喻君,一说天即理。从表面上看,孔子似乎在回答王孙贾有关拜神的问题,但实际上讲了一个深刻的道理。孔子认为"获罪于天"中的天,不是指天子,而是指天理。因为在孔子的时代,已经礼崩乐坏,天子的权威已经大大降低了,业已失去了绝对的权威地位。所以,孔子的意思是说,地方上的官员如灶神,直接管理百姓的生产与生活,虽然很重要,但孔子不同意王孙贾的说法,而是认为向谁祷告不是最重要的,最重要的是不能违背天理;一旦违背了天理,向谁祷告也就没有用了。

现实中的一些昧着良心大发国难财的,钻政策空子的,坑蒙拐骗的,不讲诚信的,以权谋私成为"大老虎"的等等,这些人为了心理的平衡,不是也去寺庙烧香许愿吗?按照孔子的观点来分析,这些人已经"获罪于天"了,陷入"无所祷也"的困境,不亦悲乎!所以,那些做人做事违背天理的"获罪于天"者,最终只能以失败而告终。

孔子"获罪于天,无所祷也"揭示问题的本质入木三分,一针见血,对于我们今天做人做事都具有重要的启迪。人们常说,人在做,天在看。尤其是关乎民族大业,关乎民生,关乎人文精神,我们都要尊重客观规律,不要"获罪于天"。

【原文】

3.14 子曰:"周监于二代,郁郁乎文哉,吾从周。"

【译文】

孔子说:"周朝的礼仪制度借鉴夏、商二代,是多么丰富多彩啊。我遵从周朝的制度。"

【评析】

孔子这段话中,监:同鉴,借鉴的意思;二代:这里指夏代和周代。孔子对夏商周的礼仪制度有深入的研究,他认为,历史具有内在的继承性,人们不能割断历史,周代礼仪制度需要从夏商两个朝代汲取文化资源。孔子为什么遵从周礼呢?这是因为,与夏商礼仪制度相比,周代的礼仪制度继承和借鉴了夏商的合理部分,也是当时比较先进的,这是孔子历史观进步的具体表现。

【原文】

3.15 子入太庙,每事问。或曰:"孰谓鄹人之子知礼乎?入太庙,每事问。"子闻之,曰:"是礼也。"

【译文】

孔子到了太庙,每件事都要问。有人说:"谁说此人懂得礼呀,他到了太庙里,什么事都要问别人。"孔子听到此话后说:"这就是礼呀!"

【评析】

鄹:春秋时鲁国地名,又写作"陬",在今山东曲阜附近。"鄹人之子"指孔子。《史记》载:"孔子生鲁昌平乡陬邑。"

孔子对周礼十分熟悉,但到了祭祀周公的太庙里,却每件事都要问别人。所以,有人就对他是否真的懂礼表示怀疑。这一段说明孔子并不以"礼"学专家自居,而是具有虚心向人请教的品格,同时也说明孔子对周礼的恭敬态度。

从人才开发的角度来看,孔子这里的"每事问"对于所有的立志成才者,都具有重要的启发意义。一个人只有不耻下问,善于学习,才能逐渐学习更多的知识和道理。所谓学问,不能躲在书斋里死记硬背,而是应该以大学习观的态度和视野,广采博取,学就需要问,而问就是学。但是,遗憾的是,有很多的学生却不善于主动与老师交流,白白浪费了一些非常好的学习机会。

【原文】

3.16 子曰:"射不主皮,为力不同科,古之道也。"

【译文】

孔子说:"比赛射箭,不在于穿透靶子,各人的力气大小不同,自古以来就是这样。"

【评析】

"射"是周代贵族经常举行的一种礼节仪式,属于周礼的内容之一。孔子在这里所讲的射箭,只是一种比喻,意思是说,只要肯学习有关礼的规定,不管学到什么程度,都是值得肯定的。而实际上,射箭的关键在于是否能够射中,而不在于是否穿透靶子;射中是技巧高超,射中并且穿透,这是力度大。

【原文】

3.17 子贡欲去告朔之饩羊。子曰:"赐也!尔爱其羊,我爱其礼。"

【译文】

子贡提出去掉每月初一日告祭祖庙用的活羊。孔子说:"赐,你爱惜那只羊,我却爱惜那种礼。"

【评析】

告朔:朔,农历每月初一为朔日。告朔,古代制度,天子每年秋冬之际,把第二年的历书颁发给诸侯,告知每个月的初一日。饩羊:祭祀用的活羊。

按照周礼的规定,周天子每年秋冬之际,就把第二年的历书颁给诸侯,诸侯把历书放在祖庙里,并按照历书规定每月初一日来到祖庙,杀一只活羊祭庙,表示每月听政的开始。当时,鲁国君主已不亲自去"告朔","告朔"已经成为形式。所以,子贡提出去掉"饩羊",但孔子坚持认为,羊与礼相比,礼比羊重要,所以孔子坚持要饩羊祭祀。

对此,我们没有必要责备孔子为了维护礼制而坚持杀一只活羊祭庙的做法,其实,我们过春节的时候,不也是杀鸡宰羊宰猪来祭祀祖先吗?

【原文】

3.18 子曰:"事君尽礼,人以为谄也。"

【译文】

孔子说:"我完全按照周礼的规定去事奉君主,别人却以为这是谄媚呢。"

【评析】

孔子一生要求自己严格按照周礼的规定事奉君主,孔子认为,君臣关系,重在礼与忠。这是他的政治伦理信念,却受到别人的讥讽,认为他是在向君主谄媚。这表明,当时的君臣关系已经遭到破坏,已经没有多少人再重视君臣之礼了。实际上,即使在现实中,如果有人对自己的领导出于尊重而彬彬有礼,有时也会受到同事或他人的非议,时有以小人之心以度君子之腹的现象。

【原文】

3.19 定公问:"君使臣,臣事君,如之何?"孔子对曰:"君使臣以礼,臣事君以忠。"

【译文】

鲁定公问孔子:"君主怎样使唤臣下,臣子怎样事奉君主呢?"孔子回答说:"君主应该按照礼的要求去对待臣子,臣子应该以忠来事奉君主。"

【评析】

从社会和谐稳定的发展要求来看,任何时代都需要建构有秩序的社会。从社会的历史变迁来看,"君使臣以礼,臣事君以忠"客观上体现了周代社会建立和谐秩序正常态的吁求,也是孔子君臣之礼的重要内容。孔子这一思想不但在当时具有意义,而且现在也能够给我们启迪。"君使臣以礼,臣事君以忠"虽然体现了社会的等级秩序,但也具有合理性的一面,即君臣之间、上下级之间要相互尊重。君应依礼待臣,臣子也应尽忠事君。

君臣同心,其利断金。"二人同心,其利断金;同心之言,其臭如兰。"①我们反思近些年来的干部腐败现象,难道不值得我们深入思考吗?

【原文】

3.20 子曰:"《关雎》,乐而不淫,哀而不伤。"

【译文】

孔子说:"《关雎》这首诗,快乐而不放荡,忧愁而不哀伤。"

---

① 《周易·系辞上》。

【评析】

《关雎》是《诗经》开篇之作，不仅写了"关关雎鸠，在河之洲。窈窕淑女，君子好逑"，而且还有"窈窕淑女，寤寐求之。求之不得，寤寐思服。""悠哉悠哉，辗转反侧。""窈窕淑女，琴瑟友之。""窈窕淑女，钟鼓乐之"这些抒发爱情的诗句。全诗都是写君子"追求"淑女，思念时辗转反侧，寤寐思之的忧思，以及结婚时钟鼓乐之、琴瑟友之的欢乐。

"乐而不淫"的"淫"，这里是指放纵、恣肆、过度、沉迷、无节制的意思。孔子的意思是说，快乐也要有所节制，不能过分，由此揭示了《诗经》开篇之作《关雎》中和之美的奥秘。

孔子对《关雎》的评价，体现了他"思无邪"的文学观。《关雎》是写男女爱情、祝贺婚礼的诗，与"思无邪"本不相干，但孔子却从中认识到"乐而不淫、哀而不伤"的中和之美，认为无论哀与乐都不可过分，都有其可贵的价值。

【原文】

3.21 哀公问社于宰我。宰我对曰："夏后氏以松，殷人以柏，周人以栗，曰使民战栗。"子闻之，曰："成事不说，遂事不谏，既往不咎。"

【译文】

鲁哀公问宰我，土地神的神主应该用什么树木，宰我回答："夏朝用松树，商朝用柏树，周朝用栗子树。用栗子树的意思是说：使老百姓战栗。"孔子听到后说："已经做过的事不用提了，已经完成的事不用再去劝阻了，已经过去的事也不必再追究了。"

【评析】

这段话中的"社"，是指土地神，祭祀土神的庙也称社。宰我：名予，字子我，孔子的学生。古时立国都要建立祭土神的庙，选用宜于当地生长的树木做土地神的牌位。宰我回答鲁哀公说，周朝用栗木做社主是为了"使民战栗"，孔子不满意宰我的说法，认为"成事不说，遂事不谏，既往不咎。"现在人们说的"既往不咎"这个成语，就是从孔子这里流传下来的。孔子虽然不满意宰我的说法，但既往不咎，而是着眼于未来，体现了既往不咎的历史哲学意味。这种处理问题的方式是颇有远见的。

【原文】

3.22 子曰："管仲之器小哉！"或曰："管仲俭乎?"曰："管氏有三归，官事不摄，焉得俭？""然则管仲知礼乎?"曰："邦君树塞门，管氏亦树塞门；邦君为两君之好，有反坫,管氏亦有反坫。管氏而知礼,孰不知礼?"

【译文】

孔子说:"管仲这个人的器量真是狭小呀!"有人说:"管仲节俭吗?"孔子说:"他有三处豪华的府邸,他家里的管事也是一人一职而不兼任,怎么谈得上节俭呢?"那人又问:"那么管仲知礼吗?"孔子回答:"国君大门口设立照壁,管仲在大门口也设立照壁。国君同别国国君会见时在堂上有放空酒杯的设备,管仲也有这样的设备。如果说管仲知礼,那么还有谁不知礼呢?"

【评析】

在《论语》中,孔子对管子曾有多处评价。孔子从儒家思想出发,在这段话中对管仲不节俭和不知礼进行了批评。实际上,对管子的评价,涉及道德人格与历史哲学两个不同的维度。从道德人格的角度来看,作为一个位高权重的大臣,管子生活作风非常奢侈,而不是两袖清风,其道德人格是被后人所诟病的;但如果从历史哲学的高度来看,他对于齐国的强盛具有决定性的作用,可以说是居功至伟。在《孔子家语·致思》中,子路问孔子管仲这个人怎么样?孔子很明确回答说"仁也"。孔子还从不同角度回答了子路对管仲之仁的质疑,充分肯定了管仲的贡献。时至今日,我们谈论发现人才、任用人才和评价人才,对管子如何进行价值判断,这都是一个绕不过去的坎。

【原文】

3.23 子语鲁大师乐,曰:"乐其可知也:始作,翕如也;从之,纯如也,皦如也,绎如也,以成。"

【译文】

孔子对鲁国乐官谈论演奏音乐的道理说:"奏乐的道理是可以知道的:开始演奏,各种乐器合奏,声音繁美;继续展开下去,悠扬悦耳,音节分明,连续不断,最后完成。"

【评析】

孔子这段话是与鲁国的乐官谈论乐理的,他认为,音乐既要有合奏的繁美,也要有节奏分明、悠扬悦耳连绵不断的美。实际上,音乐之美恰恰在于高与低、张与弛、疏与密的有机统一,要具有高低起伏与抑扬顿挫的完美融合。

【原文】

3.24 仪封人请见,曰:"君子之至于斯也,吾未尝不得见也。"从者见之。出曰:"二三子何患于丧乎?天下之无道也久矣,天将以夫子为木铎。"

【译文】

仪这个地方的长官请求见孔子,他说:"凡是君子到这里来,我从没有见不到的。"孔子的随从学生引他去见了孔子。他出来后对孔子的学生们说:"你们几位何必为没有官位而发愁呢?天下无道已经很久了,上天将以孔夫子为圣人来号令天下。"

【评析】

仪封人:仪为地名,在今河南兰考县境内。封人,系镇守边疆的官。木铎:木舌的铜铃。古代天子发布政令时摇它以召集听众。这段话说明仪封人阅人无数,是一个颇有见解的地方官员,因此能够分辨出孔子是一个具有真才实学的大学问家。所以,他劝慰跟随孔子的那些学生们,不要对未来失去信念,因为在天下无道的情况下,上天将以孔夫子为圣人号令天下,可见对孔子是佩服至极了。

实际上,在社会发生剧变的时代,思想家的力量往往能够发挥非常重要的作用,甚至能够引领社会发展的未来。在现代社会改革中,我们应该树立思想是第一生产力的新观念。目前我国改革正处于攻坚克难的关键时期,最需要思想家为国家发展提供高水平的智库。

【原文】

3.25 子谓《韶》:"尽美矣,又尽善也;"谓《武》:"尽美矣,未尽善也。"

【译文】

孔子讲到"韶"这一乐舞时说:"艺术形式美极了,内容也很好。"谈到"武"这一乐舞时说:"艺术形式很美,但内容却差一些。"

【评析】

韶:相传是古代歌颂虞舜的一种乐舞;美:指乐曲的音调、舞蹈的形式而言;善:指乐舞的思想内容而言;武:相传是歌颂周武王的一种乐舞。

文艺的最高标准应说尽善尽美,或者尽美尽善。孔子在这里最早提出了尽美尽善的艺术标准。他用这一标准评价和肯定了《韶》的完美性,既肯定了《武》的外在形式美,又指出了《武》在内容上的"未尽善",即内容上还有一定的缺陷。孔子这一思想对中国后世的文艺批评产生了深远的影响。

孔子对音乐具有很高的造诣,至今在山东淄博还保留了孔子闻韶处的古迹。闻韶处位于山东省淄博市齐都镇韶院村。民国9年《临淄县志》载:清嘉庆时,于城东枣园村掘地得古碑,上书"孔子闻韶处"。1982年,政府拨款将"孔子闻韶处"碑嵌于韶院村学校内墙壁上,并增置"乐舞图"和简述孔子在齐闻韶石刻。

【原文】

3.26 子曰:"居上不宽,为礼不敬,临丧不哀,吾何以观之哉?"

【译文】

孔子说:"居于执政地位的人,不能宽厚待人,行礼的时候不严肃,参加丧礼时也不悲哀,这种情况我怎么能看得下去呢?"

【评析】

孔子主张仁者爱人,用理想的君子标准要求执政者。这段话表明了孔子对执政者的不满。他从对当政者的道德要求出发,认为执政者要宽以待人,严肃行礼,参加丧礼时要从内心感到悲哀。

实际上,自古以来,社会上普遍存在着上行下效的问题,执政者自身的行为规范直接影响普通老百姓的价值标准。因此,孔子对当时一些执政者"居上不宽,为礼不敬,临丧不哀"的做法提出了批评。

第四篇 《里仁》译评

里仁篇包括26章,内容主要涉及义与利的关系问题、个人的道德修养问题、孝敬父母的问题以及君子与小人的区别。其中,孔子着重谈了如何实现"仁"的问题,倡导追求"道",认为"朝闻道,夕死可矣。"这一篇包括了儒家很多的重要范畴、原则和理论,对后世产生了很大的影响。

【原文】

4.1 子曰:"里仁为美,择不处仁,焉得知?"

【译文】

孔子说:"跟有仁德的人住在一起,才是好的。如果你选择的住处不是跟有仁德的人在一起,怎么能说你是明智的呢?"

【评析】

孔子这段话言简意深,是非常重要的人生哲学,也是非常重要的人才开发理论。里仁为美:里,住处,借作动词用。这句话是说,为人处世,应该与有仁德的人住在一起,自觉接受好的影响。

历史唯物主义认为,人是环境的产物,而其中人文环境尤为重要,所谓近朱者赤、近墨者黑,确实是非常深刻的人生至理。从中国历史传统来看,重视居住的人文环境,慎重交友,这是儒家一贯注重的问题。与有仁德的人住在一起,耳濡目染,都会受到仁德者的影响;反之,就不大可能养成仁的情操。

文化地理学则从人类文化的空间组合的角度,解释各种文化要素如何使不同地区具有各种区域特征。由此观之,通过若干群体的"里仁为美",仁者带动和影响普通人,久而久之,客观上就会使该区域呈现出"仁"文荟萃的独特现象。现在的问题是,有不少人知仁而远仁,自觉不自觉地疏离了仁,如此一来,你怎么能够成仁呢?

【原文】

4.2 子曰:"不仁者不可以久处约,不可以长处乐。仁者安仁,知者利仁。"

【译文】

孔子说:"没有仁德的人不能长久地处在贫困中,也不能长久地处在安乐的境遇。有仁德的人能够安心于行仁德,有智慧的人能够利用仁德。"

【评析】

孔子这段话非常深刻揭示了仁与智的关系。"不可以久处约"中的"约",这里是指穷困、困窘。安仁:是安于仁道;利仁:认为仁有利自己才去行仁。孔子的意思是说凡是没有仁德之人不可能长久地处在贫困中,也不能够长久地处于安乐。在孔子看来,如果没有仁德,就很难忍受长期的贫困,而为了摆脱贫困,有可能做违反仁德的事情;如果没有仁德,就很难获得长期安乐的境遇。所以,孔子认为,一个真正的仁者,一定是从内心里认同并安于仁德的;而有智慧的人虽然也会认同仁,但行仁却是为了获得利益。

另外,孔子所说的"知者"很像钱理群教授所说的"精致的利己主义者"。钱理群认为,大学不应该培养精致的利己主义者。钱理群教授在武汉大学老校长刘道玉召集的"'理想大学'专题研讨会"上语惊四座。他认为:"我们的一些大学,包括北京大学,都正在培养一些'精致的利己主义者',他们高智商,世俗,老到,善于表演,懂得配合,更善于利用体制达到自己的目的。这种人一旦掌握权力,比一般的贪官污吏危害更大。"①由此可见,我们的学校还是应该培养仁者,而不是培养知者。

把孔子这段话用于今天,这段话启示我们:从人生哲学的角度来看,真正的知识分子在主观上可以安贫乐道,不应该过于追求物质享受和感官的快乐,而是应该以天下为己任。但是,从政府的角度来看,政府也不应该长期让知识分子处于贫穷状态。可以设想,当一个知识分子为了生存而忙碌奔波的时候,他就没有时间和精力去关心国家大事。

【原文】

4.3 子曰:"唯仁者能好人,能恶人。"

【译文】

孔子说:"只有那些有仁德的人,才能爱人和恨人。"

【评析】

孔子为什么说"唯仁者能好人,能恶人"呢? 这是因为仁者爱人,仁者对社会人生的态度都是积极的,是具有原则性的,体现了社会美好的因素,一个真正的仁

---

① 魏干:《谁造就了"精致的利己主义者"》,《民主与科学》,2012年第2期。

者敢爱敢恨,爱的是真善美,恨的是假恶丑。而一个真正的坏人恐怕连父母也不一定是真爱的,所以,一个坏人只能恨那些仁者,而不能爱仁者。由此而论,君子是仁人,仁者爱人,也恨那些小人和伪君子,诚如孔子所言"唯仁者能好人,能恶人。"

【原文】

4.4 子曰:"苟志于仁矣,无恶也。"

【译文】

孔子说:"如果立志于仁,就不会做坏事了。"

【评析】

孔子非常重视做人。他认为,一个人只要具有了仁德,可以做有益于国家、有利于百姓的善事了,而不会去做坏事,即不会犯上作乱、为非作恶,也不会骄奢淫逸、随心所欲。

孔子这段话对于我们理解现在的素质教育非常重要。素质教育认为素质比能力重要。我们1980年代以前,人才培养注重又红又专;现在人才理论强调德才兼备。无论是又红又专还是德才兼备,一个共同点就是二者都重视个人内在的道德修养与人格完善。

实际上,"志于仁",不但"无恶",而且还有利于提高个人的素质和能力。这是因为一个人如果"志于仁",为了追求仁,一方面必须加强自我塑造,不断地修身养性;另一方面,要"志于仁",追求仁,实现仁,还必须具有较高的能力。由此观之,当我们"志于仁"的时候,我们得到的不仅仅是仁,而且还必然伴随着素质和能力的全面提升,因为"志于仁",就要具有"志于仁"的能力。

【原文】

4.5 子曰:"富与贵,是人之所欲也,不以其道得之,不处也;贫与贱,是人之所恶也,不以其道得之,不去也。君子去仁,恶乎成名?君子无终食之间违仁,造次必于是,颠沛必于是。"

【译文】

孔子说:"富裕和显贵是人人都希望得到的,但不用正当的方法得到它,就不会去享受的;贫穷与低贱是人人都厌恶的,但不用正当的方法去摆脱它,就不会摆脱的。君子如果离开了仁德,又怎么能叫君子呢?君子没有一顿饭的时间背离仁德的,就是在最紧迫的时刻也必须按照仁德办事,就是在颠沛流离的时候,也一定会按仁德去办事的。"

【评析】

孔子这段话深刻反映了他的富贵观。人爱富贵,这是人的本性,但在孔子看来,爱富贵,应该"以其道得之";人们都不愿意贫贱,但要通过正常的方法摆脱贫贱。这就是说,一个人无论富贵还是贫贱,都要尊重"道",或"以其道得之,"或"以其道"去之。

人生在世,没有不爱富贵的,但通过什么方式和途径得到富贵,这才是问题的关键。孔子的富贵观认为,人爱富贵,这是人的本性,但爱富贵,应该"以其道得之";人们都不愿意贫贱,但要通过正常的方法摆脱贫贱。

孔子认为,一个真正的君子,每时每刻都离不开仁德,如果离开了仁德,就不是君子了。对于道而言,君子应该时刻把道放在心里,须臾不可离身,君子慎独。《礼记·中庸》:"天命之谓性,率性之谓道,修道之谓教。道也者,不可须臾离也;可离,非道也。是故君子戒慎乎其所不睹,恐惧乎其所不闻。莫见乎隐,莫显乎微,故君子慎其独也。"《礼记》这段话是孔子思想很好的阐释。

孔子的富贵观以及任何情况下无"违仁"的仁德思想对于今天建立和谐社会,都具有非常重要的启发意义。我国改革开放以来,为了摆脱贫穷,许多人依靠科学和勤劳致富,但也有一些人依靠制造和贩卖假冒伪劣产品致富,依靠坑蒙拐骗和以权谋私致富,而不是"以其道而得之",与孔子的富贵观完全背道而驰。

此外,还有少数人言行不一,表里不一,当面一套,背后一套,对组织阳奉阴违;满嘴仁义道德,骨子里男盗女娼;为了追求金钱,竟然不择手段,成为金钱的奴隶。

【原文】

4.6 子曰:"我未见好仁者,恶不仁者。好仁者,无以尚之;恶不仁者,其为仁矣,不使不仁者加乎其身。有能一日用其力于仁矣乎?我未见力不足者。盖有之矣,我未之见也。"

【译文】

孔子说:"我没有见过爱好仁德的人,也没有见过厌恶不仁的人。爱好仁德的人,是不能再好的了;厌恶不仁的人,在实行仁德的时候,不让不仁德的人影响自己。有谁能在一天把自己的力量用在实行仁德上吗?我还没有看见力量不够的。这种人可能还是有的,但我没见过。"

【评析】

孔子非常重视个人道德修养,倡导养成仁德的情操。但当时动荡的社会中,爱好仁德的人已经不多了,孔子说他没有见到;他同时主张,不要让不仁德的人影响自己。孔子认为,对仁德的修养,主要还是要靠个人自觉的努力,因为只要经过个人的努力,是完全可以达到仁的境界的,但他还没有看到一个人把全部力量用于一天来实行仁德的。

孔子所说的"好仁者",也就是愿意做好人的人。我国改革开放以来,由于道德滑坡,在现实中,很多人感觉做好人很难,公务员当清官也很难,客观上却验证了孔子这一说法的真实性。

【原文】

4.7 子曰:"人之过也,各于其党。观过,斯知仁矣。"

【译文】

孔子说:"人犯什么样的错误,就说明他是什么样的人。考察一个人所犯的错误,就可以知道他是一个什么样的人了。"

【评析】

据杨伯峻《论语译注》考证,"斯知仁矣"中的"仁",同"人"。孔子认为,人之所以犯错误,从根本上讲在于犯错误的人本身是一个什么样的人。所以,观察一个人所犯的错误,就可以看出他是一个什么样的人。

人生在世,谁都可能犯错误。孔子认为,可以由错知人。由此可见,我们不仅要批评人们犯的错误,而且更需要找出犯错误的原因。由此进而推论,我们对一个人的考核或评价,应该知过观人,沿波讨源,虽幽必显,既要发现错误和纠正错误,防患于未然,又要惩前毖后,治病救人。

【原文】

4.8 子曰:"朝闻道,夕死可矣。"

【译文】

孔子说:"早晨理解了道,就是当天晚上死也瞑目了。"

【评析】

孔子把"闻道"看作比人的生命还要珍贵,所谓"朝闻道,夕死可矣"集中反映了孔子的真理观。在孔子看来,"道"比自己的生命还重要,可见这里的"道"不是一般的道,而是指事物的本质和规律,也是指社会、政治的最高原则和做人的最高准则。

当代著名美学家王朝闻的名字,就是根据孔子"朝闻道"而起的。在市场经济与道德滑坡的环境下,我们重温孔子的"朝闻道,夕死可矣"这句名言,深感人生在世追求真理的重要性。一个人如果有这样一种探索真理的精神,就会发愤图强,有所成就,就绝不会为外物所累。

【原文】

4.9 子曰:"士志于道,而耻恶衣恶食者,未足与议也。"

【译文】

孔子说:"士有志于学习和实行圣人的道理,但又以自己吃穿不好为耻辱,对这种人,是不值得与他谈论道的。"

【评析】

孔子这段论述让人联想到鱼和熊掌的问题。当鱼和熊掌二者不可得兼时,就应该舍鱼而取熊掌。对于士而言,应该把"志于道"视为最高的价值取向,即"熊掌",而吃和穿则属于"鱼"的层次,所以应该抓大放小,把时间和精力放在"志于道"上。孔子认为,士应该志于道,一个知识分子斤斤计较个人的吃穿等生活琐事,他是不会有远大志向的,根本就不必与这样的人去讨论什么道的问题。

孔子这句话很深刻,他深刻揭示了知识分子的本质在于追求"道",即探索事物的本质、规律,要有以天下为己任的情怀,不能把很多时间和精力用于追求吃喝住穿等生活琐事。在这方面,当下的知识分子应该从孔子这里获得启迪。无论是科研机构的科研人员,还是大学教师、中小学教师等教育工作者,你选择了这个职业,在主观上就不能以追求物质利益为最高的价值取向,因此,也就不应该过于追求物质享受,而是应该以科学创新和人才培养为己任,集中时间和精力做好本职工作。

但是,从客观上来看,政府和社会应该为知识分子们提供一种比较体面的生活、一种有尊严的生活,尽可能为他们提供优良的工作环境和其他条件,更不能让知识分子们为了生计和生老病死而发愁。

【原文】

4.10 子曰:"君子之于天下也,无适也,无莫也,义之与比。"

【译文】

孔子说:"君子对于天下的人和事,没有厚此薄彼,只是按照义去做。"

【评析】

孔子这里要求君子处理问题要"义之与比"。在孔子看来,君子具有高尚人格,为人公正、友善,处世严肃灵活,不偏不倚,不会厚此薄彼。用我们今天的话来说,就是我们对事不对人,按照义理来处理各种问题。

【原文】

4.11 子曰:"君子怀德,小人怀土;君子怀刑,小人怀惠。"

【译文】

孔子说:"君子心里想着道德,小人心里想的是乡土;君子重视法度,小人关注的是恩惠。"

【评析】

孔子认为,君子有高尚的道德,他们胸怀远大,视野开阔,考虑的是国家和社会的大事,处理问题注重法度和原则性,而小人则只知道思恋乡土,关注小恩小惠等物质利益。孔子认为这是君子与小人之间的区别点之一。

实际上,君子与小人确实有很多区别。在世界观、人生观、价值观等很多方面,君子与小人所思所想差别很大,甚至截然相反。由此可见,我们从一个人关心什么性质的问题,就可以看出这个人是君子还是小人了。当然,孔子这里所说的"小人"不一定是指道德意义上有缺陷的人,而主要是指出于社会底层普通百姓中的部分人。

【原文】

4.12 子曰:"放于利而行,多怨。"

【译文】

孔子说:"依据个人利益而行动,就会招致更多的怨恨。"

【评析】

孔子认为,一个人如果依据个人利益而做事情,只考虑个人得失,一心追求个人利益,就会招致来自各方的怨恨和指责。

孔子这里的利益观是非常正确的。在孔子看来,任何人做事情都不能只考虑个人利益,而是应该顾及他人的利益,否则,就必然招致人们的怨恨。因为从心理学的角度来看,任何人都不希望与那些自私自利、唯利是图的人打交道,更不愿意与这样的人交朋友。从实践的角度来看,"放于利而行"的人必然失道寡助,众叛亲离,失去朋友,甚至失去亲情,最终不亦悲乎!

【原文】

4.13 子曰:"能以礼让为国乎,何有? 不能以礼让为国,如礼何?"

【译文】

孔子说:"能够用礼让原则来治理国家,那还有什么困难呢? 不能用礼让原则来治理国家,怎么能实行礼呢?"

【评析】

孔子把"礼"的原则推而广之,用于国家的治理。孔子这里所说的"礼",既是指应有的行为规范,也是指内心里的仁德,蕴含了法制与道德的双重约束,在一定程度上具有现代所说的"精神文明"的意味。

孔子主张为政以德,必然推及"礼让为国"。其实,从建设和谐社会的角度来看,我们固然需要依法治国,但最高的境界不是依法治国,而是通过为政以德,法制与德治相辅相成,有机结合,既有法律的他律,也有仁德的自律,双律融合互补,实现全民的自由、自律与自觉,即无为而治,"礼让为国"。

【原文】

4.14 子曰:"不患无位,患所以立;不患莫己知,求为可知也。"

【译文】

孔子说:"不怕没有官位,就怕自己没有学到胜任岗位的知识。不怕没有人知道自己,只求自己成为有真才实学值得为人们知道的人。"

【评析】

孔子把"礼"的原则推而广之,用于国家的治理,深刻揭示了人才开发中"患所以立"与"求为可知"的成功秘诀。

孔子认为,人生在世,不能患得患失,怨天尤人,担心怀才不遇。一个人应该担心的是自己没有能力立足社会和工作岗位。所以他认为,不要担心别人不了解自己,而是希望和要求自己能够成为有学识的人。

孔子这一思想对于今天很多人来说,都具有非常积极的启发意义。孔子深谙人才开发之道,把"所以立"视为修身立业的重要依据。现实中,我们很多人总感觉自己仿佛多少有一点怀才不遇,似乎从来没有想到自己还有哪些方面存在不足。从唯才是举的角度来看,我们远远没有做到适才适所,正因为没有适才适所,所以才出现了"所未适才"的困境,即很多岗位的在岗者并不符合岗位的要求。孔子启示我们,人生在世,要努力学习和拼搏,增强内功,提高自己"所以立"的真才实学,才能获得他人和社会的承认。

此外,孔子的忠恕之道也体现了儒家的伦理思想。用忠恕之道,由己推人,宽以待人,施爱于人,至今仍然具有启发意义。

【原文】

4.15 子曰:"参乎,吾道一以贯之。"曾子曰:"唯。"子出,门人问曰:"何谓也?"曾子曰:"夫子之道,忠恕而已矣。"

【译文】

孔子说:"参啊,我讲的道是由一个基本的思想贯彻始终的。"曾子说:"是。"孔子出去之后,同学便问曾子:"这是什么意思?"曾子说:"老师的道,就是忠恕罢了。"

【评析】

中华民族是一个重道德、尊礼义、尚伦理的民族。早在中国先秦时期,《左传·隐公十一年》中就有"恕而行之,德之则也"的表述。这里讲的"恕",就是指推己及人。曾参是孔子学生,曾提出"吾日三省吾身"的修养方法。这段话记载了孔子与曾参的问答。"忠恕"是孔子"一以贯之"的思想,是孔子思想的重要内容,待人忠恕,这是仁的基本要求,贯穿于孔子思想的各个方面。曾参这里回答了同学的问话,认为"忠恕"是孔子"一以贯之"的思想。

忠恕是传统儒家处理人际关系的基本原则之一。第一,孔子所倡导的忠恕之道是与他的仁学紧密相联的,"仁者,爱人",而忠恕之道又是他学说中"一以贯之"的东西,孔子的忠恕之道也是他仁学思想的具体化。"仁者,爱人"和忠恕之道,都主张以爱人之心、爱人之能去对待他人,视人如己,施爱于人。第二,忠恕之道又是达到仁、实施仁的方法和途径,这就是《论语·雍也》所谓"仁之方也已"。

换言之,忠恕之道就是人们常说的将心比心,推己及人,换位思考。所谓人心都是肉长的,自己希望的事情,要想到别人也希望如此;自己不想做的事情,要想到别人也不想做。孔子是忠恕之道不仅可以用于一般的人际关系,而且也可以用于国家之间的交往的原则。

【原文】

4.16 子曰:"君子喻于义,小人喻于利。"

【译文】

孔子说:"君子懂得大义,小人只懂得小利。"

【评析】

"君子喻于义,小人喻于利"是孔子关于君子与小人相区别的重要表述,对后世产生了深远影响。孔子认为,在义与利的关系中,君子应该重义轻利,利要服从义,而小人则唯利是图。经过后代儒家的发展,这种思想就变成义与利尖锐对立、非此即彼的义利观。

我国改革开放确立市场经济以来,道德与经济的关系一直处于对立统一的复杂关系中。孔子所说的义利关系,在一定程度上也反映了道德与经济的关系。在今天建构和谐社会的历史进程中，我们也应该从孔子这一思想中获得启迪。我们很多年来为了追求GDP的高速增长，一些地方政府对一些企业不惜污染环境甚至是生产假冒伪劣产品的行为，不惜实行地方保护主义，采取懒政和不作为的做法，从本质上来看，这也体现了孔子所说的义利关系，即这些政府和企业为了物质利益，而不顾人们的饮食健康和生命安全，这完全是违反道义的错误做法，难道这不是小人的行为吗？

人生在世，是见利忘义，还是义然后取？君子爱财，取之无道还是有道？很显然，孔子的观点启示我们，做人应该像君子那样，应该以义为重，而不能见利忘义。中国传统文化正因为注重"君子喻于义"，才能培育出"杀身成仁"的君子精神；如果见利忘义，那么遇到关键时刻，就很可能为了苟且偷生，就会不顾国格人格、甚至出卖国家机密和同志了。

【原文】

4.17 子曰："见贤思齐焉，见不贤而内自省也。"

【译文】

孔子说："见到贤人，就应该向他学习、看齐，见到不贤的人，就应该反省自己有没有类似的错误。"

【评析】

孔子关于见贤思齐、见不贤而内自省的思想，这是孔子一生的自我写照，惟其如此，他才能够成为千古圣人。这句格言体现了人才开发的基本规律，对于今天我们加强道德修养和促进人才开发，都具有非常重要的启发意义。

只有见贤思齐，才能为自己不断树立人生的标杆和榜样，才能不断提高自己的才能，听君一席话，胜读十年书，通过见贤思齐，天天耳濡目染于优秀人物的言行，就会潜移默化地提高自己的素养和能力；只有见不贤内自省，才能不断从他人的教训中引以为戒，少走弯路，不再重蹈别人的覆辙。

因此，我们认为，见贤思齐，见不贤而内自省，这是加强道德自律和促进人才开发的一条非常重要的普遍规律，对于国家治理和社会的发展进步，也具有重要的启发意义。比如，我们要见贤思齐，及时学习外国的先进经验，还要"见不贤而内自省"，避免外国所犯的错误，比如资本主义原始积累阶段的生态破坏、环境污染问题，生产的无计划性等，都需要引起我们的注意。

【原文】

4.18 子曰："事父母几谏，见志不从，又敬不违，劳而不怨。"

【译文】

孔子说:"事奉父母,要委婉地劝说他们。见父母心里不愿听从,还是要恭恭敬敬而不违抗他们,为父母操心而不怨恨。"

【评析】

孝敬父母是中华传统文化的美德,孔子这里的意思不是让子女对父母愚忠愚孝,而是子女在批评父母的不当之处时,要讲究策略和方法,态度要恭敬,语言要委婉。

孔子要求子女这样对待父母,是基于两种考虑:一是君子修身之道,在《论语·季氏》篇中,孔子认为:"君子有九思:视思明,听思聪,色思温,貌思恭,言思忠,事思敬,疑思问,忿思难,见得思义。"在这九思中,其中就有"色思温"和"貌思恭"的要求:"色思温",就是要求君子为人处世脸色要温和;"貌思恭"就是容貌态度要考虑端庄恭敬。

现在仍然流行着一种说法:"糊涂天,糊涂地,糊涂老的没法治"。意思就是说,你的父母如果比较糊涂,你作为儿女,也不能与父母计较,更不能与父母生气吵架,因为他们是你的生身父母,儿女们仍然要尊重父母,理解和关心父母。有学者认为孔子这里表现了愚忠愚孝的思想,笔者认为,这是对孔子的误解,也是缺乏换位思考的表现。

从人生哲学的角度来看,长辈批评晚辈、上级批评下级都应该讲究方法,那么,很显然,反过来,晚辈批评长辈,下级批评上级,难道不是更应该讲究一些策略和方法吗?比如态度、语气、批评的时间、地点与场合等情境,都是应该有所考虑的;否则,很容易好心办坏事,事与愿违。

子女孝敬父母,这是天经地义的事情。孔子倡导子女对父母的孝敬,体现了中华民族的传统美德,应该在新时期加以发扬光大。

【原文】

4.19 子曰:"父母在,不远游,游必有方。"

【译文】

孔子说:"父母在世,不远离家乡;如果一定要出远门,也必须明确要去的地方。"

【评析】

孔子这里说的"游",是指游学、游官、经商等外出活动;"方",这里是指出游要明确去的地方。孔子认为,这也是儿女对父母孝敬的一种具体表现。

73

那么，我们从今天的角度出发，对孔子的时代进行换位思考，就不难发现：孔子的时代，科技还非常落后，子女们游学、游官、经商等外出活动非常不容易，因为驿站饭店很少，吃住行都很困难，没有现在的汽车、火车和飞机这些现代交通工具，骑着毛驴或骑马就是很奢侈的交通工具了，而通讯联系更是非常困难。因此，儿女们一旦离开家乡、离开父母，在很大程度上就像失去了联系一样，彼此音信渺茫，亲人的思念之情难以释怀，即使生老病死，有时也难以见面。所以，基于当时客观条件的局限，基于对人性人情的深刻思考，孔子主张"父母在，不远游，游必有方。"意思是说，父母在的时候，儿女们不要离开父母太远，即使要外出，也要有明确的目的地，以便于联系。

对孔子这一思想，我们即使放在现在考虑一下，也是合情合理的。以报考大学而言，很多中学生填报志愿大多数还是填报本省本市的高校，其中原因之一就是离家离父母更近一些。当然，好儿女志在四方，一个立志干大事业、做大学问的人，也可以周游世界，但仍然需要"游必有方"。如今我国很多青少年到外国留学，虽已远游，但做到了"游必有方"，通过手机视频聊天，彼此如在目前。

【原文】

4.20 子曰："三年无改于父之道，可谓孝矣。"

【译文】

对于父亲的合理部分，三年不加改变，可以说是尽孝了。

【评析】

孔子这段话与《学而》篇十一章相同，此处评析略。

【原文】

4.21 子曰："父母之年，不可不知也。一则以喜，一则以惧。"

【译文】

孔子说："父母的年纪，不可不记在心里。一方面为他们的长寿而高兴，一方面又为他们的年迈衰老而恐惧。"

【评析】

孔子这段话还是讲"孝"。他认为子女从内心深处要孝敬父母，要时刻记住父母的年纪，既要为父母的健康长寿而感到高兴，又要为父母的年迈衰老感到忧虑。这就是生活的辩证法，因为父母健康长寿本身就意味着年事已高，意味着可能突然有一天会离开子女们。

我们反思一下当今很多青少年的所作所为吧！不少孩子只会向父母索取，甚至不知道父母的生日,但是自己的生日却记得非常清楚。问题主要在于,很多子女只记得父母对自己的责任和义务,却很少对父母表现出应有的关心,更谈不上孝心。更有甚者,媒体已经多次报道了子女不赡养父母的案例,此处不再赘言。

【原文】

4.22 子曰:"古者言之不出,耻躬之不逮也。"

【译文】

孔子说:"古代人不轻易把话说出口,因为他们以自己做不到为可耻啊。"

【评析】

孔子既具有积极进取的人生态度,又谦虚谨慎,注重谨言慎行,不轻易允诺,不轻易表态,如果做不到,就会失信于人,给人造成言过其实或名不副实的不良印象。所以孔子说,古人就不轻易说话,更不说随心所欲的话,因为他们以不能兑现允诺而感到耻辱。孔子这段话实际上就是讲做人说话,要学会如何自律。

说到做到,一诺千金,讲究诚信,这是人生的重要准则。在现实中,有很多与孔子所说的相反的情况:没有诚信,言不由衷,言行不一,雷声大雨点小,甚至信口雌黄,说谎话都不脸红。

【原文】

4.23 子曰:"以约失之者鲜矣。"

【译文】

孔子说:"用礼来约束自己,再犯错误的人就少了。"

【评析】

人生来渴望着自由,追求着自由,但客观上又无处不在枷锁之中。为人要学会自律,用自律来自我约束,这就是其中一个"枷锁"。为了自由,我们必须自觉主动带上"枷锁"。

人生在世,必须具有行为准则。准则来自两个方面:一是内在的自律;二是外在的他律。孔子认为,只要用礼来约束自己,就不会轻易犯错误。这里的礼,既是内在的自律,也是外在的他律,体现了自律与他律的和谐统一。

【原文】

4.24 子曰:"君子欲讷于言而敏于行。"

【译文】

孔子说:"君子说话要谨慎,而行动要敏捷。"

【评析】

谨言慎行,是中国传统文化重要的修身之道。"讷于言而敏于行",具有谨言的含义,也有多做事的要求,即少说话,多干实事。

"君子欲讷于言而敏于行。"这句话对于我们各级管理者而言,都具有普遍的指导意义。各级领导干部要踏踏实实做事,要少喊口号,多办实事。而事实上,我们有的干部作风恰恰相反,天天坐在办公室里,不是"讷于言而敏于行",而是敏于言而缓于行;或者在大会上慷慨陈词、豪言壮语,送空头支票,结果光打雷不下雨,或雷声大雨点小。这也是主观主义和官僚主义的重要表现。

【原文】

4.25 子曰:"德不孤,必有邻。"

【译文】

孔子说:"有道德的人是不会孤立的,一定会有思想一致的人与他相处。"

【评析】

为什么说有道德的人不会孤立呢?这是因为得道多助,有德之人为人处世不是基于自私自利,而是具有忧国忧民的人文情怀,一定会有人了解他,支持他,跟随他。当然,即使有德之人,在特定的时间和地点,也许会受到暂时的误解,暂时得不到社会承认,但放眼历史长河,真善美一定能够得到社会的尊重,这就是说,"德不孤,必有邻。"我们不必担心怀德不遇知音。孔子这里客观上为人们培养道德自信提供了自我激励与自我约束的理论依据。

【原文】

4.26 子游曰:"事君数,斯辱矣;朋友数,斯疏矣。"

【译文】

子游说:"事奉君主太过烦琐,就会受到侮辱;对待朋友太烦琐,就会被疏远了。"

【评析】

一般而言,在中国封建社会,侍奉君主有两种主要的方式:一是国家的栋梁之才,这类人与君主的关系不是琐碎的杂事关系,而是谈论国家大事;二是侍奉君主的具体宫廷人员或其他人员。这类人员如果事奉君主太过烦琐,就会受到侮辱。孔子的意思是说,这类人往往得不到君主的尊重,因而容易受到君主的侮辱。同理可见,对待朋友太烦琐,大多是一些繁琐之事,就容易被朋友疏远了。因为真正的朋友是基于志同道合的相互尊重,而不是彼此之间琐事的利用和被利用的实用关系。

第五篇 《公冶长》译评

【本篇引语】

公冶长篇共计28章,内容以谈论仁德为主,也谈及对人物的评价。孔子与弟子从各个侧面探讨仁德的特征。本篇关于"听其言而观其行""无欲则刚";"敏而好学,不耻下问";"三思而后行"等思想对后世产生了很大的影响。

【原文】

5.1 子谓公冶长:"可妻也。虽在缧绁之中,非其罪也。"以其子妻之。

【译文】

孔子评论公冶长说:"可以把女儿嫁给他,他虽然被关在牢狱里,但这并不是他的罪过呀。"于是,孔子就把自己的女儿嫁给了他。

【评析】

公冶长是孔子弟子、七十二贤之一,鲁国君主多次请他为大夫,他一概拒绝。他自幼家贫,勤俭节约,聪颖好学,博通书礼,德才兼备,一生治学,继承孔子思想,教学育人,深受孔子赏识。相传公冶长通鸟语,并因此无辜获罪。孔子对公冶长身陷囹圄而痛惜,便说:"公冶长虽在缧绁之中,非其罪也。"并将女儿许他为妻。

这里值得注意的是,孔子在对待女儿的择偶方面,并没有拘泥于公冶长身陷囹圄,而是根据他对公冶长的深入了解,认为公冶长是一个真正的君子,这才以女妻之,由此可以看出孔子不畏世俗,具有宽广的胸怀以及辨别人才的能力。

【原文】

5.2 子谓南容:"邦有道,不废;邦无道,免于刑戮。"以其兄之子妻之。

【译文】

孔子评论南容说:"国家有道时,他有官做;国家无道时,他也可以免去刑戮。"于是把自己的侄女嫁给了他。

【评析】

南荣是孔子的学生,德才兼备。孔子认为,国家政治清明时,南荣有机会做官;即使政治不清明,南荣也不会犯罪。因为孔子了解南荣,对南荣的评价也比较高,就把自己的侄女嫁给了南荣。据杨伯峻《论语译注》的评析,此时孔子的哥哥孟皮可能已死,孔子做主,让侄女嫁给南荣。

【原文】

5.3 子谓子贱:"君子哉若人,鲁无君子者,斯焉取斯。"

【译文】

孔子评论子贱说:"这个人真是个君子呀。如果鲁国没有君子的话,他是从哪里学到这种品德的呢?"

【评析】

鲁国是周代文化的继承者,比较好地保存了传统的礼乐教化,因而客观上鲁国的君子也比较多,因此鲁国能够成为圣人的文化土壤。孔子在这里称子贱为君子,认为子贱能够成为君子,必然有其客观的社会环境。鲁国如无君子,子贱也不可能学到君子的品德。物以类聚,人以群分。正因为鲁国有孔子这样的谦谦君子,才能够培养出子贱这样的君子。

【原文】

5.4 子贡问曰:"赐也何如?"子曰:"女,器也。"曰:"何器也?"曰:"瑚琏也。"

【译文】

子贡问孔子:"我这个人怎么样?"孔子说:"你呀,好比一个器具。"子贡又问:"是什么器具呢?"孔子说:"是瑚琏。"

【评析】

瑚琏是古代一种贵重、华美的一种祭器。孔子把子贡比作瑚琏,是说子贡乃国家社稷之重器,足堪大用,充分肯定子贡的才能和价值。实际上,子贡确实具有很强的能力,外交才能和经商理财能力都是出类拔萃的。

【原文】

5.5 或曰:"雍也,仁而不佞。"子曰:"焉用佞?御人以口给,屡憎于人。不知其仁,焉用佞?"

【译文】

有人说:"冉雍这个人有仁德但不善辩。"孔子说:"何必要能言善辩呢?靠伶牙俐齿和人辩论,常常招致别人的讨厌,这样的人我不知道他是不是做到仁,但何必要能言善辩呢?"

【评析】

孔子在对人的评价中,认为品德比语言能力重要。针对有人对冉雍的评论,他提出自己的看法。他认为人只要有仁德就足够了,根本不需要能言善辩和伶牙俐齿,在孔子观念中仁德与辩才是对立的。善说的人肯定没有仁德,而有仁德者则不必有辩才。要以德服人,不以嘴服人。

由此可见,从孔子嫁女、嫁侄女都可以看到,孔子在婚姻观中高度重视君子的品行和才能,而一旦确认了男方是君子,即使男方暂时身陷囹圄,也要把女儿嫁给他。对冉雍的评价则表现了孔子对仁德的高度重视,一个人只要具备了仁德,是否能言善辩并不重要;而如果只是能言善辩,而缺乏仁德,这样的人也不是君子。

【原文】

5.6 子使漆雕开仕。对曰:"吾斯之未能信。"子说。

【译文】

孔子让漆雕开去做官。漆雕开回答说:"我对做官这件事还没有信心。"孔子听了很高兴。

【评析】

孔子认为弟子漆雕开已经具备了从政的才能,因此鼓励他去从政。但漆雕开感到自己尚未达到"学而优"的程度,急于做官还没有把握,他想继续学习,晚点去做官,所以孔子很高兴。这个故事充分说明了孔子尊重弟子的人生选择,具有实事求是的态度。

孔子虽然重视学而优则仕,鼓励优秀的学生从政,但他能够听取弟子的建议,体现了实事求是的态度。尤其是孔子对于弟子的职业生涯所进行的分析,充分体现了适才适所的人才学思想。

【原文】

5.7 子曰:"道不行,乘桴浮于海。从我者,其由与?"子路闻之喜。子曰:"由也,好勇过我,无所取材。"

【译文】

孔子说:"如果我的主张行不通,我就乘上木筏子到海外去。能跟从我的大概只有仲由吧!"子路听到这话很高兴。孔子说:"仲由啊,好勇超过了我,但不知道如何约束自己。"

【评析】

仲由,字子路,是孔子的得意门生。在孔子看来,仲由的勇敢超过了"义"的规度,这样的勇是不足取的。对于孔子这里评价子路"无所取材"的解释,笔者发现虽然解释很多,但仍然难以取舍,因此特意请教了著名儒学家、博士生导师、孔子研究院院长杨朝明教授。杨院长是我的老朋友,对我的请教给予了认真回复。他认为,"无所取材"中的"材"同"裁",裁度,意指不知道如何剪裁自己。子路为人性格耿直,果敢有勇,性情粗犷,所以孔子多次教导他,要他不要凭血气之勇行事,也就是要善于剪裁、约束自己。

【原文】

5.8 孟武伯问:"子路仁乎?"子曰:"不知也。"又问。子曰:"由也,千乘之国,可使治其赋也,不知其仁也。""求也何如?"子曰:"求也,千室之邑,百乘之家,可使为之宰也,不知其仁也。""赤也何如?"子曰:"赤也,束带立于朝,可使与宾客言也,不知其仁也。"

【译文】

孟武伯问孔子:"子路做到了仁吧?"孔子说:"我不知道。"孟武伯又问。孔子说:"仲由嘛,在拥有一千辆兵车的国家里,可以让他管理军事,但我不知道他是不是做到仁了。"孟武伯又问:"冉求这个人怎么样?"孔子说:"冉求这个人,可以让他在一个有千户人家的公邑或有一百辆兵车的采邑里当总管,但我也不知道他是不是做到仁了。"孟武伯又问:"公西赤又怎么样呢?"孔子说:"公西赤嘛,可以让他穿着礼服,站在朝廷上,接待贵宾,我也不知道他是不是做到仁了。"

【评析】

孔子作为教育家,也是人才学家。他在这段对话中,通过评价自己的三个学生,提出了用人重在适才适所的思想。他说,子路可以管理军事,冉求可以管理内政,公西赤可以从事外交工作。在孔子看来,他们虽然各有自己的专长,但所有这些专长都必须服务于礼制、德治的政治需要,必须以具备仁德情操为前提。实际上,他把"仁"放在更高的地位。

【原文】

5.9 子谓子贡曰:"女与回也,孰愈?"对曰:"赐也,何敢望回? 回也,闻一以知十;赐也,闻一以知二。"子曰:"弗如也,吾与女弗如也。"

【译文】

孔子对子贡说:"你与颜回相比,谁更好一些呢?"子贡回答说:"我怎么敢和颜回相比呢？颜回他听到一件事就可以推知十件事；我呢，知道一件事，只能推知两件事。"孔子说："是不如他呀，我和你都不如他。"

【评析】

颜回是孔子最得意的学生之一，孔子对他大加赞扬。他勤于学习，善于独立思考，能做到闻一知十，推知全体，融会贯通。孔子希望其他弟子都能像颜回那样，刻苦学习，举一反三，由此及彼，在学业上尽可能地事半功倍。闻一知十，这对于治学非常重要，只要能够做到闻一知十，就一定能够做到事半功倍，极大地提高学习和工作的效率。

【原文】

5.10 宰予昼寝，子曰："朽木不可雕也，粪土之墙不可杇也；于予与何诛！"子曰："始吾于人也，听其言而信其行；今吾于人也，听其言而观其行。于予与改是。"

【译文】

宰予白天睡觉。孔子说："腐朽的木头无法雕刻，斑驳污秽的墙壁无法粉刷。对于宰予这个人，责备还有什么用呢？"孔子说："起初我了解人，是听了他说的话便相信了他的行为；现在我了解人，听了他讲的话还要观察他的行为。在宰予这里我改变了观察人的方法。"

【评析】

孔子的学生宰予白天睡觉，孔子对他大加非难。这件事并不似表面所说的那么简单。结合前后篇章有关内容可以看出，宰予对孔子学说存有异端思想，所以受到孔子斥责。此外，孔子在这里还提出判断一个人的正确方法，即听其言而观其行。

人才鉴别过程中，不但要看一个人说什么，更要看这个人做什么，考察其是否名副其实。在这方面，孔子提出了"听其言而观其行"的著名论断。

【原文】

5.11 子曰："吾未见刚者。"或对曰："申枨。"子曰："枨也欲，焉得刚？"

【译文】

孔子说："我没有见过刚强的人。"有人回答说："申枨就是刚强的。"孔子说："申枨这个人的欲望太多，怎么能刚强呢？"

【评析】

孔子向来认为，一个人的欲望多了，就会违背周礼。在孔子看来，人的欲望过多不仅做不到"义"，甚至也做不到"刚"。孔子并不反对人们一般的欲望，而是反对过分的欲望;如果想成为有崇高理想的君子,那就要舍弃过度的欲望,一心向道。孔子了解自己的学生申枨,认为申枨的欲望太多,不可能刚强。成语无欲则刚,就是出于《论语》这一章。

无欲则刚:刚,是指公道原则,是顺其自然的一种坚持。无欲则刚是指不被自己想要得到的某种利益所诱惑,就是达到了真正的刚义。因为一个人的欲望如果太多,做起事情就会前怕狼后怕虎,畏手畏脚,过于考虑个人名利的得失,处事就很难做到刚正公平了。俗话说,吃了人家的嘴短,拿了人家的手短。一个人如果没有太多欲望的话,他就什么都不怕,什么都不必怕了。林则徐有联:"海纳百川有容乃大,壁立千仞无欲则刚"。

我们现在为什么难以孕育出伟大的思想家?原因固然很多,但其中与知识分子过分地考虑名利得失不无关系。欲望一旦主宰了灵魂,你就会成为欲望的奴隶,而不是一个具有独立人格和主体性的思想者了。我们都很难脱俗,但主观上应该力求脱俗,做人做事如果太俗,就会陷入世俗不能自拔。

【原文】

5.12 子贡曰:"我不欲人之加诸我也,吾亦欲无加诸人。"子曰:"赐也,非尔所及也。"

【译文】

子贡说:"我不愿别人强加于我的事,我也不愿强加在别人身上。"孔子说:"赐呀,这就不是你所能做到的了。"

【评析】

子贡这句话很有道理,蕴含了"己所不欲,勿施于人"的价值观念。《论语·卫灵公》载"子曰:其恕乎!己所不欲,勿施于人。""己所不欲,勿施于人"体现了现代思维中换位思考的内涵,通过换位思考,更好地善解人意,了解他人的心理情绪,这与现代心理学的情商理论颇为相似。情商理论中有一条就是移情的能力,而移情就是善解人意、理解他人情绪的能力。

子贡虽然性格刚强,但为人正直,非常尊重孔子,思想也很独特,《论语》中关于"己所不欲,勿施于人"的思想,既有孔子的创见,也有子贡对移情理论不自觉的思考。

【原文】

5.13 子贡曰:"夫子之文章,可得而闻也;夫子之言性与天道,不可得而闻也。"

【译文】

子贡说:"老师讲授的礼、乐、诗、书的知识,依靠耳闻是能够学到的;老师讲授的人性和天道的理论,依靠耳闻是不能够学到的。"

【评析】

本段中的"文章",这里指孔子传授的诗书礼乐等。在子贡看来,孔子所讲的礼乐诗书等具体知识是有形的,只靠耳闻就可以学到了,但关于人性与天道的理论,深奥神秘,高度抽象,不是通过一般的耳闻就可以学到的,而是必须通过内心的体验,进行深入的思考,才有可能把握孔子的思想真谛。

【原文】

5.14 子路有闻,未之能行,唯恐有闻。

【译文】

子路在听到一条道理但没有能亲自实行的时候,唯恐又听到新的道理。

【评析】

理论只有与实践相结合,才能得到检验,才能发挥理论对实践的指导作用。子贡根据自己的学习体会,感觉到自己学习了一条道理,如果还没来得及实践,就不可能更深入地理解和掌握这条理论;如果此时再学习新的理论,自己可能就消化不了。

在教学相长的过程中,教师确实应该注意类似子贡这种对理论学习的感受和体验,教师讲授理论时不能操之过急,而应该根据学生的理解情况,循序渐进,由浅入深,加强实践性教学,引导学生逐步掌握理论的奥妙和深邃之处。

【原文】

5.15 子贡问曰:"孔文子何以谓之文也?"子曰:"敏而好学,不耻下问,是以谓之文也。"

【译文】

子贡问道:"为什么给孔文子一个'文'的谥号呢?"孔子说:"他聪敏勤勉而好学,不以向比他地位卑下的人请教为耻,所以给他谥号叫'文'。"

【评析】

孔子在回答子贡提问时提出了"不耻下问"这个非常重要的命题。"不耻下问",就是不仅听老师、长辈、贤人的教导,向老师、长辈、贤人求教,而且还求教于一般看来不如自己知识多的一切人,而不以这样做为可耻。孔子"不耻下问"正是他教学相长的具体体现。孔子提倡"不耻下问"的学习态度对后世文人学士产生了深远影响,教育学和人才学也应该从中汲取营养。

"不耻下问"是一个人学习进步的基本规律。人生在世,为了学业进步和更好地成才,既要向名师学习,向所有比自己优秀的人学习,还要善于向那些没有自己知识水平高的人学习。其中道理就是,尺有所短、寸有所长,为了提高学习效率,就应该学习一切"尺"和一切"寸"的长处,广采博取,汲取一切有益的知识营养。

【原文】

5.16 子谓子产:"有君子之道四焉:其行己也恭,其事上也敬,其养民也惠,其使民也义。"

【译文】

孔子评论子产说:"他有君子的四种道德:他自己行为庄重,他事奉君主恭敬,他养护百姓有恩惠,他役使百姓有法度。"

【评析】

子产:姓公孙名侨,字子产,郑国大夫,做过正卿,是郑穆公的孙子,为春秋时郑国的贤相、政治家和外交家。本章孔子讲的君子之道,就是为政之道。子产长期辅佐王室,这一历史时期,于晋国当悼公、平公、昭公、顷公、定公五世,于楚国当共王、康王、郑敖、灵王、平王五世,正是两国争强、战乱不息的时候。郑国地处要冲,而周旋于这两大国之间,子产既不低声下气,也不妄自尊大,使国家得到尊敬和安全。

孔子对子产的评价甚高,认为治国安邦就应当具有子产这四种道德。这四种道德可以归结为四个方面:一是严于律己,率先垂范;二是忠于职守,事君以忠;三是爱民,以民为本;四是依法治使民。从社会治理的角度来看,时至今日,子产这四点也非常值得我们参考。

【原文】

5.17 子曰:"晏平仲善与人交,久而敬之。"

【译文】

孔子说:"晏平仲善于与人交朋友,相识久了,别人仍然尊敬他。"

【评析】

孔子在这里称赞齐国大夫晏婴,认为他与人为善,能够获得别人对他的尊敬,这是很不容易的。孔子这里一方面是对晏婴的称赞,另一方面则是希望他的学生,向晏婴学习,做到"善与人交",互敬互爱,成为有道德的人。

《三国志·吴书·程普传》载老将程普尝云:"与周公瑾交,如饮醇醪,不觉自醉。"意思是说,与周瑜交往,如同品饮甘醇的美酒,自己不知不觉地就被感染陶醉了。如饮醇醪,形容一个人心胸宽广气量宏大,很值得交往。晏婴为人处世注重品德和诚信,时间越久,如饮醇醪,越能得到他人的尊敬。

【原文】

5.18 子曰:"臧文仲居蔡,山节藻棁,何如其知也!"

【译文】

孔子说:"臧文仲藏了一只大龟,藏龟的屋子斗拱雕成山的形状,短柱上画以水草花纹,他这个人怎么能算是有智慧呢?"

【评析】

臧文仲:鲁国大臣,世袭司寇,历经四君50年,"文"是他的谥号。蔡:国君用以占卜的大龟。蔡这个地方产龟,所以把大龟叫作蔡。山节藻棁:节,柱上的斗拱。棁,房梁上的短柱。把斗拱雕成山形,在棁上绘以水草花纹。这是古时装饰天子宗庙的做法。

臧文仲在当时被人们称为"智者",但他违反周礼的规定,竟然修建了藏龟的大屋子,装饰成天子宗庙的式样,这在孔子看来就是"越礼"之举了。因此,孔子指责他"不仁""不智"。

【原文】

5.19 子张问曰:"令尹子文三仕为令尹,无喜色;三已之,无愠色。旧令尹之政,必以告新令尹。何如?"子曰:"忠矣。"曰:"仁矣乎?"曰:"未知,焉得仁?""崔子弑齐君,陈子文有马十乘,弃而违之。至于他邦,则曰:'犹吾大夫崔子也。'违之。之一邦,则又曰:'犹吾大夫崔子也。'违之,何如?"子曰:"清矣。"曰:"仁矣乎?"曰:"未知,焉得仁?"

【译文】

子张问孔子说:"令尹子文几次做楚国宰相,没有显出高兴的样子,几次被免职,也没有显出怨恨的样子。他每一次被免职,一定把自己的一切政事全部告诉给来接任的新宰相。你看这个人怎么样?"孔子说:"可算得是忠了。"子张问:"算得上仁了吗?"孔子说:"不知道,这怎么能算得仁呢?"子张又问:"崔杼杀了他的君主齐庄公,陈文子家有四十匹马,都舍弃不要了,离开了齐国,到了另一个国家,他说,这里的执政者也和我们齐国的大夫崔子差不多,就离开了。到了另一个国家,又说,这里的执政者也和我们的大夫崔子差不多,又离开了。这个人你看怎么样?"孔子说:"可算得上清正了。"子张说:"可以说是仁了吗?"孔子说:"不知道,这怎么能算得仁呢?"

【评析】

这段话是孔子与弟子子张的一段对话,涉及对历史人物的评价。其中,令尹子文是楚国的著名宰相;崔杼是齐国大夫,曾杀死齐庄公,在当时引起极大反应;陈文子是陈国的大夫,名须无。

人生在世,应该力求做到喜怒不形于色,才能有利于事业的成功;只有海纳百川,有容乃大,才能"不念旧恶",远离怨恨。我们不妨看看孔子的智慧吧!

孔子认为,令尹子文忠于君主,尽职尽责;陈文子不与逆臣共事,为人很清正,但他们两人都还算不上仁。因为在孔子看来,"忠"只是仁的一个方面,"清"则是为维护礼而献身的殉道精神。所以,仅有忠和清高还是远远不够的。

这段话还有两点给我们以启示:一是子文的情商非常高,喜怒不形于色,胜不骄败不馁,这对于我们做人处事很有启发意义。二是陈文子为人清正,不与政治混乱的社会环境同流合污,而是选择离开,这也体现了人生主动选择的主体性。

实际上,我们对于社会环境,一般有三种处理方法:第一,是适应环境;第二,如果有能力,就改变环境;第三,如果没有能力改变环境,就只能逃离环境。

【原文】

5.20 季文子三思而后行。子闻之,曰:"再,斯可矣。"

【译文】

季文子每做一件事都要考虑多次。孔子听到了,说:"考虑两次也就行了。"

【评析】

季文子,就是鲁国大夫季孙行父。他处理问题非常慎重,考虑很多,但由于做事过于谨慎,顾虑太多,就会患得患失,反而不够果断。笔者认为,我们考虑问题应该尽量成熟一些,但不能老于世故,因为办事犹豫不决,反遭受祸害牵累,如《黄帝四经·兵容》所言:"因天时,与之皆断;当断不断,反受其乱"。所以,孔子的话也不无道理。

【原文】

5.21 子曰:"宁武子,邦有道,则知;邦无道则愚。其知可及也,其愚不可及也。"

【译文】

孔子说:"宁武子这个人,当国家有道时,他就显得聪明,当国家无道时,他就装傻。他的那种聪明别人可以做得到,他的那种装傻别人就做不到了。"

【评析】

宁武子:姓宁名俞,卫国大夫,"武"是他的谥号。这段话讲了宁武子善于与时俱变的人生智慧,他处世为官的策略灵活得当。当国家政治清明的时候,他就为国家充分发挥自己的聪明智慧;当国家政治黑暗的时候,他就退居幕后或处处装傻,以便等待时机。孔子认为,一般人可以在政治清明时干一番事业,但很难做到在政治黑暗时装傻。

从人生哲学的角度来看,当社会处于黑暗时,你可以直接反抗黑暗,你也可以根据自身条件,暂时委曲求全,甚至通过装傻,以待天机。孙膑在受到庞涓迫害的前提下,就是通过装疯卖傻才得以保住性命,最终报仇雪恨。

【原文】

5.22 子在陈曰:"归与!归与!吾党之小子狂简,斐然成章,不知所以裁之。"

【译文】

孔子在陈国说:"回去吧!回去吧!家乡的学生有远大志向,但行为粗率简单;有文采但还不知道怎样来节制自己。"

【评析】

孔子说这段话时,正当鲁国季康子执政,欲召冉求回去,协助办理政务。所以,孔子允许弟子回去为官从政,实现他们的抱负。但同时又指出他在鲁国的学生尚存在的问题:行为粗率简单,还不知道怎样节制自己,这些还有待于克己修身。

孔子这段话是讲人生修养的,要注重内容与形式的统一,实际上已经蕴含了他在后面的《论语·雍也》篇中所说的:"质胜文则野;文胜质则史。文质彬彬,然后君子。"

【原文】

5.23 子曰:"伯夷、叔齐不念旧恶,怨是用希。"

【译文】

孔子说:"伯夷、叔齐两个人不记人家过去的仇恨,因此,别人对他们的怨恨也就少了。"

【评析】

伯夷、叔齐是殷朝末年孤竹君的两个儿子。父亲死后,二人互相让位,都逃到周文王那里。周武王起兵伐纣,他们认为这是以臣弑君,是不忠不孝的行为,曾加以拦阻。周灭商统一天下后,他们以吃周朝的粮食为耻,逃进深山中用野草充饥,后来饿死在首阳山中。

孔子这里称赞伯夷叔齐的"不念旧恶",对于我们的人际交往很有启发意义。在对待人际关系中,要做到"不念旧恶",既往不咎,非常不容易,没有海纳百川、有容乃大的胸怀,是很难做到的。伯夷、叔齐认为周武王伐纣是"以暴易暴",既反对周武王,又反对殷纣王,但为了维护君臣之礼,他还是阻拦武王伐纣,最后因不食周粟,而饿死在首阳山上。孔子则从伯夷、叔齐不记别人旧怨的角度,对他们加以称赞,因此别人也就不记他们的旧怨了。孔子用这样一个故事讲述了为人处世应有的态度:"不念旧恶",才能远离怨恨。因此,学会宽容与谅解,君子不计小人过,也是一种豁达的胸怀。

【原文】

5.24 子曰:"孰谓微生高直?或乞醯焉,乞诸其邻而与之。"

【译文】

孔子说:"谁说微生高这个人直率?有人向他讨点醋,他不直说没有,却暗地到他邻居家里讨了点给人家。"

【评析】

微生高:姓微生名高,鲁国人,为人比较直率。他从邻居家要醋给来讨醋的人,并不直说自己没有,对此,孔子认为他并不直率。但我认为,微生高这样做,不涉及是否直率的问题,而是说明他尊重讨醋人的自尊心,不愿意驳回讨醋人的面子。如同朋友向你借钱,你即使手头没有现款,你也不说没有现款,而是自己悄悄地再向其他朋友借款,也要满足向你借款的朋友的求助。

【原文】

5.25 子曰:"巧言、令色、足恭,左丘明耻之,丘亦耻之。匿怨而友其人,左丘明耻之,丘亦耻之。"

【译文】

孔子说:"花言巧语,装出好看的脸色,过分的恭顺,左丘明认为这种人可耻,我也认为可耻。把怨恨装在心里,表面上却装出友好的样子,左丘明认为这种人可耻,我也认为可耻。"

【评析】

左丘明是历史上著名的历史学家,为人正直,光明磊落,具有很强的原则性,孔子以左丘明自喻,恰恰说明了孔子人格的高尚。这段话表明,孔子为人非常坦荡,不造作,不虚伪。孔子反感"巧言令色"的做法,这在《学而》篇中已经提及。

他提倡人们正直、坦率、诚实,不要口是心非、表里不一。这符合孔子培养健康人格的基本要求。这种思想在我们今天仍有一定的现实意义,做人应该光明磊落,坦坦荡荡,不能口是心非,阳奉阴违,当面一套,背后又一套。

【原文】

5.26 颜渊、季路侍。子曰:"盍各言尔志。"子路曰:"愿车马、衣裘与朋友共,敝之而无憾。"颜渊曰:"愿无伐善,无施劳。"子路曰:"愿闻子之志。"子曰:"老者安之,朋友信之,少者怀之。"

【译文】

颜渊、子路两人侍立在孔子身边。孔子说:"你们何不各自说说自己的志向?"子路说:"愿意拿出自己的车马、衣服、皮袍,与我的朋友共同使用,用坏了也不抱怨。"颜渊说:"我愿意不夸耀自己的长处,不表白自己的功劳。"子路向孔子说:"愿意听听您的志向。"孔子说:"我希望让年老的安心,让朋友们信任我,让年轻的子弟们得到关怀。"

【评析】

在这一章里,孔子及其弟子们自述志向,主要谈的还是个人道德修养和为人处世的态度,实际上也是对价值观的考量。从弟子各言其志来看,子路很富有,仗义疏财,愿意与朋友分享自己的财富;颜渊主要潜心致学修身,所以他很注重做人的修养,不自夸,不贪功。这两位弟子的志向实际上都停留在具体的事物方面,而只有孔子的志向才具有更多的人文情怀和远大抱负,这就是"老者安之,朋友信之,少者怀之"。孔子这种愿望充分体现了一个伟大教育家的人生抱负,对于我们今天建设和谐社会也不无启发意义。可以设想:我们今天如果能够做到老有所养,人与人之间都讲诚信,少年儿童都能够得到良好的教育,社会岂不和谐?岂不是皆大欢喜!

【原文】

5.27 子曰:"已矣乎!吾未见能见其过而内自讼者也。"

【译文】

孔子说:"完了,我还没有看见过能够看到自己的错误而又能从内心责备自己的人。"

【评析】

人贵有自知之明,更贵于能够自我反省。孔子的这段话就是感叹社会现实中太缺乏自我反省的人了。古往今来,很多人能够看到别人的缺点和错误,但很少能够看到自己的缺点和错误,即使看到自己的缺点和错误,也很少有人能够自我反省,自我责备,从自己找原因。人们往往看自己是一朵花,看别人却是豆腐渣。即使有人明知自己错了,也往往顾及面子或其他原因而拒绝承认错误,更谈不上从内心去自我责备了。甚至有的人,自己自私自利,不去认真检查自己,反而把责任推到别人头上,这是一种十足的伪君子。在现实社会生活当中,我们见到的这种伪君子还少吗?

【原文】

5.28 子曰:"十室之邑,必有忠信如丘者焉,不如丘之好学也。"

【译文】

孔子说:"即使只有十户人家的小村子,也一定有像我这样讲忠信的人,只是不如我那样好学罢了。"

【评析】

孔子非常注重做人,表达了自己远大的志向,肯定做人的正直、忠信与好学精神。

孔子是一个十分坦率直爽的人,他认为忠信是每个人应该具有的修行,所以,在他看来,即使在只有10户人家的小村子里,也会有像他那样讲求忠信的人。但是,在孔子看来,做人既有忠信,又能够勤奋好学的人并不太多,他坦言自己非常好学,表明他承认自己的德性和才能都是学来的,并不是"生而知之"。孔子注重做人的忠信,又非常好学,这是他能够成为圣人的重要主观因素。但是,在当下一些大学里,有不少大学生不好好学习,沉溺于网络游戏,最终因考试不合格而被劝退,不亦悲乎?

第六篇 《雍也》译评

【本篇引语】

雍也篇共包括30章。其中著名的句子有："贤哉回也,一箪食,一瓢饮,在陋巷";"质胜文则野,文胜质则史。文质彬彬,然后君子";"知之者不如好之者,好之者不如乐之者";"敬鬼神而远之";"智者乐水,仁者乐山";"己欲立而立人,己欲达而达人"。孔子在本篇里对颜回评价甚高。此外,本篇还谈到"中庸之道""文质"思想以及如何培养"仁德"的一些观点。

【原文】

6.1 子曰:"雍也可使南面。"

【译文】

孔子说:"冉雍这个人,可以让他去做官。"

【评析】

古代以面向南为尊位,天子、诸侯和官员听政都是面向南面而坐。所以这里孔子是说可以让冉雍去从政做官治理国家。在《先进》篇里,孔子将冉雍列在他的第一等学科"德行"之内,认为他已经具备为官的基本条件。这是孔子实行他的"学而优则仕"这一教育方针的典型事例。

在官本位的影响下,公务员成为很多大学生、研究生的重要职业选择,但实际上有许多大学生并不适合从政。这里的关键不是你是否喜欢当官,而是你是否具有当官的素质和能力;你当官是为个人扬名立万,还是实现人生价值,履行工作职责?

【原文】

6.2 仲弓问子桑伯子。子曰:"可也,简。"仲弓曰:"居敬而行简,以临其民,不亦可乎?居简而行简,无乃大简乎?"子曰:"雍之言然。"

【译文】

仲弓问孔子:子桑伯子这个人怎么样。孔子说:"此人还可以,办事简要而不烦琐。"仲弓说:"居心恭敬严肃而行事简要,像这样来治理百姓,不是也可以吗?但自己马马虎虎,又以简要的方法办事,这岂不是太简单了吗?"孔子说:"冉雍,这话你说得对。"

【评析】

在这段文字中,桑伯子的生平不可考,可能是一个卿大夫。简:简要,不烦琐。居敬:为人严肃认真,依礼严格要求自己。行简:指推行政事简而不繁。临:面临、面对,此处有"治理"的意思。孔子主张办事简明扼要,不烦琐,不拖拉,果断利落。在孔子看来,当官可"居敬而行简",但不能"居简而行简",治理社会时,主观上应该有所敬畏,而不能太简单,而是应该抓大放小。

【原文】

6.3 哀公问:"弟子孰为好学?"孔子对曰:"有颜回者好学,不迁怒,不贰过,不幸短命死矣。今也则亡,未闻好学者也。"

【译文】

鲁哀公问孔子:"你的学生中谁是最好学的呢?"孔子回答说:"有一个叫颜回的学生好学,他从不迁怒于别人,也从不重犯同样的过错。不幸短命死了。现在没有那样的人了,没有听说谁是好学的。"

【评析】

颜回死时年仅31岁,孔子非常惋惜,极为称赞他的得意门生颜回,认为他好学上进,自颜回死后,已经没有如此好学的人了。在孔子对颜回的评价中,他特别谈到不迁怒、不贰过这两点,也从中可以看出孔子教育学生,重在培养他们的道德情操。人生在世,如果能够做到"不迁怒,不贰过",勤奋好学,一定能够成为一个谦谦君子。

【原文】

6.4 子华使于齐,冉子为其母请粟。子曰:"与之釜。"请益。曰:"与之庾。"冉子与之粟五秉。子曰:"赤之适齐也,乘肥马,衣轻裘。吾闻之也:君子周急不继富。"

【译文】

子华出使齐国,冉求替他的母亲向孔子请求补助一些谷米。孔子说:"给他六斗四升。"冉求请求再增加一些。孔子说:"再给他二斗四升。"冉求却给他八十斛。

孔子说:"公西赤到齐国去,乘坐着肥马驾的车子,穿着又暖和又轻便的皮袍。我听说过,君子只救济急需的人,而不是周济富裕的人。"

【评析】

孔子主张"君子周急不继富",这是从儒家"仁爱"思想出发的。孔子的"爱人"学说,并不是狭隘的爱自己的家人和朋友,而是具有人道主义的情怀。但他又认为,应该周济穷人而不是富人,应当"雪中送炭",而不是"锦上添花"。然而,前些年,我国曾经出现大量的吃空饷现象,据腾讯网转载人民日报 2014 年 10 月 6 日时圣宇的文章,全国清理清退吃空饷 162629 人,河南清理 15022 人。"吃空饷"的花样不断翻新,但一个共同点就是侵占国家和人民的利益,不属于应该救济的类型。

【原文】

6.5 原思为之宰,与之粟九百,辞。子曰:"毋,以与尔邻里乡党乎!"

【译文】

原思给孔子家当总管,孔子给他俸米九百,原思推辞不要。孔子说:"不要推辞。如果有多的,给你的乡亲们吧。"

【评析】

原思:姓原名宪,字子思,鲁国人。孔子的学生,生于公元前 515 年。孔子在鲁国任司寇的时候,原思曾做他家的总管。邻里乡党:相传古代以五家为邻,25 家为里,12500 家为乡,500 家为党。此处指原思的同乡,或家乡周围的百姓。

以"仁爱"之心待人,这是儒家的传统。孔子提倡周济贫困者,是极富同情心的做法,由此可以看出孔子与学生的关系充分体现了儒家的道德风貌。

【原文】

6.6 子谓仲弓,曰:"犁牛为之骍且角。虽欲勿用,山川其舍诸?"

【译文】

孔子在评论仲弓的时候说:"耕牛产下的牛犊长着红色的毛,角也长得整齐端正,人们虽想不用它做祭品,但山川之神难道会舍弃它吗?"

【评析】

古代祭祀用的牛系红毛长角,需要单独饲养,不能以耕牛代替。根据《史记》仲尼弟子列传记载,仲弓的父亲是贱人,而仲弓却是"可使南面"的有为之才。孔子这里的意思是说,即使用耕牛祭祀,只要耕牛符合条件,山川之神也不会拒绝。因此,孔子认为,人的出身并不是最重要的,重要的在于自己应有高尚的道德和突出的才干;仲弓具备了才干,就会受到重用。

孔子这段话启示我们:用人应该唯才是举,不能用出身成分来衡量一个人的能力,只要你德才兼备,是可用之才,管理者就应该不拘一格举贤才。

【原文】

6.7 子曰:"回也,其心三月不违仁,其余则日月至焉而已矣。"

【译文】

孔子说:"颜回这个人,他的心可以在长时间内不离开仁德,其余的学生则只能在短时间内做到仁而已。"

【评析】

这段文字中,三月,是指较长的时间;日月,是指较短的时间。颜回是孔子的得意门生,他对孔子以"仁"为核心的思想有深入的理解,而且能够长期坚持不懈地把"仁"贯穿于自己的言行,所以,孔子赞扬他"三月不违仁",而别的学生"则日月至焉而已。"

由此想起毛泽东的一段话:一个人做点好事并不难,难的是一辈子做好事。孔子这段话启发我们:仁德的修炼不是一朝一夕可以做到的,而是需要长期的修身养性、自我塑造和自我激励。

【原文】

6.8 季康子问:"仲由可使从政也与?"子曰:"由也果,于从政乎何有?"曰:"赐也可使从政也与?"曰:"赐也达,于从政乎何有?"曰:"求也可使从政也与?"曰:"求也艺,于从政乎何有?"

【译文】

季康子问孔子:"仲由这个人,可以让他管理国家政事吗?"孔子说:"仲由做事果断,对于管理国家政事有什么困难呢?"季康子又问:"端木赐这个人,可以让他管理国家政事吗?"孔子说:"端木赐通达事理,对于管理政事有什么困难呢?"又问:"冉求这个人,可以让他管理国家政事吗?"孔子说:"冉求有才能,对于管理国家政事有什么困难呢?"

【评析】

孔子在这部分内容中,谈了从政的素质。端木赐、仲由和冉求都是孔子的学生,他们都很优秀,在从事国务活动和行政事务方面,都各有其特长。孔子培养的人才,就是要能够辅佐君主或大臣从事政治活动。端木赐、仲由和冉求分别具有果断、通达和多种才艺,这都是从政所必需的素质和能力。孔子对他这三个学生都给予了较高的评价,认为他们已经具备了从政的能力。

知子莫如父,知徒莫如师。孔子已经做到了对弟子的深入了解,像伯乐能够发现千里马一样,对弟子的鉴别、判断和评价十分中肯。

【原文】

6.9 季氏使闵子骞为费宰,闵子骞曰:"善为我辞焉!如有复我者,则吾必在汶上矣。"

【译文】

季氏派人请闵子骞去做费邑的长官,闵子骞对来请他的人说:"请你好好替我推辞吧!如果再来召我,那我一定跑到汶水那边去了。"

【评析】

闵子骞非常识时务,他之所以拒绝季氏的邀请,就因为当时处于比较混乱的局面。从为人处世的角度来看,身处乱世,一个人与统治者既不能同流合污,又不能简单地以暴制暴,因此一些人就会采取明哲保身的态度,淡泊名利,处乱世而不惊,遇恶人而不辱,是极富智慧的处世哲学。

【原文】

6.10 伯牛有疾,子问之,自牖执其手,曰:"亡之,命矣夫,斯人也而有斯疾也!斯人也而有斯疾也!"

【译文】

伯牛病了,孔子前去探望他,从窗户外面握着他的手说:"没有办法,这是命里注定的吧!这样的人竟会得这样的病啊,这样的人竟会得这样的病啊!"

【评析】

伯牛是中国春秋时期著名学者、孔子的学生,为人质朴,擅长待人接物,官至中都宰,有"郓侯""东平公""郓公""先贤冉子"等封号。在孔子弟子中,以德行与颜渊、闵子骞并称,不幸生了癞疮,那时是不治之症。孔子对于伯牛生这样的病深感悲痛和遗憾,连续两句重复说"斯人也而有斯疾也!斯人也而有斯疾也!"这是何等的痛彻心扉!

人同此心,心同此理。我们平时如果得知一个好人突然意外遭遇灾难,就会感到震惊、悲痛和遗憾。我们由此可以理解孔子当时的心理和情感上的悲痛。

【原文】

6.11 子曰:"贤哉回也,一箪食,一瓢饮,在陋巷,人不堪其忧,回也不改其乐。贤哉,回也!"

【译文】

孔子说:"颜回的品质是多么高尚啊!一箪饭,一瓢水,住在简陋的小屋里,别人都忍受不了这种穷困清苦,颜回却没有改变他好学的乐趣。颜回的品质是多么高尚啊!"

【评析】

箪是古代盛饭用的竹器。本章中,孔子又一次高度评价了颜回的好学精神。这里讲颜回"不改其乐",这也就是贫贱不能移的精神,这里包含了一个具有普遍意义的道理,即人总是要有一点精神的,为了自己的理想,就要不断追求,即使生活清苦困顿,也应该自得其乐。

由孔子这段话自然想起孟子所说的"贫贱不能移","天将降大任于斯人也,必先苦其心志,劳其筋骨,饿其体肤,空乏其身,行拂乱其所为,所以动心忍性,曾益其所不能"。从人才开发的角度来看,任何人的成功都离不开艰苦卓绝的奋斗,都需要吃苦精神,要甘于忍受常人不能忍受的穷困清苦,历经磨练才能达至新的高峰。

【原文】

6.12 冉求曰:"非不说子之道,力不足也。"子曰:"力不足者,中道而废。今女画。"

【译文】

冉求说:"我不是不喜欢老师您所讲的道,而是我的能力不够呀。"孔子说:"能力不够是到半路才停下来,现在你是自己给自己划了界限不想前进。"

【评析】

这里的女,是第二人称代词,你;画,划地为界,这里表示停止前进。从本章里孔子与冉求师生二人的对话来看,冉求对于学习孔子所讲授的理论产生了畏难情绪,认为自己的能力不够,在学习过程中感到非常吃力。孔子认为,冉求并非能力的问题,而是他思想上的畏难情绪在作怪,所以对他提出了批评。

这一段话非常重要。孔子作为一个伟大的思想家和教育家,他教书育人的目的是为了培养修身齐家治国平天下的英才,因此必然注重对治国平天下这些大道理的讲授。但问题在于,现实中很多弟子并不一定都具有治国平天下的远大理想,再加上每个弟子学习能力存在差异,对孔子的理想抱负不一定都有兴趣。对此,我深有体会。我在大学讲授的很多课程中,其中有一门是西方文论,涉及西方许多哲学家、美学家和文艺理论家,我对研究生和本科生在开篇中就引导学生,充分认识到自己要爱苏格拉底、柏拉图、亚里士多德、康德和黑格尔,绝不是一件很容易的事情。事实上,确实有些学生学习时感到比较吃力,有时也有打退堂鼓的消极想法。

【原文】

6.13 子谓子夏曰:"女为君子儒,无为小人儒。"

【译文】

孔子对子夏说:"你要做君子儒,不要做小人儒。"

【评析】

在本章中,孔子提出了"君子儒"和"小人儒"的区别,要求子夏做君子儒,不要做小人儒。"君子儒"是指地位高贵、通晓礼法,内外兼修,具有理想人格的人;"小人儒"则指地位低贱,注重外在形式,而不注意内在修炼、品格平庸的小人。

【原文】

6.14 子游为武城宰。子曰:"女得人焉尔乎?"曰:"有澹台灭明者,行不由径,非公事,未尝至于偃之室也。"

【译文】

子游做了武城的长官。孔子说:"你在那里得到了人才没有?"子游回答说:"有一个叫澹台灭明的人,从来不走邪路,没有公事从不到我屋子里来。"

【评析】

本段文字中的"行不由径"中的"径",是指小路,引申为邪路。"偃之室"中的"偃",是指言偃,即子游,这是子游自称其名。孔子非常重视发现人才和使用人才。他问子游的这段话,反映出他对举贤才的重视。

这段文字一方面说明孔子高度重视人才,一方面说明子游也善于发现人才,同时,也说明子游与属下的关系是非常纯正的,论述了管理者之间的纯洁关系,这对我们今天完善公务员制度具有积极的启发意义。曾经有报道:某领导与秘书逛商店时,只要该领导向服务员询问某个商品的情况,甚至目光停留在某个商品时,秘书自然就会把这些商品送到家里。这种权利异化的现象可谓触目惊心。

【原文】

6.15 子曰:"孟之反不伐,奔而殿,将入门,策其马,曰:非敢后也,马不进也。"

【译文】

孔子说:"孟之反不喜欢夸耀自己。败退的时候,他留在最后掩护全军。快进城门的时候,他鞭打着自己的马说,'不是我敢于殿后,是马跑得不快。'"

【评析】

孟之反是鲁国大夫,公元前484年,鲁国与齐国打仗。鲁国右翼军败退的时候,孟之反在最后掩护败退的鲁军。对此,孔子给予了高度评价,宣扬他提出的"功不独居,过不推诿"的观点,认为这是人的美德之一,表达了对人才的尊重和人格的赞扬。孟之反不居功自傲,谦虚做人,非常值得我们学习。

【原文】

6.16 子曰:"不有祝鮀之佞,而有宋朝之美,难乎免于今之世矣。"

【译文】

孔子说:"如果没有祝鮀那样的口才,也没有宋朝的美貌,那在今天的社会上处世立足就比较艰难了。"

【评析】

祝鮀,字子鱼,卫国大夫,有口才,以能言善辩受到卫灵公重用。宋朝是宋国的公子朝,《左传》中曾记载他因美丽而惹起混乱的事情。孔子这段话是针对当时社会动荡混乱而失去秩序的现状,批评了人们过于重视能言善辩和外貌之美的不正常现象,间接地表达了对人才的呼吁和尊重。

结合当下,我们也经常看到有这么一种现象:踏踏实实工作、任劳任怨的有时不如巧舌如簧的骗子更受某些领导宠爱;而有的青年人为了找对象和找工作,不惜花巨资整容,非常重视外在美,却不注意提升内涵,这些都是应该杜绝的不良现象。

【原文】

6.17 子曰:"谁能出不由户,何莫由斯道也?"

【译文】

孔子说:"谁能不经过屋门而走出去呢?为什么没有人走我所指出的这条道路呢?"

【评析】

孔子这里所说的,其实仅是一个比喻。他所宣扬的"德治""礼制",在当时有许多人不予重视,他内心感到很不理解,所以,他发出了这样的疑问。实际上,在今天也经常出现孔子所说的这种情况。在学校教育中,许多老师经常苦口婆心,为学生讲理想,讲修身齐家治国平天下的道理,然而很多学生似乎并不感兴趣。究其原因,除了社会因素的影响以外,一方面教师的教育方式应该与时俱进,另一方面与学生缺乏远大理想,而过于重视眼前利益不无关系。

【原文】

6.18 子曰:"质胜文则野,文胜质则史。文质彬彬,然后君子。"

【译文】

孔子说:"质朴多于文采,就会粗俗;文采多于质朴,就会浮华。只有质朴和文采配合恰当,才是君子。"

【评析】

这段话言简意赅,确切地说明了文与质的正确关系和君子的人格模式,高度概括了孔子的文质思想。文与质应该是有机统一,内容与形式二者互相依存,不可分离。质朴与文采是同样重要的。孔子的文质思想经过两千多年的实践,不断得到丰富和发展,极大地影响了人们的思想和行为,也对中国美学产生了深远的影响。

【原文】

6.19 子曰:"人之生也直,罔之生也幸而免。"

【译文】

孔子说:"一个人的生存是由于正直,而不正直的人也能生存,那是他侥幸地避免了灾祸。"

【评析】

孔子在本章中强调做人要正直。罔,这里是指诬罔不直的人。"直",是儒家的道德规范。直的意思是耿直、坦率、正直、正派,同虚伪、奸诈是对立的。直人没有那么多坏心眼,符合仁的品德。与此相对,在社会生活中也有一些不正直的人,他们也能生存,甚至活得更好,这只是他们侥幸地避免了灾祸,并不说明他们的不正直有什么值得效法的。

佛教注重因果报应,所谓善有善报恶有恶报,客观上基本符合社会发展规律,所谓得道多助失道寡助,那些正直善良的人必然会得到多数人的信任和尊敬;而那些奸诈的小人必然会得到多数人的蔑视和反对。历史长河,大浪淘沙,谁也无法违背历史检验的这一条基本规律。

【原文】

6.20 子曰:"知之者不如好之者,好之者不如乐之者。"

【译文】

孔子说:"懂得它的人,不如爱好它的人;爱好它的人,又不如以它为乐的人。"

【评析】

孔子这段话非常重要,倡导"知之、好之、乐之"的人生哲学,对于人才开发具有特殊的重要意义。"知之"属于认识论的范畴,我们对于大千世界,应该尽量学会了解现象和本质,了解是什么;但是,在孔子看来,喜欢一个事物比了解更重要,客观上揭示了创造性思维的奥秘,就在于创造者应该喜欢自己的创造对象,只有喜欢,才能更好地集中时间和精力投入到创新思维之中;而以自己的工作对象为快乐,则体现了人生哲学的至高境界,也是实现快乐人生的重要真谛,由此体现了孔子的人生哲学:求知(知之)→喜爱(某个事物)→获得快乐(以自己的工作为快乐)。孔子这种人生哲学对于每个人都是适应的,具有普遍的指导意义。按照孔子的逻辑,我们如果没有求真,还不了解事物的真相,对工作也没有兴趣,不喜欢自己的工作,那么,显而易见,我们是不可能做好工作的,我们也更谈不上成才和成功。

【原文】

6.21 子曰:"中人以上,可以语上也;中人以下,不可以语上也。"

【译文】

孔子说:"具有中等以上才智的人,可以给他讲授高深的学问,在中等水平以下的人,不可以给他讲高深的学问。"

【评析】

孔子这段话要求根据具体对象确定施教内容,很好地体现了因材施教的教育思想。孔子认为,人的智力从出生就有聪明和愚笨的差别,即上智、下愚与中人。孔子的培养对象都是成人,这段话虽然是针对成人教育的,但对各类学校教育也具有启发意义。幼儿园、小学、中学和大学都应该根据学生年龄的特点和才智状况因材施教,根据学生智力水平和已经掌握知识状况的高低来决定教学内容和教学方式。

从人际交往的角度来看,孔子这段话也很有启发。就是教书育人需要因材施教,而在实现的人际交往过程中,也需要因人而言,根据对方的年龄、性格、爱好、学时和职业特点等,采取不同的语言交流方式和交流内容,否则就很容易对牛弹琴,或者产生主观意图与沟通效果的客观差异。

【原文】

6.22 樊迟问知,子曰:"务民之义,敬鬼神而远之,可谓知矣。"问仁,曰:"仁者先难而后获,可谓仁矣。"

【译文】

樊迟问孔子怎样才算聪明,孔子说:"专心致力于提倡老百姓应该遵从的道德,尊敬鬼神但要远离它,就可以说是聪明了。"樊迟又问怎样才是仁,孔子说:"仁人付出努力,然后才有收获,这可以说是仁了。"

【评析】

孔子反对宗法传统的神权观念,不迷信鬼神,他认为,统治者应该引导人民加强仁德的修养教化,敬鬼神但不要迷信鬼神,这才是聪明的做法。孔子反对不劳而获,认为仁德的人都是通过付出以后才有收获。这如同我们常说的一分耕耘一分收获,没有耕耘就没有收获的道理一样。

警世贤文之勤奋篇:有田不耕仓廪虚,有书不读子孙愚。宝剑锋从磨砺出,梅花香自苦寒来。少壮不知勤学苦,老来方悔读书迟。此言不虚,与孔子说的"先难而后获"具有异曲同工之妙。

【原文】

6.23 子曰:"知者乐水,仁者乐山;知者动,仁者静;知者乐,仁者寿。"

【译文】

孔子说:"聪明人喜爱水,有仁德者喜爱山;聪明人活动,仁德者沉静。聪明人快乐,仁德者长寿。"

【评析】

孔子这段话倡导知者与仁者的统一,已经具有初步的格式塔心理学的思维萌芽。格式塔心理学注重心物同构,孔子这里谈智者乐水,仁者乐山,在某种程度上揭示了智与水、仁与山的同构性,朱熹曾经对孔子这段话给予很高的评价。孔子所说的"智者"和"仁者"不是一般人,而是那些有修养的"君子"。他希望人们都能做到"智"和"仁",只要具备了这些品德,就能适应当时社会的要求。在社会转型期,我们为人处世如果能够做到知与仁的和谐统一,这是非常高的人生哲学,对于促进人的生命健康,获得更多的幸福和快乐体验,都具有非常重要的意义。

【原文】

6.24 子曰:"齐一变,至于鲁;鲁一变,至于道。"

【译文】

孔子说:"齐国一改变,可以达到鲁国这个样子;鲁国一改变,就可以达到先王之道了。"

【评析】

在春秋时期,齐国的封建经济发展较早,通过一些改革,成为当时最富强的诸侯国家。但根据孔子的看法,齐国虽然很富强,但在教化礼仪方面似乎还有不足,需要向鲁国学习。与齐国相比,鲁国封建经济的发展比较缓慢,但礼仪教化保存得比较完备,所以孔子说,齐国改变就达到了鲁国的样子,而鲁国再一改变,就达到了先王之道。这反映了孔子对周礼的无限眷恋之情,也反映了孔子对社会秩序与礼仪教化的高度重视。

【原文】

6.25 子曰:"觚不觚,觚哉!觚哉!"

【译文】

孔子说:"觚不像个觚了,这也算是觚吗?这也算是觚吗?"

【评析】

觚是古代盛酒的器具,上圆下方,有棱,容量约有二升。后来,觚的形状改变了,所以孔子认为觚不像觚。在孔子的思想中,周礼是至高无上的,周礼规定的一切都是尽善尽美的,是神圣不可侵犯的。在这里,孔子感叹当今事物名不符实,主张"正名"。实际上,孔子的正名思想并非保守,而是体现了名实相副的诉求,具有积极的意义。

【原文】

6.26 宰我问曰:"仁者虽告之曰:'井有仁焉,'其从之也?"子曰:"何为其然也?君子可逝也,不可陷也;可欺也,不可罔也。"

【译文】

宰我问道:"对于有仁德的人,别人告诉他井里掉下去一位仁人了,他会跟着下去吗?"孔子说:"为什么要这样做呢?君子可以到井边去救,却不可以陷入井中;君子可能被欺骗,但不可能被迷惑。"

【评析】

宰我所问的这个问题的确是比较尖锐的。"井有仁焉,其从之也?"孔子认为仁者应该救人,可以在井边寻找救人的方法,但不一定非要下井救人。"可欺也,不可罔也。"客观上也说明了君子可能被欺骗,但不可能被迷惑的人生境遇。

【原文】

6.27 子曰:"君子博学于文,约之以礼,亦可以弗畔矣夫。"

【译文】

孔子说:"君子广泛地学习古代的文化典籍,又以礼来约束自己,也就可以不离经叛道了。"

【评析】

畔,同"叛"。孔子注重君子博学于文,但反对离经叛道,那么怎么做呢?他认为应当广泛学习古代典籍,而且要用"礼"来约束自己。从人才开发的角度来看,孔子所说的"博学于文"意味着我们学习应该广采博取,特别注重对传统文化的学习。但令人遗憾的是,当今有不少人急功近利,喜欢走捷径,认为阅读古代文献需要花费很多时间,不如直接阅读现代著作更省劲,岂不知,认真学习古代文化这是建造学术大厦的重要根基。根基不厚实,怎么能够建造宏伟大厦?

【原文】

6.28 子见南子,子路不说。夫子矢之曰:"予所否者,天厌之!天厌之!"

【译文】

孔子去见南子,子路不高兴。孔子发誓说:"如果我做什么不正当的事,让上天谴责我吧!让上天谴责我吧!"

【评析】

卫国灵公的夫人,有不正当的行为,名声不太好,当时实际上操纵着卫国政权。根据孔子的人格以及对道的追求,孔子见南子不可能是男女私情,而是"欲行霸道"。所以,孔子在这里发誓赌咒,说如果做了什么不正当的事的话,就让上天去谴责他。此外,孔子在这里又提到了"天"这个概念,但这只是为了说服子路而发的誓。我们现实中仍然还有人会发这样的誓,比如天打五雷轰等。

【原文】

6.29 子曰:"中庸之为德也,其至矣乎!民鲜久矣。"

【译文】

孔子说:"中庸作为一种道德,该是最高了吧!人们缺少这种道德已经为时很久了。"

【评析】

从思维科学的角度来看,中庸思想是中国古代与古希腊辩证思维的一种特殊表现,也体现了古人对哲学中介与和谐美的深刻思考。我国的中庸思想可追溯到《周易》,主要形成于孔子及其儒家学派。在《周易》中,凡是带"中"的卦爻,都是吉卦和吉爻,刘大均认为"凡吉占都是因为能'正中''得中''中正''黄中通理'等"。① 中国古代中庸思想的形成除了受到"天人合一""太和""合和"思想的影响以外,主要体现在儒家的"中庸之道"之中。"中庸"也就是"中道""中行",意思是无"过"与无"不及",注重适度、恰当和不偏不倚,以达到中和或和谐的境界。在中国传统文化中,"中庸之道"固然是儒家的伦理思想和方法论,但也是汉民族的一种思维方式,其实质上是注重适度、恰当,不偏不倚,无"过"与"不及",达到"中道""中行"的和谐境界。

与中国传统的中庸思想相比,古希腊的中庸思想在时间上稍晚于中国。德谟克利特、苏格拉底和柏拉图已经谈及节制和适度的问题,亚里士多德又对中庸思想进行了深入研究。他认为,在一切连续而又可分的东西中,都存在着过度、不足和中庸,"过度和不及都属于恶,中庸才是德性","中庸是最高的善和极端的美"。纵观亚里士多德的全部思想,他已经自觉把中庸贯穿于他的哲学、社会学、伦理学和美学思想之中。也可以说,中庸是贯穿亚里士多德全部思想的一条红线,也是打开其思想宝库的一把金钥匙。中庸思想是亚里士多德哲学的方法论和全部思想的基石,是贯穿于他的哲学、社会学、伦理学、艺术理论和美学思想的一条重要的红线,也是亚里士多德美学思想的核心。

【原文】

6.30 子贡曰:"如有博施于民而能济众,何如?可谓仁乎?"子曰:"何事于仁?必也圣乎!尧舜其犹病诸。夫仁者,己欲立而立人,己欲达而达人。能近取譬,可谓仁之方也已。"

【译文】

子贡说:"假若有一个人,他能给老百姓很多好处又能周济大众,怎么样?可以算是仁人了吗?"孔子说:"岂止是仁人,简直是圣人了!就连尧、舜尚且难以做到呢。至于仁人,就是要想自己站得住,也要帮助人家一同站得住;要想自己过得好,也要帮助人家一同过得好。凡事能就近以自己作比,而推己及人,可以说就是实行仁的方法了。"

【评析】

"己欲立而立人,己欲达而达人"是实行"仁"的重要原则,与后文所说的"己所不欲,勿施于人"恰好形成互补。在孔子看来,自己不喜欢的,就不要强加于人;

---

① 刘大均:《周易概论》,齐鲁书社,1988年版,第31页。

自己喜欢的,别人也会喜欢,所以"己欲立而立人,己欲达而达人",这样"推己及人",就做到了"仁"。

"己欲立而立人,己欲达而达人"对于我们今天修身养性具有重要启发意义。君不见,有的人为个人的一点蝇头小利,自私自利,甚至踩着别人的肩膀往上爬,干着损人利己的勾当。我们鼓励每个人"欲立""欲达",但也应该提倡"立人"和"达人"。我们要建设和谐社会,就应该形成积极的共生效应,彼此之间互相学习,取长补短,共同发展进步。

第七篇 《述而》译评

【本篇引语】

本篇共包括38章,是研究孔子和儒家思想的重点篇章之一。孔子在这一章中谈到了"学而不厌,诲人不倦";"饭疏食饮水,曲肱而枕之,乐在其中";"发愤忘食,乐以忘忧,不知老之将至";"三人行必有我师";"君子坦荡荡,小人长戚戚";"温而厉,威而不猛,恭而安。"孔子这些思想深刻反映了人生的智慧,对于我们今天仍然具有重要的启发意义。

【原文】

7.1 子曰:"述而不作,信而好古,窃比于我老彭。"

【译文】

孔子说:"只阐述而不创作,相信而且喜好古代的东西,我私下把自己比作老彭。"

【评析】

本章中的老彭:人名,但究竟指谁,学术界说法不一。有的说是殷商时代一位"好述古事"的"贤大夫";有的说是老子和彭祖两个人,有的说是殷商时代的彭祖。

在这一章里,孔子提出了"述而不作"的原则,反映了孔子学术研究的态度和方法,实际上反映了孔子对待经典的态度。述而不作虽然缺乏个人的创新,但是,根据阐释学的原理,任何阐释都是阐释者的阐释,都带有阐释者个人的理解、认识和评价,而不可能是纯客观的释义,因此,孔子所说的"述",客观上也包含着他对文献的整理、筛选和价值判断,这本身就是一种学术研究。

从文化传播的角度来看,述而不作也是对文化的一种传播方式,我们不能站在今天的角度去苛求孔子为什么自己不创作,而只是述而不作。

【原文】

7.2 子曰:"默而识之,学而不厌,诲人不倦,何有于我哉?"

【译文】

孔子说:"默默地记住所学的知识,学习不觉得厌烦,教人不知道疲倦,这对我能有什么困难呢?"

【评析】

识:音至,记住的意思。这一章紧接前一章的内容,继续谈论治学的方法问题。前面说他本人"述而不作,信而好古",此章则说他"学而不厌,诲人不倦",反映了孔子的教育方法,对中国教育思想的形成与发展产生了很大的影响,以至于在今天,我们仍在宣传他的这一教育学说。

从学习与人才开发的角度来看,学生应该尽可能多学习和掌握一些必要的知识,应该感到学习的快乐,而不是厌烦和无趣;教师则应该诲人不倦,具有教书育人的敬业精神,在教书育人中获得人生的幸福和快乐。

【原文】

7.3 子曰:"德之不修,学之不讲,闻义不能徙,不善不能改,是吾忧也。"

【译文】

孔子说:"不注重品德修养,不讲求学问,听到义不能去做,有了不善的事不能改正,这些都是我所忧虑的事情。"

【评析】

在人才发展史上,凡是注重品德修养,努力追求学问,追求正义,做善事,就一定有利于成才;反之,不追求学问,不追求正义,不做善事,缺德少才,就一定走向人生的歧途。孔子作为一个具有社会责任感的教育家,有感于斯,慨叹世人不能自见其过而自责,他把道德修养、读书学习和知错即改三个方面的问题相提并论,因为道德修养和学习各种知识最重要的就是要能够及时改正自己的过失或"不善",只有这样,修养才可以完善,知识才可以丰富。

从人才开发的角度来看,一个人如果"德之不修,学之不讲,闻义不能徙,不善不能改",就只能缺德少才,甚至知错不改,又怎么能够成才呢?

【原文】

7.4 子之燕居,申申如也,夭夭如也。

【译文】

孔子闲居在家里的时候,衣冠楚楚,仪态温和舒畅,悠闲自在。

【评析】

燕居：安居、家居、闲居。申申：衣冠整洁。夭夭：行动迟缓、斯文和舒和的样子。家庭是社会的细胞，也是社会的一个缩影。孔子在家里，能够做到衣冠楚楚，仪态温和舒畅，悠闲自在，这体现了他对人生自由境界的定位和把握，既要衣冠整洁，又不感到束缚和拘谨，而是仪态温和舒畅，悠闲自在。这很类似孔子说的"随心所欲不逾矩。"

家，应该是温馨的、和谐的、美丽的，具有诗意栖居的意味，而不是脏乱差，更不能像狗窝一样窝窝囊囊。

【原文】

7.5 子曰："甚矣吾衰也！久矣吾不复梦见周公。"

【译文】

孔子说："我衰老得很厉害了，我好久没有梦见周公了。"

【评析】

周公是中国古代的"圣人"之一，姓姬名旦，周文王的儿子，周武王的弟弟，成王的叔父，鲁国国君的始祖，传说是西周典章制度的制定者，他是孔子所崇拜的所谓"圣人"之一。

俗话说，日有所思，夜有所梦。孔子平时经常思考传统文化，思考周礼，推崇周公的思想，他自称继承了自尧舜禹汤文武周公以来的道统，肩负着光大古代文化的重任。这句话表明了孔子对周公的崇敬和思念，反映了他对周礼的崇拜和拥护，也不经意间表现出他对人生理想追求难以实现的无奈与感叹。

【原文】

7.6 子曰："志于道，据于德，依于仁，游于艺。"

【译文】

孔子说："以道为志向，以德为根据，以仁为凭藉，活动于礼、乐等六艺的范围之中。"

【评析】

德：旧注云：德者，得也。能把道贯彻到自己心中而不失掉就叫德。艺：指孔子教授学生的礼、乐、射、御、书、数等六艺。孔子培养学生，就是以仁、德为纲领，以六艺为基本内容，体现了素质教育的重要内涵，目的是促进学生全面均衡的发展。

【原文】

7.7 子曰:"自行束脩以上,吾未尝无诲焉。"

【译文】

孔子说:"只要束带脩节来见我的人,我从来没有不给他教诲的。"

【评析】

怎样理解孔子的束脩而教,直接关涉到对孔子思想的理解。

"束脩"有两解:一是指干肉,又叫脯。束脩就是十条干肉;二是指束带脩节。西汉孔安国《论语注》说:"束脩,束带脩节。"三国何晏《论语集解》引孔安国语也说:"言人能奉礼,自行束脩以上,则皆教诲之。"汉郑玄《论语注》:"束脩,谓年十五以上也。"孔颖达释《尚书·秦誓》"如有束脩一介臣"时,也引述了孔注《论语》以束脩为束带脩节之说。

孔子的意思是说,学生只要谦恭礼貌,尊师好学,自己都是诲人不倦。我认为,这样理解孔子的思想,也许比较符合孔子有教无类的教育思想。

【原文】

7.8 子曰:"不愤不启,不悱不发。举一隅不以三隅反,则不复也。"

【译文】

孔子说:"教导学生,不到他想弄明白而不得的时候,不去开导他;不到他想出来却说不出来的时候,不去启发他。教给他一个方面的东西,他却不能由此而推知其他三个方面的东西,那就不再教他了。"

【评析】

愤:苦思冥想而仍然领会不了的样子。悱:想说又不能明确说出来的样子。孔子在这里提出了"启发式"教学的思想。从教学方面而言,他反对"填鸭式""满堂灌"的做法。要求学生能够"举一反三",在学生充分进行独立思考的基础上,再对他们进行启发、开导,这是符合教学基本规律的,而且具有深远的影响,在今天教学过程中仍可以借鉴。

孔子"不愤不启,不悱不发"的教育方法与古希腊的苏格拉底的精神助产术具有异曲同工之妙。在教学相长过程中,教师不越俎代庖,直接告诉学生答案,而是启发学生积极思考。

【原文】

7.9 子食于有丧者之侧,未尝饱也。

【译文】

孔子在有丧事的人旁边吃饭,不曾吃饱过。

【评析】

孔子具有很高的情商。情商理论之一就是要求具有理解他人情绪的能力,也就是移情的能力。可以设想,孔子在有丧事的人旁边吃饭,在心理上一定能够体会到他人丧亲的痛苦,面对他人的痛苦,你怎么可能无动于衷,只顾自己吃饱饭呢?

【原文】

7.10 子于是日哭,则不歌。

【译文】

孔子在这一天为吊丧而哭泣,就不再唱歌。

【评析】

孔子在这一天为吊丧而哭泣,就不再唱歌。原因与上一章相同。《礼记》有"邻有丧,巷不歌"的要求。

【原文】

7.11 子谓颜渊曰:"用之则行,舍之则藏,惟我与尔有是夫!"子路曰:"子行三军,则谁与?"子曰:"暴虎冯河,死而无悔者,吾不与也。必也临事而惧,好谋而成者也。"

【译文】

孔子对颜渊说:"用我呢,我就去干;不用我,我就隐藏起来,只有我和你才能做到这样吧!"子路问孔子说:"老师您如果统帅三军,那么您和谁在一起共事呢?"孔子说:"赤手空拳和老虎搏斗,徒步涉水过河,死了都不会后悔的人,我是不会和他在一起共事的。我要找的,一定要是遇事小心谨慎,善于谋划而能完成任务的人。"

【评析】

"用之则行,舍之则藏"已经蕴含了"穷则独善其身,达则兼善天下"的思想萌芽。《孟子·尽心上》:"穷则独善其身,达则兼善天下"可以用作"用之则行,舍之则藏"的解释。

孔子在本章提出不与"暴虎冯河,死而无悔"的人在一起去统帅军队。意思是说,这种人虽然视死如归,但有勇无谋,只是匹夫之勇,难以成就大事。"勇"是孔子道德范畴中的一个德目,但勇不是蛮干,而是"临事而惧、谨慎行事、好谋而成"

的人,这种人智勇兼有,符合"勇"的规定。

【原文】

7.12 子曰:"富而可求也,虽执鞭之士,吾亦为之。如不可求,从吾所好。"

【译文】

孔子说:"如果富贵合乎于道就可以去追求,虽然是给人执鞭的下等差事,我也愿意去做。如果富贵不合于道就不必去追求,那就还是按我的爱好去干事。"

【评析】

富:指升官发财。求:指合于道,可以去求。执鞭之士:古代为天子、诸侯和官员出入时手执皮鞭开路的人,指地位低下的职事。

孔子在这里谈论富贵与道的关系问题。只要合乎于道,富贵就可以去追求。只要心中有道,不论职业贵贱,都可以去做;如果不合乎道,富贵就不能去追求,他就去做自己喜欢做的事情。孔子非常重视对道的追求,这与他所说的"朝闻道夕死可矣"是一脉相承的。由此可见,孔子不反对做官,不反对发财,但做官和发财都必须符合于道,这是原则问题,孔子表明自己不会违背原则去追求富贵荣华,这也符合孔子"君子爱财,取之有道"的观点。

【原文】

7.13 子之所慎:齐、战、疾。

【译文】

孔子所谨慎小心对待的是斋戒、战争和疾病这三件事。

【评析】

齐:同斋,斋戒。古人在祭祀前要沐浴更衣,不吃荤,不饮酒,不与妻妾同寝,整洁身心,表示虔诚之心,这叫作斋戒。宗教理论认为,心诚则灵,心不诚则不灵,要求信徒信奉神灵时一定要虔诚。所以,由此我们就可以理解孔子要谨慎对待斋戒了。至于战争,则关乎一个国家和民族的胜败衰亡,不能轻易言战,战则必胜,所以对待战争也要谨慎小心。对于疾病而言,古代人缺医少药,得病以后得到救治的机会不是很多,所以,孔子也要谨慎小心对待疾病。

【原文】

7.14 子在齐闻《韶》,三月不知肉味,曰:"不图为乐之至于斯也。"

【译文】

孔子在齐国听到了《韶》乐,有很长时间没有品尝肉的滋味,他说,"想不到《韶》乐的美达到了这样迷人的地步。"

【评析】

《韶》是舜时古乐曲名,也是当时流行于贵族当中的古乐。孔子对音乐很有研究,具有很高的音乐鉴赏能力。当今多数学者认为,孔子听了《韶》乐以后,在很长时间内品尝不出肉的滋味,这当然是一种形容的说法,但他欣赏古乐已经到了痴迷的程度,也说明了他在音乐方面的高深造诣。

对于"三月不知肉味",我认为,并不是像多数学者所认为的,是指孔子听了《韶》乐以后,在很长时间内品尝不出肉的滋味。正确的理解应该是,孔子在听了《韶》乐以后,在内心世界里经常自觉不自觉体验和回味自己欣赏《韶》乐时的音乐美感,而在相当长一段时间却忽略了对肉味的快感体验和追求。从审美的角度来看,这是孔子的美感体验超越了他对肉的生理快感的追求。美感对快感的超越,具有重要的美学意义。

【原文】

7.15 冉有曰:"夫子为卫君乎?"子贡曰:"诺,吾将问之。"入,曰:"伯夷、叔齐何人也?"曰:"古之贤人也。"曰:"怨乎?"曰:"求仁而得仁,又何怨。"出,曰:"夫子不为也。"

【译文】

冉有问子贡说:"老师会帮助卫国的国君吗?"子贡说:"嗯,我去问他。"于是就进去问孔子:"伯夷、叔齐是什么样的人呢?"孔子说:"古代的贤人。"子贡又问:"他们有怨恨吗?"孔子说:"他们求仁而得到了仁,为什么又怨恨呢?"子贡出来对冉有说:"老师不会帮助卫君。"

【评析】

卫君:卫出公辄,是卫灵公的孙子。他的父亲因谋杀南子而被卫灵公驱逐出国。灵公死后,辄被立为国君,其父回国与他争位。这件事恰好与伯夷、叔齐两兄弟互相让位形成鲜明对照。这里,孔子赞扬伯夷、叔齐,而对卫出公父子违反等级名分极为不满。孔子对这两件事给予评价的标准就看是否符合礼。

【原文】

7.16 子曰:"饭疏食饮水,曲肱而枕之,乐亦在其中矣。不义而富且贵,于我如浮云。"

【译文】

孔子说:"吃粗粮,喝白水,弯着胳膊当枕头,乐趣也就在这中间了。用不正当的手段得来的富贵,对于我就像是天上的浮云一样。"

【评析】

孔子的一生是勤奋学习的一生,是寓忙于乐的一生,也是乐以忘忧的一生。他的快乐人生哲学是他能够走向成功的很重要的主观因素。如何对待富贵?孔子提出了以义为前提的富贵观,体现了"君子爱财,取之有道"的价值观。

饭疏食:饭,这里是"吃"的意思,疏食即粗粮。曲肱:弯着胳膊。孔子极力提倡"安贫乐道",认为有理想、有志向的君子,不会总是为自己的吃穿住而奔波的,"饭疏食饮水,曲肱而枕之",对于有理想的人来讲,可以说是乐在其中。同时,他还提出,不符合于道的富贵荣华,他是坚决不予接受的,对待这些东西,如天上的浮云一般。这种思想深刻地影响了古代的知识分子,也为一般老百姓所接受。

实际上,古今中外历史上许多杰出的人才,在对待生活方面,很少过于关注吃什么喝什么,而是大部分把时间和精力主要集中在自己的工作上。笔者上大学时,为了节约生活费购买图书,曾经有一段时间每天只吃一顿菜,在大学毕业前我节约了28元,相当于当时大学食堂三个月的生活费,购买了一套四卷本的《辞源》。这套《辞源》至今还保存在我的书橱。

【原文】

7.17 子曰:"加我数年,五十以学易,可以无大过矣。"

【译文】

孔子说:"再给我几年时间,到五十岁学习《易》,我便可以没有大的过错了。"

【评析】

加:这里通"假"字,给予的意思。易:指《周易》。孔子为何说"加我数年,五十以学易,可以无大过矣"呢?这是因为《周易》不但是一部卜筮之书,而且也是一部非常深奥晦涩的哲学经典,读者如果没有丰富的人生阅历,是很难读懂《周易》的。根据孔子"五十而知天命"的说法,很显然,五十岁时读《周易》就比较容易读懂。他把学《易》和"知天命"联系在一起,主张认真研究《周易》,是为了使自己的言行符合于"天命"。《史记·孔子世家》中说,孔子"读《易》,韦编三绝",曾把穿竹简的皮条翻断了很多次。孔子这种刻苦钻研经典的学习精神,非常值得后人学习。

【原文】

7.18 子所雅言,《诗》、《书》、执礼,皆雅言也。

【译文】

孔子有时讲雅言,读《诗》、念《书》、赞礼时,用的都是雅言。

【评析】

雅言:周王朝的京畿之地在今陕西地区,以陕西语音为标准音的周王朝的官话,在当时被称作"雅言"。孔子平时谈话时用鲁国的方言,但在诵读《诗》《书》和赞礼时,则以当时陕西语音为准。

从语言学的角度来看,我们的言说方式一般都是平时说自己喜欢的方言,而在正式场合,则需要说普通话。由现代的语言表达方式,我们就可以理解孔子用雅言来说《诗》《书》和执礼了。

【原文】

7.19 叶公问孔子于子路,子路不对。子曰:"女奚不曰,其为人也,发愤忘食,乐以忘忧,不知老之将至云尔。"

【译文】

叶公向子路问孔子是个什么样的人,子路不答。孔子(对子路)说:"你为什么不说,他这个人,发愤用功,连吃饭都忘了,快乐得把一切忧虑都忘了,连自己快要老了都不知道,如此而已。"

【评析】

叶公:姓沈名诸梁,楚国的大夫,春秋末期楚国军事家、政治家,封地在叶城,今河南叶县南,所以叫叶公。云尔:云,代词,如此的意思。尔同耳,而已,罢了。孔子这里是对个人的自我认知和判断。他为了研究学问,探索真理,教书育人,"发愤忘食,乐以忘忧",达到"不知老之将至"的程度。

从人才开发的角度来看,孔子这种积极的人生态度对于促进每个人的奋发图强,都具有重要的启迪。人生能有几回搏?人生就需要奋发图强,就需要乐以忘忧,甚至忘记时间的存在,不知老之将至。现在的健康学经常提醒人们:苦恼是一天,快乐也是一天,为什么不天天快乐呢?天天担心自己变老,为什么不忘记时间、忘记年龄呢?忙碌着、快乐着,人生在奋斗和快乐中实现人生的价值。

【原文】

7.20 子曰:"我非生而知之者,好古,敏以求之者也。"

【译文】

孔子说:"我不是生来就有知识的人,而是爱好古代的东西,勤奋敏捷地去求得知识的人。"

【评析】

孔子具有非常高的情商,具有正确的自我认知能力,而且也非常谦虚,认为自己不是生而知之,而是学而知之,是通过喜欢和学习传统文化而获得大量的知识。事实上,孔子之所以能够成为学识渊博的人,就在于他爱好古代的典章制度和文献图书,而且勤奋刻苦,思维敏捷。

从人才开发的角度来看,现代的国学热不仅在于弘扬传统文化,更在于通过引领广大青少年努力学习古代文化,从中领悟古人多方面的智慧,能够更好地促进成才。就我个人而言,在对我产生重要影响的古典文化中,古典小说《三国演义》和《论语》对我影响尤其巨大,我从中充分体会到古人的智慧,而且这些智慧至今还仍然具有很强的生命力。

在人才发展史上,真正的天才是很少见的,甚至说就根本没有天才。人的成功在很大程度上取决于后天的家庭、学校和社会教育,取决于个人的主观努力程度和科学的思维方式和方法等,取决于多种要素优化组合所形成较大的合力。

【原文】

7.21 子不语怪、力、乱、神。

【译文】

孔子不谈论怪异、暴力、变乱、鬼神。

【评析】

孔子大力提倡"仁德""礼治"等道德观念,重视人的主观努力。从《论语》书中,很少见到孔子谈论怪异、暴力、变乱、鬼神,所以他才"敬鬼神而远之"。当然,这也不是绝对的。他偶尔谈及这些问题时,都是有条件和特定的语境。总体而言,孔子非常重视人的主观努力,尽人事,听天命,而不太相信所谓的鬼神。

【原文】

7.22 子曰:"三人行,必有我师焉。择其善者而从之,其不善者而改之。"

【译文】

孔子说:"三个人一起走路,其中必定有人可以做我的老师。我选择他善的品德向他学习,看到他不善的地方就作为借鉴,改掉自己的缺点。"

【评析】

孔子之所以能够成为圣人,这与他重视主观努力、具有大学习观是分不开的,也与他具有择善和改不善的正确价值选择密切相关。为了增进知识,孔子主张多闻、多见,择其善者而从之,体现了人才开发的基本规律。

孔子的"三人行,必有我师焉"充分体现了孔子的大学习观。科学的大学习观不局限于向名师学习,而是善于从一切人中学习到有价值的东西,所谓尺有所短寸有所长,如果我们能够学习每个人身上的一点优点,我们就会成为集大成者。孔子虚心向别人学习的精神十分可贵,但更可贵的是,他不仅要以善者为师,而且以不善者为师,从不善中吸取教训,这样可以少走弯路和错路,这其中包含有深刻的哲理。他的这段话,对于指导我们处事待人、修身养性、增长知识,都是有益的。

本章中的"三人"的"三"并非确指,而是指几个人或多人,意思是说凡是有人群的地方,就会有值得我学习的知识。从孔子"三人行,必有我师"的原理,可以进而推论出"一人行,亦为我师"的道理。从人才开发的角度来看,一个人要加速成才,就必须提高学习效率,而提高效率的一个很重要的秘诀就是要善于向一切人学习,"择其善者而从之,其不善者而改之。"对于孔子而言,他能够从教学相长中提高自己,这就是他能够比很多人知识渊博的原因之一,善于向"善者"学习人生经验和智慧,从"不善者"中吸取教训,避免"不善者"所犯的错误和弯路,就有利于自己的成才。

【原文】

7.23 子曰:"天生德于予,桓魋其如予何?"

【译文】

孔子说:"上天把德赋予了我,桓魋能把我怎么样?"

【评析】

桓魋是宋国主管军事行政的官——司马,是宋桓公的后代。公元前492年,孔子从卫国去陈国时经过宋国。桓魋听说以后,带兵要去害孔子。当时孔子正与弟子们在大树下演习周礼的仪式,桓魋砍倒大树,而且要杀孔子,孔子在学生保护下,离开了宋国,在逃跑途中,他说了这句话。他认为,自己是有仁德的人,而且是上天把仁德赋予了他,所以桓魋对他是无可奈何的。这里有孟子所说的"天将降大任于斯人"的意味。

【原文】

7.24 子曰:"二三子以我为隐乎?吾无隐乎尔。吾无行而不与二三子者,是丘也。"

【译文】

孔子说:"学生们,你们以为我对你们有什么隐瞒的吗?我是丝毫没有隐瞒的。我没有什么事不是和你们一起干的。我孔丘就是这样的人。"

【评析】

这段话说明孔子对学生以诚相待,毫不隐瞒,平时与弟子交流比较密切,一起与弟子们研讨问题等,揭示了师生关系的纯真性。

【原文】

7.25 子以四教:文、行、忠、信。

【译文】

孔子以文、行、忠、信四项内容教授学生。

【评析】

文:文献、古籍等。行:指德行,也指社会实践方面的内容。忠:尽己之谓忠,对人尽心竭力。信:以实之谓信,做人要诚实。

孔子非常重视教学内容,一方面引导学生学习历代古籍、文献资料,一方面还要重视社会实践活动,《论语》多处记载孔子带领他的学生周游列国,以实现治国安邦的政治理想。但书本知识和实践活动仍不够,孔子还非常重视培养学生忠、信的德行。由此可见,孔子的教学内容已经把书本知识、社会实践和道德修养三个方面和谐统一起来,这对于我们今天的立德树人也具有启发意义。

【原文】

7.26 子曰:"圣人,吾不得而见之矣!得见君子者,斯可矣。"子曰:"善人,吾不得而见之矣!得见有恒者,斯可矣。亡而为有,虚而为盈,约而为泰,难乎有恒矣。"

【译文】

孔子说:"圣人我是不可能看到了,能看到君子,这就可以了。"孔子又说:"善人我不可能看到了,能见到始终如一的好人,这也就可以了。没有却装作有,空虚却装作充实,穷困却装作富足,这样的人是难于有恒心保持好品德的。"

【评析】

对于春秋末期社会"礼崩乐坏"道德滑坡的状况,孔子似乎感到一种绝望,但对于现实仍然保持了很清醒的态度,他认为在那样的社会背景下,难以找到他心目中的"圣人"和"善人",而那些"虚而为盈,约而为泰"的人却比比皆是,在这样的情况下,能看到"君子""有恒者",也就心满意足了。

实际上,时光穿过了两千多年的隧道,现代社会中很多人仍然感到做好人很难,更何况孔子所处的乱世乎!

【原文】

7.27 子钓而不纲,弋不射宿。

【译文】

孔子只用(有一个鱼钩)的钓竿钓鱼,而不用(有许多鱼钩的)大绳钓鱼。只射飞鸟,不射巢中歇宿的鸟。

【评析】

纲:大绳。这里作动词用。在水面上拉一根大绳,在大绳上系许多鱼钩来钓鱼,叫纲。弋:用带绳子的箭来射鸟。宿:指归巢歇宿的鸟儿。

孔子之所以这样做,也许是体验钓鱼之乐,而不在于用大绳上系许多鱼钩来钓鱼,这意味着孔子不主张竭泽而渔,不赞同对鱼一网打尽。不射归鸟,也许是孔子对鸟的一种恻隐之心吧!

【原文】

7.28 子曰:"盖有不知而作之者,我无是也。多闻,择其善者而从之,多见而识之,知之次也。"

【译文】

孔子说:"有这样一种人,可能他什么都不懂却在那里凭空创造,我却没有这样做过。多听,选择其中好的来学习;多看,然后记在心里,这是次一等的智慧。"

【评析】

孔子反对什么都不懂却在那里凭空创造的做法,认为对自己所不知的东西,应该多闻、多见,努力学习。这是他对自己的要求,同时也要求他的学生这样去做。从人才开发的角度来看,一个人只有通过多闻、多见,通过日积月累,才能更加有效地积累知识。

【原文】

7.29 互乡难与言,童子见,门人惑。子曰:"与其进也,不与其退也,唯何甚?人洁己以进,与其洁也,不保其往也。"

【译文】

孔子认为很难与互乡那个地方的人谈话,但互乡的一个童子却受到了孔子的接见,学生们都感到迷惑不解。孔子说:"我是肯定他的进步,不是肯定他的倒退。何必做得太过分呢?人家改正了错误以求进步,我们肯定他改正错误,不要死抓住他的过去不放。"

【评析】

互乡:地名,具体地点已无可考。与:赞许。进、退:一说进步、退步;一说进见请教,退出以后的作为。洁己:洁身自好,努力修养,成为有德之人。不保其往:

保,一说担保,一说保守。往,一说过去,一说将来。

孔子时常向各地的人们宣传他的思想主张,在互乡这个地方,虽然很难与当地人有效沟通,但他却接见了一个孩子,肯定了这个孩子的进步,体现出孔子"诲人不倦"的态度,而且他认为不应死抓着过去的错误不放。

【原文】

7.30 子曰:"仁远乎哉?我欲仁,斯仁至矣。"

【译文】

孔子说:"仁难道离我们很远吗?只要我想达到仁,仁就来了。"

【评析】

孔子这段话很深刻,也很有现实意义。"孔子认为,一个人只要有求仁的要求,并且能发挥自己的主体性作用,就可以求仁而得仁了。孔子十分重视人的主体作用,认为任何具体的自我修养的方法,如果没有自己的主观愿望做推动力,是不可能达到目的的。"①王雅这种说法,充分认识到了追求仁,能够给人生强大的前进动力。

孔子这段话旨在强调主观努力对于实现理想的重要性,对于人才开发具有特殊的启发意义。人生在世,要敢于追求远大的理想,主观上多努力一些,才有可能实现人生的理想。孔子强调了道德修养的主观能动性,对于促进人才开发具有重要意义。

【原文】

7.31 陈司败问:"昭公知礼乎?"孔子曰:"知礼。"孔子退,揖巫马期而进之曰:"吾闻君子不党,君子亦党乎?君取于吴,为同姓,谓之吴孟子。君而知礼,孰不知礼?"巫马期以告。子曰:"丘也幸,苟有过,人必知之。"

【译文】

陈司败问:"鲁昭公懂得礼吗?"孔子说:"懂得礼。"孔子出来后,陈司败向巫马期作了个揖,请他走近自己,对他说:"我听说,君子是没有偏私的,难道君子还包庇别人吗?鲁君在吴国娶了一个同姓的女子做夫人,是国君的同姓,称她为吴孟子。如果鲁君算是知礼,还有谁不知礼呢?"巫马期把这句话告诉了孔子。孔子说:"我真是幸运。如果有错,人家一定会知道。"

---

① 王雅:《孔子哲学》,人民出版社,2014年版,第94页。

【评析】

陈司败：陈国主管司法的官，姓名不详，也有人说是齐国大夫，姓陈名司败。昭公：鲁国的君主。巫马期：姓巫马名施，字子期，孔子的学生。为同姓：鲁国和吴国的国君同姓姬。周礼规定：同姓不婚，昭公娶同姓女，是违礼的行为。吴孟子：鲁昭公夫人。

鲁昭公娶同姓女为夫人，违反了礼的规定，而孔子却说他懂礼。这表明孔子的确在为鲁昭公袒护，即"为尊者讳"。孔子以维护当时的宗法等级制度为最高原则，所以他自身出现了矛盾。孔子的可贵之处在于他能够正确对待自己的错误，不回避错误，而是认为"丘也幸，苟有过，人必知之。"

【原文】

7.32 子与人歌而善，必使反之，而后和之。

【译文】

孔子与别人一起唱歌，如果唱得好，一定要请他再唱一遍，然后和他一起唱。

【评析】

孔子喜欢音乐，也喜欢与别人一起唱歌。别人如果唱得好，孔子不但不嫉妒恨，反而一定要请他再唱一遍，然后和他一起唱。这种虚心学习的态度是非常值得我们每个人学习的。

【原文】

7.33 子曰："文，莫吾犹人也。躬行君子，则吾未之有得。"

【译文】

孔子说："就书本知识来说，大约我和别人差不多，做一个身体力行的君子，那我还没有做到。"

【评析】

孔子不但博学多才，而且为人非常谦虚低调。他反省自我，认为自己的书本知识与别人差不多，但自己在实践的身体力行方面，还没有取得君子的成就。由此可见，孔子反对眼高手低，非常重视实践品格，注重理论与实践的结合。

【原文】

7.34 子曰："若圣与仁，则吾岂敢？抑为之不厌，诲人不倦，则可谓云尔已矣。"公西华曰："正唯弟子不能学也。"

【译文】

孔子说："如果说到圣与仁，那我怎么敢当！不过追求圣与仁而不感厌烦，教诲别人也从不感觉疲倦,则可以这样说的。"公西华说:"这正是我们学不到的。"

【评析】

为之:指圣与仁。云尔:这样说。孔子这里表现出了非常谦虚的品格,认为自己还没有做到圣与仁,只是向着圣与仁的方向坚持不懈地去努力了。孔子的弟子们非常了解老师,认为孔子这样做已经达到圣与仁的典范了,而弟子们则难以望其项背。

实际上,孔子这段话非常重要。孔子这段话揭示了一个人才开发的真理:向着圣与仁的方向积极去努力非常重要,而并不在于最终一定要达到仁。我们不妨设想一下:我们很难穷尽真理,而只能通过努力不断接近真理,而在追求真理的过程中,我们每个人都已经得到了智慧和理性的升华,就已经达到我们的目的了。法国启蒙运动领袖狄德罗曾经说过,我不一定能找到真理,但我一定要寻找真理。由狄德罗所言,可以反过来理解孔子追求"圣与仁"的决心和信心。

【原文】

7.35 子疾病,子路请祷。子曰:"有诸?"子路对曰:"有之。《诔》曰:'祷尔于上下神祇。'"子曰:"丘之祷久矣。"

【译文】

孔子病情严重,子路向鬼神祈祷。孔子说:"有这回事吗?"子路说:"有的。《诔》文上说:'为你向天地神灵祈祷。'"孔子说:"我很久以来就在祈祷了。"

【评析】

孔子患了重病,子路为他祈祷,孔子对此举并不加以反对,而且说自己已经祈祷很久了。对于这段文字怎么理解?有人认为,孔子本人也向鬼神祈祷,说明他是一个非常迷信天地神灵的人;也有人说,他已经向鬼神祈祷很久了,但病情却未见好转,表明他对鬼神抱有怀疑态度。

我认为,对于孔子向鬼神祈祷这件事,实际上太正常不过了。我们现在很多游客在旅游时,几乎一进寺庙,就会不由自主地向各种神祇祷告。从心理学的角度来看,这些祈祷表达了祈祷者个人对未来的希望和愿景,客观上对祈祷者具有一定心理暗示作用,对于内心的压力和精神紧张等不良心理因素,能够发挥一定的心理救助或医疗作用,但这种心理救助或医疗作用究竟能够发挥多大作用,这还要受到祈祷者其他主客观因素的复杂影响。

【原文】

7.36 子曰:"奢则不孙,俭则固。与其不孙也,宁固。"

【译文】

孔子说:"奢侈了就会越礼,节俭了就会寒酸。与其越礼,宁可寒酸。"

【评析】

孙:同逊,恭顺。不孙,即为不顺,这里的意思是"越礼"。固:简陋、鄙陋。这里是寒酸的意思。

春秋时代各诸侯、大夫的生活都比较奢侈豪华,他们的生活享乐标准和礼仪规模都与周天子没有区别,这在孔子看来,这都是越礼、违礼的行为。尽管节俭会让人感到寒酸,但与越礼相比,则宁可寒酸,也应该维护礼的尊严。

在现实中,一些富二代有时会出现有钱任性的不良现象,比如超出常规的高消费,做人做事太张扬,甚至飞扬跋扈等,与孔子所说的"奢则不孙"极其相似。

【原文】

7.37 子曰:"君子坦荡荡,小人长戚戚。"

【译文】

孔子说:"君子心胸宽广,小人经常忧愁。"

【评析】

孔子非常重视修身养性,认为君子应该像大海一样,具有海纳百川的宽广胸怀,能容天下难容之事,可以不计个人利害得失;而小人的特点是心胸狭窄,与人为难、与己为难,时常忧愁、局促不安的样子。

"君子坦荡荡"对于我们的身心健康非常必要,我们如果能够做到"君子坦荡荡",就会心胸豁达,不以物喜,不以己悲,真正做到心底无私天地宽。所以,"君子坦荡荡"应该成为我们今天做人的重要标准。

【原文】

7.38 子温而厉,威而不猛,恭而安。

【译文】

孔子温和而又严厉,威严而不凶猛,庄重而又安详。

【评析】

孔子堪称教师的楷模,受到弟子们的普遍尊敬和爱戴。这段话就是学生对孔子的赞扬。作为一个教师,只有具备温和的特点,才能对学生有亲和力;只有适当的严厉,学生在老师面前才能够有所敬畏;只有威严而不凶猛,才能够维护师道尊严;只有庄重而又安详,才能得到学生们的热爱与崇敬。

第八篇 《泰伯》译评

【本篇引语】

泰伯篇第八共计21章,其中著名的文句有:"鸟之将死,其鸣也哀;人之将死,其言也善";"任重而道远";"死而后已";"民可,使由之;不可,使知之";"不在其位,不谋其政""兴于诗,立于礼,成于乐"等。本篇的基本内容非常丰富,涉及孔子及其学生对尧舜禹等古代先王的评价;孔子道德思想的具体内容以及曾子在若干问题上的观点。

【原文】

8.1 子曰:"泰伯,其可谓至德也已矣。三以天下让,民无得而称焉。"

【译文】

孔子说:"泰伯可以说是品德最高尚的人了,几次把王位让给季历,老百姓都找不到合适的词句来称赞他。"

【评析】

泰伯:周代始祖古公亶父的长子。民无得而称焉:百姓找不到合适的词句来赞扬他。传说古公亶父知道三子季历的儿子姬昌有圣德,想传位给季历,泰伯知道后便与二弟仲雍一起避居到吴。古公亶父死,泰伯不回来奔丧,后来又断发文身,表示终身不返,把君位让给了季历,季历传给姬昌,即周文王。武王时,灭了殷商,统一了天下。

这一历史事件在孔子看来,是值得津津乐道的,三让天下的泰伯是道德最高尚的人。只有天下让与贤者、圣者,才有可能得到治理,而让位者则显示出高尚的品格,老百姓对他们是称赞无比的。

【原文】

8.2 子曰:"恭而无礼则劳,慎而无礼则葸,勇而无礼则乱,直而无礼则绞。君子笃于亲,则民兴于仁,故旧不遗,则民不偷。"

【译文】

孔子说:"只是恭敬而不以礼来指导,就会徒劳无功;只是谨慎而不以礼来指导,就会畏缩拘谨;只是勇猛而不以礼来指导,就会说话尖刻。在上位的人如果厚待自己的亲属,老百姓当中就会兴起仁的风气;君子如果不遗弃老朋友,老百姓就不会对人冷漠无情了。"

【评析】

孔子这段话阐明了礼对于人生的重要性。礼是处理人际关系的重要依据,是一个人内心世界和外在言行达到统一的文明状态,人的行为如果脱离了礼,就失去了应有的文明。所以,在孔子看来,"恭""慎""勇""直"等都不是孤立存在的,必须以"礼"做指导,只有在"礼"的指导下,这些行为才能符合中庸的准则,否则就会出现"劳""葸""乱""绞",就不可能达到修身养性的目的。

比如孔子这里说的"君子笃于亲,则民兴于仁,故旧不遗,则民不偷。"可以设想,君子如果做到善待家人,尊老爱幼,就会成为影响社会和他人的楷模。至于"故旧不遗"则启示我们,为人处世,固然可以广交新朋友,但一定要不忘老朋友,更不能以利相交,甚至见利忘义,见风使舵。

【原文】

8.3 曾子有疾,召门弟子曰:"启予足!启予手!《诗》云:'战战兢兢,如临深渊,如履薄冰。'而今而后,吾知免夫,小子!"

【译文】

曾子有病,把他的学生召集到身边来,说道:"看看我的脚!看看我的手,看看有没有损伤!《诗经》上说:'小心谨慎呀,好像站在深渊旁边,好像踩在薄冰上面。'从今以后,我知道我的身体是不再会受到损伤了,弟子们!"

【评析】

曾子借用《诗经》里的三句,来说明自己一生谨慎小心,避免损伤身体,能够对父母尽孝。据《孝经》记载,孔子曾对曾参说过:"身体发肤,受之父母,不敢毁伤,孝之始也。"就是说,一个孝子,应当极其爱护父母给予自己的身体,包括头发和皮肤都不能有所损伤,这就是孝的开始。曾子在临死前要他的学生们看看自己的手脚,以表白自己的身体完整无损,是一生遵守孝道的。

《三国演义》第十八回写"夏侯惇拔矢啖睛"的故事:

阵上曹性看见,暗地拈弓搭箭,觑得亲切,一箭射去,正中夏侯惇左目。惇大叫一声,急用手拔箭,不想连眼珠拔出,乃大呼曰:"父精母血,不可弃也!"遂纳于口内啖之,仍复挺枪纵马,直取曹性。性不及提防,早被一枪搠透面门,死于马下。

由此可见,夏侯惇这个孝子对身体的高度珍惜,即使被敌人射伤了眼睛,也不忍丢弃自己的眼睛,可见,孝在儒家的道德规范当中是多么重要。

【原文】

8.4 曾子有疾,孟敬子问之。曾子言曰:"鸟之将死,其鸣也哀;人之将死,其言也善。君子所贵乎道者三:动容貌,斯远暴慢矣;正颜色,斯近信矣;出辞气,斯远鄙倍矣。笾豆之事,则有司存。"

【译文】

曾子有病,孟敬子去看望他。曾子对他说:"鸟快死了,它的叫声是悲哀的;人快死了,他说的话是善意的。君子所应当重视的道有三个方面:使自己的容貌庄重严肃,这样可以避免粗暴、放肆;使自己的脸色一本正经,这样就接近于诚信;使自己说话的言辞和语气谨慎小心,这样就可以避免粗野和悖理。至于祭祀和礼节仪式,自有主管这些事务的官吏来负责。"

【评析】

孟敬子:即鲁国大夫孟孙捷。曾子与孟敬子在政治立场上是对立的。曾子在临死以前,他还在试图改变孟敬子的态度,所以他说:"人之将死,其言也善。"这一方面表白他自己对孟敬子没有恶意,同时也告诉孟敬子,作为君子应当重视的三个方面。这些道理现在看起来,还是很有意义的,对于个人的道德修养与和谐的人际关系有重要的借鉴价值。

曾子这段话旨在说明人生修养中要做到"动容貌","正颜色"和"出辞气",才能和谐人际关系。对于"人之将死,其言也善。"我们不难发现,即使那些不可一世、横行霸道者,死到临头之际,也会感悟人生反思自我,表现出"其言也善"的特点。

另外,对于人生修养,笔者曾经思考过"理直气壮"这个词语,我发现,"理直气壮"只是描述了一种语言状态,但这种状态是很不科学的,因为矛盾的双方如果都认为自己有理,那么就会都"理直气壮",其结果就是矛盾激化。因此,即使你有理,也未必以"气壮"的方式表达出来,你仍然可以理直而气和,可以理直而气顺,因为有理不在声高。

【原文】

8.5 曾子曰:"以能问于不能,以多问于寡;有若无,实若虚;犯而为校,昔者吾友尝从事于斯矣。"

【译文】

曾子说:"自己有才能却向没有才能的人请教,自己知识多却向知识少的人请教,有学问却像没学问一样;知识很充实却好像很空虚;被人侵犯却也不计较——从前我的朋友就这样做过了。"

【评析】

吾友:一般都认为这里指颜回。曾子在这里所说的话,完全秉承了孔子"三人行必有我师"的思想学说。首先,"问于不能","问于寡"等都表明在学习上的谦逊态度。没有知识、没有才能的人并不是一钱不值的,在他们身上总有值得你学习的地方。所以,在学习上,既要向有知识、有才能的人学习,又要向少知识、少才能的人学习。其次,曾子提出"有若无""实若虚"的说法,希望人们始终保持谦虚不自满的态度。第三,曾子说"犯而不校",表现出一种宽阔的胸怀和忍让精神,这也是值得学习的。

【原文】

8.6 曾子说:"可以托六尺之孤,可以寄百里之命,临大节而不可夺也。君子人与?君子人也。"

【译文】

曾子说:"可以把年幼的君主托付给他,可以把国家的政权托付给他,面临生死存亡的紧急关头而不动摇屈服。这样的人是君子吗?是君子啊!"

【评析】

托六尺之孤:孤,死去父亲的小孩叫孤,六尺指15岁以下,古人以七尺指成年。托孤,受君主临终前的嘱托辅佐幼君。寄百里之命:寄,寄托、委托。百里之命,指掌握国家政权和命运。孔子所培养的就是有道德、有知识、有才干的人,他可以受命辅佐幼君,可以执掌国家政权,这样的人在生死关头决不动摇,决不屈服,这就是具有君子品格的人。曾子这段话也是对孔子间接的高度赞美。

【原文】

8.7 曾子曰:"士不可以不弘毅,任重而道远。仁以为己任,不亦重乎?死而后已,不亦远乎?"

【译文】

曾子说:"士不可以不弘大刚强而有毅力,因为他责任重大,道路遥远。把实现仁作为自己的责任,难道还不重大吗?奋斗终身,死而后已,难道路程还不遥远吗?"

【评析】

弘毅:弘,广大。毅,强毅。曾子这段话深得孔子思想真传。君子要有所作为,就要敢于担当历史重任,应该弘大刚强而有毅力,为了实现远大理想,就应该具有死而后已的舍身精神。这段话是一段很励志的格言,深刻影响了中国后世的人生价值取向。人生在世,如其苟且偷生,虚度年华,倒不如"任重道远",负重前行,"死而后已"。

【原文】

8.8 子曰:"兴于《诗》,立于礼,成于乐。"

【译文】

孔子说:"人的修养开始于学《诗》,自立于学礼,完成于学乐。"

【评析】

这里的"兴于诗"与《论语·季氏》篇中孔子所说的"不学《诗》,无以言"可以互释,二者都是强调学诗的重要性。孔子在本章中提出了他从事教育的三方面内容:诗、礼、乐,而且指出了这三者的不同作用。它要求学生不仅要讲个人的修养,而且要有全面、广泛的知识和技能。

诗在古代是一种非常重要的文化形态,是一种具有百科全书性质的语言艺术和审美文化。用黑格尔的话说,诗在各民族历史上是最早的教师。因此,一个人是否学诗,直接关乎你是否有文化,你是否有人际交往能力。在中国古代,学诗,意味着你有文化素养,具有审美能力。古代讲究礼乐并重,礼是由内而外,因此外显;音乐是人的内在生命,因此乐主内,人生修炼需要礼乐兼修,内外一致、和谐统一。

【原文】

8.9 子曰:"民可,使由之;不可,使知之。"

【译文】

孔子说:"老百姓的行为适合,就让他们按照自己的意志去做;老百姓的行为不适合,就要告诉他们懂得怎样做。"

【评析】

对孔子"民可,使由之;不可,使知之。"这句话在断句上,比较流行的是这样断句的:"民可使由之,不可使知之"。但根据我们的理解,①过去这种断句是不符合孔子作为教育家的思想本质的。笔者认为,过去之所以如此断句,很可能是出于对孔子儒家思想的所谓"愚民统治"的误译。

我们在用人策略方面,正确的做法是"疑人不用,用人不疑"。"民可,使由之;不可,使知之。"这句话也可以用于我们对人才的使用和培养方面,用人要适才适所,用人不疑,让其有一定的自主性;如果认为这个人还不放心,那么,就要培养他,"使知之",告诉他怎么做。

【原文】

8.10 子曰:"好勇疾贫,乱也。人而不仁,疾之已甚,乱也。"

【译文】

孔子说:"喜好勇敢而又恨自己太穷困,就会犯上作乱。对于不仁德的人或事逼迫得太厉害,也会出乱子。"

【评析】

在孔子看来,老百姓如果不甘心居于自己穷困的地位,他们就会起来造反,这就不利于社会的安定,而对于那些不仁的人逼迫得太厉害,也会惹出祸端。在孔子看来,"勇"必须符合"仁、义、礼、智",而且不能"疾贫",才能成其为勇。孔子这段话对于社会治理具有重要的启发意义,一方面只有匹夫之勇,而如果没有君子的修行,就容易走向犯罪的道路;另一方面,困兽犹斗,对于那些不仁德的小人,也要防患于未然,犹如围城,如其四面攻打,不如放弃一面,诱敌逃跑,然后设伏击之。

【原文】

8.11 子曰:"如有周公之才之美,使骄且吝,其余不足观也已。"

【译文】

孔子说:"君主即使有周公那样美好的才能,如果骄傲自大而又吝啬小气,那其他方面也就不值得一看了。"

【评析】

人才评价,以德为先。所以,孔子认为即使有周公那样美好的才能,也不应该骄傲自大和吝啬小气。这说明了孔子的人才观特别注重人才的品行。

笔者认识学术界很多知名专家,发现这样一个现象:一般而言,越是学问大的

---

① 我的同事和朋友孔子研究院院长、博士生导师、儒学专家杨朝明教授也这样认为。

人,越谦虚,不摆架子;有些一瓶子不满半瓶子晃荡的人,反而容易夜郎自大,狂傲浮躁。

【原文】

8.12 子曰:"三年学,不至于谷,不易得也。"

【译文】

孔子说:"学了三年,还做不了官的,是不易找到的。"

【评析】

谷:古代以谷作为官吏的俸禄,这里用"谷"字代表做官,也可以理解为善或者好。不至于谷,即做不了官,或达不到善。不谷,就是不善。孔子办教育的主要目的,是培养治国安邦的人才,古时一般学习三年为一个阶段,此后便可做官。对本章另有一种解释,认为"学了三年还达不到善的人,是很少的"。孔子的意思是强调学习对于人生的重要性,也可以理解为:一个人学习了三年,可以达到善的修行;如果学习了三年,还达不到善的修行的,这种情况是很少见的。

【原文】

8.13 子曰:"笃信好学,守死善道。危邦不入,乱邦不居。天下有道则见,无道则隐。邦有道,贫且贱焉,耻也;邦无道,富且贵焉,耻也。"

【译文】

孔子说:"坚定信念并努力学习,誓死守卫并完善治国与为人的大道。不进入政局不稳的国家,不居住在动乱的国家。天下有道就出来做官;天下无道就隐居不出。国家有道而自己贫贱,是耻辱;国家无道而自己富贵,也是耻辱。"

【评析】

这是孔子给弟子们传授的为官之道,也为社会治理提供了思考的一个很重要的维度。"天下有道则见,无道则隐";"用之则行,舍之则藏",这是孔子为官处世的一条重要原则。此外,他还提出应当把个人的贫贱荣辱与国家的兴衰存亡联系在一起,这才是为官的基点。由此可见,任何一个社会,如果德才兼备的人才还没有过上幸福的生活,而让那些不三不四、投机取巧的人暴富了,那么很显然这个社会治理是不科学的,是存在很大问题的。

【原文】

8.14 子曰:"不在其位,不谋其政。"

【译文】

孔子说:"不在那个职位上,就不考虑那职位上的事。"

【评析】

"不在其位,不谋其政"涉及到儒家所谓的"名分"问题。不在其位而谋其政,则有僭越之嫌,就被人认为是"违礼"之举。"不在其位,不谋其政"也就是要"安分守己"。这在春秋末年为维护社会稳定,抑制百姓"犯上作乱"起到过重要作用,但对后世则有一定的不良影响,尤其对民众不关心政治,安分守礼的心态起到诱导作用。

阐释学中有关于"前理解"的观点。所谓"前理解",是指一个人在认识、分析和判断事物以前,个人总是带着既定的知识结构和思维方式来认识、分析和判断问题的,所以任何一个特定的"前理解"都对认识、分析和判断事物具有重要的制约和影响。从阐释学的角度来看,孔子这句话就隐藏或者预设了一个"前理解":在其位,就要谋其政。实际上,孔子这段话对于我们的人才考核也有参考价值,我们考核一个人,就是看他是否"在其位,谋其政",是否认真履行了岗位职责。我们以前有多少干部在懒政啊,在其位不谋其政的人又何其多也!

【原文】

8.15 子曰:"师挚之始,《关雎》之乱,洋洋乎盈耳哉!"

【译文】

孔子说:"从太师挚演奏的序曲开始,到最后演奏《关雎》的结尾,丰富而优美的音乐在我耳边回荡。"

【评析】

师挚之始:师挚是鲁国的太师。"始"是乐曲的开端,即序曲。古代奏乐,开端叫"升歌",一般由太师演奏,师挚是太师,所以这里说是"师挚之始"。《关雎》之乱:"乱"是乐曲的终了。"乱"是合奏乐。此时奏《关雎》乐章,所以叫"《关雎》之乱"。这段话很形象地表现了孔子欣赏音乐产生美感时欣欣然、飘飘然的审美心理状态。

【原文】

8.16 子曰:"狂而不直,侗而不愿,悾悾而不信,吾不知之矣。"

【译文】

孔子说:"狂妄而不正直,无知而不谨慎,表面上诚恳而不守信用,我真不知道有的人为什么会是这个样子。"

【评析】

"狂而不直,侗而不愿,悾悾而不信"都不是好的道德品质,孔子对此十分反感。这是因为,这几种品质不符合中庸的基本原则,也不符合儒家一贯倡导的"温、良、恭、俭、让"和"仁、义、礼、智、信"的要求。所以孔子说:我真不知道有人会这样。实际上,林子大了什么鸟都有。在现实中,狂妄者有之,无知者有之,虚伪者有之。究其原因,这些人之所以如此,一方面在于影响这些人成长的外在原因充满了负面的文化因子,另一方面在于这些人缺乏后天的自律意识,在社会化中失败了,最终导致了人格的扭曲和心灵的不健康。

【原文】

8.17 子曰:"学如不及,犹恐失之。"

【译文】

孔子说:"学习知识就像追赶不上那样,又会担心丢掉什么。"

【评析】

从人才开发的角度来看,每个人都应该具有"学如不及"的危机感。

孔子通过自己学习,集思广益,深知学习对于人生的重要性,表现出对学习知识的要求十分强烈,他也同时这样要求他的学生。这"学如不及,犹恐失之",其实就是"学而不厌"一句最好的注脚。在今天知识爆炸的时代,我们每个人都应该具有"学如不及"的知识观和危机感,如饥似渴地学习,再学习!

实际上,越是学术大家,才深感越学越感到空虚,即学海无涯,通过学到的东西越多,就能够更加体会到学习以前,这些知识是自己不知道的。

【原文】

8.18 子曰:"巍巍乎,舜禹之有天下也,而不与焉!"

【译文】

孔子说:"多么崇高啊!舜和禹得到天下,不是夺过来的。"

【评析】

舜禹:舜是传说中的圣君明主。禹是夏朝的第一个国君。传说古时代,尧禅位给舜,舜后来又禅位给禹。这里孔子所讲的话,应该有所指。当时社会混乱,政局动荡,弑君、篡位者屡见不鲜。孔子赞颂传说时代的"舜、禹",表明对古时禅让制的认同,他借称颂舜禹,抨击现实中的这些问题。

中国传统文化具有民本理想,正如《吕氏春秋·贵公》篇所言:"天下,非一人之天下也,天下之天下也"。实际上,有德虽然不一定得天下,但缺德而只靠权术、暴力得天下者,绝对不能长久。秦朝胡亥为人残暴奸诈,靠伪造遗书篡权,虽得逞一时,但很快葬送了大秦帝国的江山。

【原文】

8.19 子曰:"大哉!尧之为君也。巍巍乎!唯天为大,唯尧则之。荡荡乎!民无能名焉。巍巍乎!其有成功也,焕乎!其有文章!"

【译文】

孔子说:"真伟大啊!尧这样的君主。多么崇高啊!只有天最高大,只有尧才能效法天的高大。他的恩德多么广大啊,百姓们真不知道该用什么语言来表达对它的称赞。他的功绩多么崇高,他制定的礼仪制度多么光辉啊!"

【评析】

尧是中国传说时代的圣君。孔子在这里用极美好的语言称赞尧,尤其对他的礼仪制度愈加赞美,表达了他对古代先王的崇敬心情。"唯天为大"与《周易》"天行健,君子以自强不息"的精神完全契合,尧为君子,君子效法天,故唯天为大。

【原文】

8.20 舜有臣五人而天下治。武王曰:"予有乱臣十人。"孔子曰:"才难,不其然乎?唐虞之际,于斯为盛,有妇人焉,九人而已。三分天下有其二,以服事殷。周之德,其可谓至德也已矣。"

【译文】

舜有五位贤臣,就能治理好天下。周武王也说过:"我有十个帮助我治理国家的臣子。"孔子说:"人才难得,难道不是这样吗?唐尧和虞舜之间及周武王这个时期,人才是最盛了。但十个大臣当中有一个是妇女,实际上只有九个人而已。周文王得了天下的三分之二,仍然事奉殷朝,周朝的德,可以说是最高的了。"

【评析】

舜有臣五人:传说是禹、稷、契、皋陶、伯益等人。乱臣:据《说文》:"乱,治也。"此处所说的"乱臣",应为"治国之臣"。唐虞之际:传说尧在位的时代叫唐,舜在位的时代叫虞。斯:指周武王时期。有妇人焉:指武王的乱臣十人中有武王之妻邑姜。三分天下有其二:《逸周书·程典篇》说:"文王合九州之侯,奉勤于商"。相传当时分九州,文王得六州,是三分之二。

孔子在这段话中提出了一个重要问题,就是治理天下,必须有人才,而人才是十分难得的。有了人才,国家就可以得到治理,天下就可以太平。当然,这并不是证明孔子的"英雄史观",因为在历史发展过程中,杰出人物的确发挥了不可低估的巨大作用,这与人民群众的作用一样,都应该是不可忽视的。

我国在实施人才强国战略的过程中,各级政府和领导干部,都应该具有孔子说的人才难得的紧迫感,应该居安思危,改革开放以来,我国最需要学习的不是外国的科学技术,而是发达国家的人才战略,其中美国的人才战略是保持美国不败的最重要的因素。正因为人才难得,所以习近平主席提出了"聚天下英才而用之"的光辉论断。

【原文】

8.21 子曰:"禹,吾无间然矣。菲饮食而致孝乎鬼神,恶衣服而致美乎黻冕;卑宫室而尽力乎沟洫。禹,吾无间然矣。"

【译文】

孔子说:"对于禹,我没有什么可以挑剔的了;他的饮食很简单而尽力去孝敬鬼神;他平时穿的衣服很简朴,而祭祀时尽量穿得华美,他自己住的宫室很低矮,而致力于修治水利事宜。对于禹,我确实没有什么挑剔的了。"

【评析】

从执政者的角度来看,每个领导干部都应该具有"卑宫室而尽力乎沟洫"的奋斗精神和职业品质。

间:空隙的意思。此处用作动词。菲:菲薄,不丰厚。黻冕:祭祀时穿的礼服叫黻;祭祀时戴的帽子叫冕。这一章是孔子对于禹的高度评价,认为禹完美无缺,一切都很完善,为君者生活简朴,孝敬鬼神,宁可自己住房非常简陋,也要为民兴修水利。

如果让我们各级政府领导看看这段话,再反思一下我们的现实:一方面我们还有很多贫困人口没有脱贫,还有很多农村或者山区的孩子们还没有基本的学习和生活条件,再看看一些地方政府建造的富丽堂皇的办公大楼,难道一点也感觉不到羞耻吗?为政者,应该学习一点"卑宫室而尽力乎沟洫"的职业道德和职业精神。当官不为民做主,不如回家卖红薯。

第九篇 《子罕》译评

【本篇引语】

本篇共包括31章。我们要充分认识孔子"四毋"与"叩其两端"的重要性。另外,著名的句子有:"后生可畏,焉知来者之不如今也";"三军可夺帅,匹夫不可夺志也";"岁寒然后知松柏之后彫也";"知者不惑,仁者不忧,勇者不惧"。本篇涉及孔子的道德教育思想;孔子弟子对其师的议论;此外,本篇还记述了孔子的某些活动。

【原文】

9.1 子罕言利,与命与仁。

【译文】

孔子很少谈到利益,却赞成天命和仁德。

【评析】

孔子非常重视精神价值的追求,"子罕言利",说明孔子对"利"的轻视。在《论语》书中,我们也多处见到他谈"利"的问题,但基本上主张"先义后利""重义轻利",可以说孔子很少谈"利"。此外,本章说孔子赞同"命"和"仁",表明孔子对此是十分重视的。孔子讲"命",常将"命"与"天"相连,即"天命",这是孔子思想中的一个组成部分。孔子还讲"仁",这里是其思想的核心。

【原文】

9.2 达巷党人曰:"大哉孔子!博学而无所成名。"子闻之,谓门弟子曰:"吾何执?执御乎?执射乎?吾执御矣。"

【译文】

达巷党这个地方有人说:"孔子真伟大啊!他学问渊博,因而不能以某一方面的专长来称赞他。"孔子听说了,对他的学生说:"我要专长于哪个方面呢?驾车呢?还是射箭呢?我还是驾车吧。"

【评析】

达巷党人:古代五百家为一党,达巷是党名。这是说达巷党这地方的人。博学而无所成名:学问渊博,因而不能以某一方面来称道他。从人才学的角度来看,孔子属于通才,对多个学科已经达到融会贯通的境界,而不是某种特定的专门人才。孔子的学识修养已经广泛涉及哲学、社会学、管理学、教育学、人才学、伦理学等多个学科,因而我们很难从某一个学科的角度来界定孔子是一个什么专家。

【原文】

9.3 子曰:"麻冕,礼也;今也纯,俭,吾从众。拜下,礼也;今拜乎上,泰也。虽违众,吾从下。"

【译文】

孔子说:"用麻布制成的礼帽,符合于礼的规定。现在大家都用黑丝绸制作,这样比过去节省了,我赞成大家的做法。臣见国君时,要在堂下跪拜,这也是符合于礼的。现在大家都到堂上跪拜,这是骄纵的表现。虽然与大家的做法不一样,我还是主张先在堂下拜。"

【评析】

麻冕:麻布制成的礼帽。纯:丝绸,黑色的丝。俭:俭省,麻冕费工,用丝则俭省。拜下:大臣面见君主前,先在堂下跪拜,再到堂上跪拜。泰:这里指骄纵、傲慢。孔子赞同用比较俭省的黑绸帽代替用麻织的帽子这样一种做法,但反对在面君时只在堂上跪拜的做法,表明孔子不是顽固地坚持一切都要合乎于周礼的规定,而是在他认为的原则问题上坚持己见,不愿做出让步,因跪拜问题涉及"君主之防"的大问题,与戴帽子有根本的区别。

【原文】

9.4 子绝四——毋意,毋必,毋固,毋我。

【译文】

孔子杜绝了四种弊病:不主观猜疑,不绝对肯定,不固执己见,不唯我独尊。

【评析】

"绝四"是孔子的一大特点,这涉及人的道德观念和价值观念。人只有做到这几点,才可以完善道德,修养高尚的人格。

从人才开发的角度来看,人生只有杜绝这四种弊端,才能够更好地促进思维的优化,避免主观主义和形而上学的思维方法;不固执己见,不唯我独尊,才能虚怀若谷,海纳百川,做一个真正广采博取的集大成者。

反思我国历史上的"极左"路线时期,1957年"反右",1958年"大跃进",1966年"文革",决策者之所以做出这些错误决定,在某种程度上都与孔子所说的这四种弊病有关,血的教训需要引以为戒。

【原文】

9.5 子畏于匡,曰:"文王既没,文不在兹乎?天之将丧斯文也,后死者不得与于斯文也;天之未丧斯文也,匡人其如予何?"

【译文】

孔子被匡地的人们所围困时,他说:"周文王死了以后,周代的礼乐文化不都体现在我的身上吗?上天如果想要消灭这种文化,那我就不可能掌握这种文化了;上天如果不消灭这种文化,那么匡人又能把我怎么样呢?"

【评析】

畏于匡:匡,地名,在今河南省长垣县西南。畏,受到威胁。公元前496年,孔子从卫国到陈国去经过匡地。匡人曾受到鲁国阳虎的掠夺和残杀。孔子的相貌与阳虎相像,匡人误以孔子就是阳虎,所以将他围困。孔子外出游说时被围困,这已不是第一次。但孔子有自己坚定的信念,他强调个人的主观能动作用,认为自己是周文化的继承者和传播者。不过,当孔子屡遭困厄时,他也感到人力的局限性,而把决定作用归之于天,表明他对"天命"的认可。

【原文】

9.6 太宰问于子贡曰:"夫子圣者与?何其多能也?"子贡曰:"固天纵之将圣,又多能也。"子闻之,曰:"太宰知我乎?吾少也贱,故多能鄙事。君子多乎哉?不多也。"

【译文】

太宰问子贡说:"孔夫子是位圣人吧?为什么这样多才多艺呢?"子贡说:"这本是上天让他成为圣人,而且使他多才多艺。"孔子听到后说:"太宰怎么会了解我呢?我因为少年时地位低贱,所以会许多卑贱的技艺。君子会有这么多的技艺吗?不会多的。"

【评析】

作为孔子的学生,子贡认为自己的老师是天才,是上天赋予他多才多艺的。孔子为人非常谦虚,实事求是,他说自己少年低贱,要谋生,就要多掌握一些技艺,这表明,当时孔子并不承认自己是圣人。在孔子看来,君子务道不务器,卑贱者务器,因为他年轻时地位卑贱,这才学会了很多谋生的技艺。

从人才开发的角度来看,人在年轻时适当多吃点苦,多学点技艺,多一些历练,艺多不压身,客观上对于以后的成才有很大的影响。

【原文】

9.7 牢曰:"子云,'吾不试,故艺'。"

【译文】

子牢说:"孔子说过,'我年轻时没有去做官,所以会许多技艺'。"

【评析】

牢:郑玄说此人系孔子的学生,但在《史记·仲尼弟子列传》中未见此人。这一章与上一章的内容相关联,同样用来说明孔子"我非生而知之"的思想。他不认为自己是"圣人",也不承认自己是"天才",他说他的多才多艺是由于年轻时没有去做官,生活比较清贫,所以掌握了这许多的谋生技艺。

【原文】

9.8 子曰:"吾有知乎哉?无知也。有鄙夫问于我,空空如也。我叩其两端而竭焉。"

【译文】

孔子说:"我有知识吗?其实没有知识。有一个乡下人问我,我对他谈的问题本来一点也不知道。我只是从问题的两端去问,这样对此问题就可以全部搞清楚了。"

【评析】

孔子本人并不是高傲自大的人,但他重在经世济国,而不注重追求具体的专业知识和技能,所以有乡下人问他某个具体问题,孔子就可能回答不出来,这也是"不知为不知"所表现出来的实事求是的态度。实际上,人不可能对世间所有事情都十分精通,因为人的精力毕竟是有限的。但孔子有一个分析问题、解决问题的基本方法,这就是"叩其两端而竭",只要抓住问题的两个极端,就能求得问题的解决。这种方法,体现了儒家的中庸思想,是一种十分有意义的思想方法。

从思维方法的角度来看,"叩其两端而竭"具有重要的方法论含义。亚里士多德在《尼各马可伦理学》就从这种方法入手,分析了人的个性如何叩其两端而达到中庸的。比如,亚里士多德认为,自负是过分,自卑是不足,而自信就是中庸;鲁莽是过分,怯懦是不足,而勇敢就是中庸;挥霍是过分,吝啬是不足,而慷慨就是中庸……

【原文】

9.9 子曰:"凤鸟不至,河不出图,吾已矣夫!"

【译文】

孔子说:"凤鸟不来了,黄河中也不出现八卦图了。我这一生也就完了吧!"

【评析】

凤鸟:古代传说中的一种神鸟。传说凤鸟在舜和周文王时代都出现过,它的出现象征着"圣王"将要出世。河不出图:传说在上古伏羲氏时代,黄河中有龙马背负八卦图而出。它的出现也象征着"圣王"将要出世。孔子为了恢复礼制,实现政治理想,而辛苦奔波了一生。到了晚年,他看到周礼的恢复似乎已经成为泡影,于是发出了以上无奈的哀叹。

由此忽然想起陆游的《示儿》诗:"死去元知万事空,但悲不见九州同。王师北定中原日,家祭无忘告乃翁。"这首诗是陆游的绝笔。他在85岁高龄弥留之际,还是念念不忘被女真贵族霸占着的中原领土和人民,热切地盼望着祖国的重新统一,因此他特地写这首诗作为遗嘱,谆谆告诫自己的儿子。从这里我们可以领会到诗人的爱国激情是何等的执着、深沉、热烈、真挚!无怪乎自南宋以来,凡是读过这首诗的人无不为之感动,特别是当外敌入侵或祖国分裂的情况下,更引起了无数人的共鸣。

【原文】

9.10 子见齐衰者、冕衣裳者与瞽者,见之,虽少,必作;过之,必趋。

【译文】

孔子遇见穿丧服的人,当官的人和盲人时,虽然他们年轻,也一定要站起来,从他们面前经过时,一定要快步走过。

【评析】

齐衰:丧服,古时用麻布制成。冕衣裳者:冕,官帽;衣,上衣;裳,下服,这里统指官服。孔子对于周礼十分熟悉,他知道遇到什么人该行什么礼,对于尊贵者、家有丧事者和盲者,都应礼貌待之。孔子之所以这样做,也说明他极其尊崇"礼",并尽量身体力行,以恢复礼治的理想社会。

孔子这里也表现出特定的情商思想,即理解他人情绪的能力。《诗》云:"凡民有丧,匍匐救之。"匍匐救之是形容急迫的样子,路过丧家,要匆忙路过或急忙去帮助他。《礼记》中有"邻有丧,舂不相;里有殡,不巷歌"的记载。

【原文】

9.11 颜渊喟然叹曰:"仰之弥高,钻之弥坚;瞻之在前,忽焉在后。夫子循循然善诱人,博我以文,约我以礼,欲罢不能,即竭吾才。如有所立卓尔,虽欲从之,末由也已。"

【译文】

颜渊感叹地说:"对于老师的学问与道德,我抬头仰望,越望越觉得高;我努力钻研,越钻研越觉得不可穷尽。看着它好像在前面,忽然又像在后面。老师善于一步一步地诱导我,用各种典籍来丰富我的知识,又用各种礼节来约束我的言行,使我想停止学习都不可能,直到我用尽了我的全力。好像有一个十分高大的东西立在我前面,虽然我想要追随上去,却没有前进的路径了。"

【评析】

颜渊在本章里极力推崇自己的老师,把孔子的学问与道德说成是高不可攀。此外,他还非常赞同孔子循循善诱的教育方法。孔子是一个思想深刻丰富的思想家,其思想非常广博宏大深邃,所以颜渊才会有如此的感叹。"循循善诱"成为为人师者所遵循的原则之一。

实际上,由于孔子思想的博大精深,我们大部分人很难登堂入室,不经意间,也会产生颜渊"仰之弥高,钻之弥坚;瞻之在前,忽焉在后"的内心感受。

【原文】

9.12 子疾病,子路使门人为臣。病间,曰:"久矣哉,由之行诈也!无臣而为有臣。吾谁欺?欺天乎?且予与其死于臣之手也,无宁死于二三子之手乎?且予纵不得大葬,予死于道路乎?"

【译文】

孔子患了重病,子路派孔子的门徒去做孔子的家臣,负责料理后事,后来,孔子的病好了一些,他说:"仲由很久以来就干这种弄虚作假的事情。我明明没有家臣,却偏偏要装作有家臣,我骗谁呢?我骗上天吧?与其在家臣的侍候下死去,我宁可在你们这些学生的侍候下死去,这样不是更好吗?而且即使我不能以大夫之礼来安葬,难道就会被丢在路边没人埋吗?"

【评析】

儒家对于葬礼十分重视,尤其重视葬礼的等级规定。对于死去的人,要严格地按照周礼的有关规定加以埋葬。不同等级的人有不同的安葬仪式,违反了这种规定,就是大逆不道。孔子反对学生们按大夫之礼为他办理丧事,是为了恪守周礼的规定,但也表明他的节俭精神以及实事求是的态度。

【原文】

9.13 子贡曰:"有美玉于斯,韫椟而藏诸?求善贾而沽诸?"子曰:"沽之哉,沽之哉!我待贾者也。"

【译文】

子贡说:"这里有一块美玉,是把它收藏在柜子里呢?还是找一个识货的商人卖掉呢?"孔子说:"卖掉吧,卖掉吧!我正在等着识货的人呢。"

【评析】

"待贾而沽"说明了这样一个问题,孔子自称是"待贾者",他一方面四处游说,以宣传礼治天下为己任,期待着各国统治者能够行他之道于天下;另一方面,他也随时准备把自己推上治国之位,依靠政权的力量去推行礼。因此,本章反映了孔子求仕的心理。

从人才开发的角度来看,一个潜人才通过沉潜,具有了卓越的才能,具备"待贾而沽"的本钱,就可以于无声处听惊雷,在沉潜中爆发,得到社会的承认,成为显人才。

【原文】

9.14 子欲居九夷。或曰:"陋,如之何?"子曰:"君子居之,何陋之有?"

【译文】

孔子想要搬到九夷地方去居住。有人说:"那里非常落后闭塞,不开化,怎么能住呢?"孔子说:"有君子去住,就不闭塞落后了。"

【评析】

中国古代,中原地区的人把居住在东面的人们称为夷人,认为此地闭塞落后,当地人也愚昧不开化。孔子在回答某人的问题时说,只要有君子去这些地方住,传播文化知识,开化人们的愚蒙,那么这些地方就不会闭塞落后了。人文地理学和人才地理学证明,人才与环境存在互动关系,即使落后的闭塞地区,只要君子(人才)来了,就能够带来文明、活力和发展的生机。

境以人居,人文化生。20世纪30年代的延安,贫穷而落后,党中央和毛主席等老一辈革命家在这里生活战斗了十三个春秋,领导了抗日战争和解放战争,培育了延安精神。新中国成立后,延安成为全国爱国主义、革命传统和延安精神三大教育基地。"君子居之,何陋之有?"

【原文】

9.15 子曰:"吾自卫反鲁,然后乐正,《雅》《颂》各得其所。"

【译文】

孔子说:"我从卫国返回到鲁国以后,乐才得到整理,雅乐和颂乐各有适当的安排。"

【评析】

自卫反鲁:公元前484年,鲁哀公十一年冬,孔子从卫国返回鲁国,结束了14年游历不定的生活。乐正:调整乐曲的篇章。雅颂:这是《诗经》中两类不同的诗的名称,也指雅乐、颂乐等乐曲名称。这段话记载了孔子整理中国古代音乐的贡献。"各得其所"一词甚妙。用于人才任用方面,就是适才适所,各得其所。

【原文】

9.16 子曰:"出则事公卿,入则事父兄,丧事不敢不勉,不为酒困,何有于我哉。"

【译文】

孔子说:"在外事奉公卿,在家孝敬父兄,有丧事不敢不尽力去办,不被酒所困,这些事对我来说有什么困难呢?"

【评析】

忠与孝是孔子特别强调的两个道德规范,是孔子对弟子们的要求,而孔子本人就是这方面的身体力行者。"出则事公卿",是为国尽忠;"入则事父兄",是为长辈尽孝。在这里,孔子说自己已经基本上做到了这几点。

孔子这一思想对于我们的公务员队伍建设,至今仍然具有启发意义。如何做到修身齐家治国平天下,至今仍然是考量一个公务员的重要标准。

【原文】

9.17 子在川上曰:"逝者如斯夫,不舍昼夜。"

【译文】

孔子在河边说:"消逝的时光就像这河水一样啊,不分昼夜地向前流去。"

【评析】

古希腊哲人赫拉克利特曾经说过,太阳每天都是新的,人不能两次踏入同一条河流。孔子则感叹说"逝者如斯夫,不舍昼夜。"如果说赫拉克利特指出了自然界一切皆流、一切皆变的发展观,那么孔子则旨在通过观察不舍昼夜的河水,感悟人生的易逝,启示人们应该珍惜时光。古人常说,一寸光阴一寸金,寸金难买寸光阴。人生在世，如白驹过隙，何其匆匆也！

【原文】

9.18 子曰："吾未见好德如好色者也。"

【译文】

孔子说："我没有见过像好色那样好德的人。"

【评析】

孔子这句话指出了现实中太缺乏好德的人了，而大多凡夫俗子往往喜欢好色或者见利忘义。其实，爱美之心，人皆有之，关键是看你爱什么样的美。

【原文】

9.19 子曰："譬如为山，未成一篑，止，吾止也；譬如平地，虽覆一篑，进，吾往也。"

【译文】

孔子说："譬如用土堆山，只差一筐土就完成了，这时停下来，那是我自己要停下来的；譬如在平地上堆山，虽然只倒下一筐，这时继续前进，那是我自己要前进的。"

【评析】

孔子在这里用堆土成山这一比喻，说明功亏一篑和持之以恒的深刻道理，他鼓励自己和学生们无论在学问和道德上，都应该是坚持不懈，自觉自愿。这对于立志有所作为的人来说，是十分重要的，也是对人的道德品质的塑造。孔子这一思想深刻影响了荀子的《劝学》。

【原文】

9.20 子曰："语之而不惰者，其回也与！"

【译文】

孔子说："听我说话而能毫不懈怠的，只有颜回一个人吧！"

【评析】

孔子这句话是对颜回的高度评价。实际上，学生能够耐心倾听老师的讲话，不但是对老师智慧和知识的认同，也有利于更好地进行师生的交流与互动。如果学生听课时心不在焉，就会影响到老师的讲课情绪。当然，反过来讲，老师如果讲课不精彩，学生就很可能心不在焉了。

【原文】

9.21 子谓颜渊曰："惜乎！吾见其进也，未见其止也。"

【译文】

孔子对颜渊说:"可惜呀!我只见他不断前进,从来没有看见他停止过。"

【评析】

孔子的学生颜渊是一个十分勤奋刻苦的人,他在生活方面几乎没有什么要求,而是一心用在学问和道德修养方面。但他却不幸死了。对于他的死,孔子自然十分悲痛。他经常以颜渊为榜样要求和激励其他学生。

【原文】

9.22 子曰:"苗而不秀者有矣夫;秀而不实者有矣夫!"

【译文】

孔子说:"庄稼出了苗而不能吐穗扬花的情况是有的;吐穗扬花而不结果实的情况也有。"

【评析】

这是孔子以庄稼的生长、开花到结果来比喻一个人从求学到做官的过程。有的人很有前途,但不能坚持始终,最终达不到目的。在这里,孔子还是希望他的学生既能勤奋学习,最终又能做官出仕。这段话也含有名实不副的意思。

【原文】

9.23 子曰:"后生可畏,焉知来者之不如今也?四十、五十而无闻焉,斯亦不足畏也已。"

【译文】

孔子说:"年轻人是值得敬畏的,怎么就知道后一代不如前一代呢?如果到了四五十岁时还默默无闻,那他就没有什么可以敬畏的了。"

【评析】

这就是说"青出于蓝而胜于蓝","长江后浪推前浪,一代更比一代强"。社会在发展,人类在前进,后代一定会超过前人,这种今胜于昔的观念是正确的,说明孔子的思想并不是顽固守旧的。

在孔子时代,人的寿命普遍比较低,四五十岁就已经是接近中老年了,所以他认为如果一个人到了这个年龄还一事无成,就很难有大出息了。孔子这个说法基本符合当时的实际,但在现代社会,由于普遍长寿,"摩西老母效应"客观上已经打破了传统的思维定式,一个人即使到了60岁,仍然可以开发自己的潜能,在晚年做出重要的贡献。

【原文】

9.24 子曰:"法语之言,能无从乎?改之为贵。巽与之言,能无说乎?绎之为贵。说而不绎,从而不改,吾末如之何也已矣。"

【译文】

孔子说:"符合礼法的正言规劝,谁能不听从呢?但只有按它来改正自己的错误才是可贵的。恭顺赞许的话,谁能听了不高兴呢?但只有认真推究它的真伪是非,才是可贵的。只是高兴而不去分析,只是表示听从而不改正错误,对这样的人我拿他实在是没有办法了。"

【评析】

法语之言:法,指礼仪规则。这里指以礼法规则正言规劝。巽与之言:巽,恭顺,谦逊。与,称许,赞许。这里指恭顺赞许的话。这段话是讲言行一致的问题。孔子认为,不但应该听从那些符合礼法的话,而且应该真正依照礼法的规定去改正自己的错误,才是问题的实质。忠言逆耳利于行,而顺耳之言的是非真伪,则应加以仔细辨别。对于孔子所讲的这两点,我们今天还应借鉴它,按照这样的原则去办事。

【原文】

9.25 子曰:"主忠信,毋友不如己者,过则勿惮改。"

【译文】

要以忠和信两种道德为主,没有不如自己的朋友,有了错误就不要怕改正。

【评析】

此章重出,见《学而》篇1.8章:"主忠信。无友不如己者,过则勿惮改。"

【原文】

9.26 子曰:"三军可夺帅也,匹夫不可夺志也。"

【译文】

孔子说:"一国军队,可以夺去它的主帅;但一个男子汉,他的志向是不能强迫改变的。"

【评析】

三军:12500人为一军,三军包括大国所有的军队。此处言其多。匹夫:平民百姓,主要指男子。"匹夫不可夺志",反映出孔子对于"志"的高度重视,甚至将它与三军之帅相比。对于一个人来讲,他有自己的独立人格,任何人都无权侵犯。作为个人,他应维护自己的尊严,不受威胁利诱,始终保持自己的"志向",所谓"士可杀不可辱"。这就是中国人"人格"观念的形成及确定。

【原文】

9.27 子曰:"衣敝缊袍,与衣狐貉者立而不耻者,其由也与?'不忮不求,何用不臧?'"子路终身诵之。子曰:"是道也,何足以臧?"

【译文】

孔子说:"穿着破旧的丝棉袍子,与穿着狐貉皮袍的人站在一起而不认为是可耻的,大概只有仲由吧。(《诗经》上说:)'不嫉妒,不贪求,为什么说不好呢?'"子路听后,反复背诵这句诗。孔子又说:"只做到这样,怎么能说够好了呢?"

【评析】

不忮不求,何用不臧:这两句见《诗经·邶风·雄雉》篇。这一章记述了孔子对他的弟子子路先夸奖又批评的两段话。他希望子路不要满足于目前已经达到的水平,因为仅是不贪求、不嫉妒是不够的,还要有更高的更远的志向,成就一番大事业。

【原文】

9.28 子曰:"岁寒,然后知松柏之后彫也。"

【译文】

孔子说:"到了寒冷的季节,才知道松柏是最后凋谢的。"

【评析】

孔子认为,人是要有骨气的。作为有远大志向的君子,他就像松柏那样,不会随波逐流,而且能够经受各种各样的严峻考验。孔子的话,语言简洁,寓意深刻,值得我们深入思考。大浪淘沙,沧海横流,才能历练出真正的品格。"岁寒,然后知松柏之后彫也。"蕴含着深刻的人生道理,成为激励人们战胜困难和逆境的重要精神动力。

【原文】

9.29 子曰:"知者不惑,仁者不忧,勇者不惧。"

【译文】

孔子说:"聪明人不会迷惑,有仁德的人不会忧愁,勇敢的人不会畏惧。"

【评析】

在儒家传统道德中,智、仁、勇是重要的三个范畴。《礼记·中庸》说:"知、仁、勇,三者天下之达德也。"孔子希望自己的学生能具备这三德,成为真正的君子。从人才开发的角度来看,知者不惑,仁者不忧,勇者不惧,非常有利于促进人才的发展。

【原文】

9.30 子曰:"可与共学,未可与适道;可与适道,未可与立;可与立,未可与权。"

【译文】

孔子说:"可以一起学习的人,未必都能学到道;能够学到道的人,未必能够坚守道;能够坚守道的人,未必能够随机应变。"

【评析】

一起学习,虽然机会均等,但由于个人的才智以及努力程度不同,最终的学习结果却差异很大,有的得道,有的没有得道。即使学到了道,但要坚守道并不容易。对此,我们设想一下有的领导干部在讲话时一套套很有道理,但做起事来却可能事与愿违或口是心非。另外,在孔子看来,你学到了道,也应该把道与实际的具体情况联系起来,学会变通,把原则性与灵活性结合起来。

【原文】

9.31 "唐棣之华,偏其反而。岂不尔思,室是远而。"子曰:"未之思也,夫何远之有?"

【译文】

古代有一首诗这样写道:"唐棣的花朵啊,翩翩地摇摆。我岂能不想念你吗?只是由于家住的地方太远了。"孔子说:"他还是没有真的想念,如果真的想念,有什么遥远呢?"

【评析】

唐棣:一种植物,属蔷薇科,落叶灌木。偏其反而:形容花摇动的样子。室是远而:只是住的地方太远了。在孔子看来,只要真正思念,就可以打破距离的局限,超越时空的阻隔。

第十篇 《乡党》译评

【本篇引语】

乡党篇共27章,集中记载了孔子从事公务活动和饮食习惯的一些特点,颂扬孔子是个一举一动都符合礼的正人君子。孔子面见国君时、面见大夫时的态度;他出入于公门和出使别国时的表现,都显示出正直、仁德的品格。本篇中还记载了孔子日常生活的一些侧面,为人们全面了解孔子、研究孔子,提供了生动的素材。

【原文】

10.1 孔子于乡党,恂恂如也,似不能言者。其在宗庙、朝廷,便便言,唯谨尔。

【译文】

孔子在本乡的地方上显得很温和恭敬,像是不会说话的样子。但他在宗庙里、朝廷上,却很善于言辞,只是说得比较谨慎而已。

【评析】

在人际交往的过程中,为了和谐人际关系、提高说话的有效性,都应该注意说话的时间、地点、对象和具体情境,根据具体的需要决定说什么、怎么说,而不是信口开河。孔子非常注意讲话的分寸,根据具体情境决定说什么、怎么说,这是非常值得我们今天学习的谈话艺术。

【原文】

10.2 朝,与下大夫言,侃侃如也;与上大夫言,訚訚如也。君在,踧踖如也,与与如也。

【译文】

孔子在上朝的时候,国君还没有到来,同下大夫说话,温和而快乐的样子;同上大夫说话,正直而公正的样子;国君已经来了,恭敬而心中不安的样子,但又仪态适中。

【评析】

侃侃:说话理直气壮,不卑不亢,温和快乐。訚訚:正直,和颜悦色而又能直言诤辩。踧踖:恭敬而不安的样子。与与:小心谨慎、威仪适中的样子。这段话是介绍孔子的语言与行为艺术的一段文字,意思仍然是强调说话要看对象,要注意人际交往的态度和语气。

【原文】

10.3 君召使摈,色勃如也;足躩如也。揖所与立,左右手,衣前后,襜如也。趋进,翼如也。宾退,必复命曰:"宾不顾矣。"

【译文】

国君召孔子去接待宾客,孔子脸色立即庄重起来,脚步也快起来,他向和他站在一起的人作揖,手向左或向右作揖,衣服前后摆动,却整齐不乱。快步走的时候,像鸟儿展开双翅一样。宾客走后,必定向君主回报说:"客人已经不回头张望了。"

【评析】

摈:动词,负责招待国君的官员。色勃如也:脸色立即庄重起来。足躩:脚步快的样子。襜:整齐之貌。翼如也:如鸟儿展翅一样。中国是礼仪之邦,非常注重待客之道。孔子这里接到国君的命令接待宾客,他非常认真重视,文质彬彬,以礼待客,热情、潇洒自如。完成接待之后,立即向国君汇报。孔子认真做事,以礼待客,这种做法仍然值得我们今天学习。

【原文】

10.4 入公门,鞠躬如也,如不容。立不中门,行不履阈。过位,色勃如也,足躩如也,其言似不足者。摄齐升堂,鞠躬如也,屏气似不息者。出,降一等,逞颜色,怡怡如也。没阶,趋进,翼如也。复其位,踧踖如也。

【译文】

孔子走进朝廷的大门,谨慎而恭敬的样子,好像没有他的容身之地。站,他不站在门的中间;走,也不踩门坎。经过国君的座位时,他脸色立刻庄重起来,脚步也加快起来,说话也好像中气不足一样。提起衣服下摆向堂上走的时候,恭敬谨慎的样子,憋住气好像不呼吸一样。退出来,走下台阶,脸色便舒展开了,怡然自得的样子。走完了台阶,快快地向前走几步,姿态像鸟儿展翅一样。回到自己的位置,是恭敬而不安的样子。

【评析】

这段话仍然是讲孔子的行为艺术。孔子非常注重做人的细节,谦恭、谨慎、庄重,用礼来约束和规范自己的行为,尊重他人,善解人意。

【原文】

10.5 执圭,鞠躬如也,如不胜。上如揖,下如授。勃如战色,足蹜蹜,如有循。享礼,有容色。私觌,愉愉如也。

【译文】

孔子出使别的诸侯国,拿着圭,恭敬谨慎,像是举不起来的样子。向上举时好像在作揖,放在下面时好像是给人递东西。脸色庄重得像战栗的样子,步子很小,好像沿着一条直线往前走。在举行赠送礼物的仪式时,显得和颜悦色。和国君举行私下会见的时候,更轻松愉快了。

【评析】

圭:一种上圆下方的玉器,举行典礼时,不同身份的人拿着不同的圭。出使邻国,大夫拿着圭作为代表君主的凭信。战色:战战兢兢的样子。蹜蹜:小步走路的样子。如有循:循,沿着。好像沿着一条直线往前走一样。享礼:享,献上。指向对方贡献礼物的仪式。使者受到接见后,接着举行献礼仪式。觌:会见。

以上这五章,集中记载了孔子在朝廷和乡下的言谈举止、音容笑貌,给人留下十分深刻的印象。孔子在不同的场合,对待不同的人,往往容貌、神态、言行都不同。他在家乡时,给人的印象是谦逊、和善的老实人;他在朝廷上,则态度恭敬而有威仪,不卑不亢,敢于讲话,他在国君面前,温和恭顺,局促不安,庄重严肃又诚惶诚恐。所有这些,为人们深入研究孔子,提供了具体的资料;对于我们今天研究人际交往理论和社会文明,都具有特殊的启示。

【原文】

10.6 君子不以绀緅饰,红紫不以为亵服。当暑,袗絺绤,必表而出之。缁衣,羔裘;素衣,麑裘;黄衣,狐裘。亵裘长,短右袂。必有寝衣,长一身有半。狐貉之厚以居。去丧,无所不佩。非帷裳,必杀之。羔裘玄冠不以吊。吉月,必服而朝。

【译文】

君子不用深青透红或黑中透红的布镶边,不用红色或紫色的布做平常在家穿的衣服。夏天穿粗的或细的葛布单衣,但一定要套在内衣外面。黑色的羔羊皮袍,配黑色的罩衣。白色的鹿皮袍,配白色的罩衣。黄色的狐皮袍,配黄色的罩衣。平常在家穿的皮袍做得长一些,右边的袖子短一些。睡觉一定要有睡衣,要有一身半长。用狐貉的厚毛皮做坐垫。丧服期满,脱下丧服后,便佩带上各种各样的装饰品。如果不是礼服,一定要加以剪裁。不穿着黑色的羔羊皮袍和戴着黑色的帽子去吊丧。每月初一,一定要穿着礼服去朝拜君主。

【评析】

这段文字介绍了孔子时代鲁国的服装美学特点,君子平时穿着特点,夏天穿着特点,衣服之间的合理搭配,服丧期间要穿丧服,丧期结束后要脱下丧服,佩带上各种各样的装饰品。每月初一,一定要穿着礼服去朝拜君主。由这段文字可见,中华民族不仅是礼仪之邦,早在孔子时代,就已经非常注重外衣的装饰搭配,这非常形象地反映了孔子时代人们追求服装美或外在美的审美风尚。

【原文】

10.7 齐,必有明衣,布。齐,必变食,居必迁坐。

【译文】

斋戒沐浴的时候,一定要有浴衣,用布做的。斋戒的时候,一定要改变平常的饮食,居住也一定迁移卧室。

【评析】

齐:同斋。明衣:斋前沐浴后穿的浴衣。变食:改变平常的饮食。指不饮酒,不吃葱、蒜等有刺激味的东西。居必迁坐:指从内室迁到外室居住,不和妻妾同居室。这段话介绍了斋戒的虔诚与严肃性,有点类似宗教修行时的行为规范。

【原文】

10.8 食不厌精,脍不厌细;食饐而餲,鱼馁而肉败,不食;色恶,不食;臭恶,不食;失饪,不食;不时,不食;割不正,不食;不得其酱,不食。肉虽多,不使胜食气。唯酒无量,不及乱。沽酒市脯,不食。不撤姜食,不多食。

【译文】

粮食不嫌舂得精,鱼和肉不嫌切得细。粮食陈旧和变味了,鱼和肉腐烂了,都不吃;食物的颜色变了,不吃;气味变了,不吃;烹调不当,不吃;不时新的东西,不吃;肉切得不方正,不吃;酱放得不适当,不吃。席上的肉虽多,但吃的量不超过米面的量。只有酒没有限制,但不喝醉。从市上买来的肉干和酒,不吃。每餐必须有姜,但也不多吃。

【评析】

这是一段很富有饮食哲理的话,包含着深刻的养生智慧。其中突出了以下几点:第一,饮食要注重新鲜,不能吃陈旧变质的东西。第二,要注意烹调的科学方法,烹调不当,不吃,即使切肉不方正,也不吃。第三,肉与米面的比例要恰当。第四,每餐必须有姜。第五,饮食要适度,不可过分,酒也不要喝醉。

对于孔子的这种生活方式,美国世界孔子基金会主席杨佐仁在给我的微信中专门谈了他对孔子这段话的理解,他认为,孔子10.8这一节是关于饮食养生的精华,极具现代生活健康指导意义。食不厌精,不可仅释为粮食,是指食物(广义是吃的东西)加工烹饪要精到,精致!不得其酱不食。指肉类加工烹饪要有酱,不是指一般佐料。周朝设有管理这些佐料的官员,可见之重视。酱被国际食品界称为中国人第五大发明。因为全世界都是调制酱,唯有中国是发酵酱。不仅有帮助消化的有益菌还有酶可以帮助肝分解油脂。现在日本人搞去脂肪的纳豆就是中国酱豆!还有孔子说不时不食,是指不是时令当季蔬菜他不吃。这些都是非常重要的!①

孔子非常注重饮食文化,严格按照礼的规定和君子的标准处处严格要求自己,值得我们今天学习和借鉴。

【原文】

10.9 祭于公,不宿肉,祭肉不出三日。出三日,不食之矣。

【译文】

孔子参加国君祭祀典礼时分到的肉,不能留到第二天。祭祀用过的肉不超过三天。超过三天,就不吃了。

【评析】

不宿肉:不使肉过夜。古代大夫参加国君祭祀以后,可以得到国君赐的祭肉。但祭祀活动一般要持续二三天,所以这些肉就已经不新鲜,超过三天,就不能再吃了。

以上4章里,记述了孔子的衣着和饮食习惯。孔子对"礼"的遵循,不仅表现在与国君和大夫们见面时的言谈举止和仪式,而且表现在衣着方面。他对祭祀时、服丧时和平时所穿的衣服都有不同的要求,如单衣、罩衣、麻衣、皮袍、睡衣、浴衣、礼服、便服等,都有不同的规定。在吃的方面,"食不厌精,脍不厌细",而且对于食物,有八种他不吃。吃了,就有害于健康。

孔子的生活方式启示我们,饮食是人生大事,一定要注意饮食健康,特别是要注意吃新鲜的食物,要注重适度之美。然而,我们今天的饮食安全吗?

---

① 杨佐仁在曲师校友微信群2017年12月9日给我的微信。

【原文】

10.10 食不语,寝不言。

【译文】

吃饭的时候不说话,睡觉的时候也不说话。

【评析】

孔子非常注重养生。在与他人一起吃饭的时候不说话,说话的时候,容易把唾沫星子喷到别人的碗里,一方面不太卫生,另一方面不小心也容易被食物噎着或者呛着。所以,孔子认为,还是静静地吃饭比较安稳。睡觉时说话容易兴奋,也不利于睡眠。

【原文】

10.11 虽疏食菜羹,瓜祭,必齐如也。

【译文】

即使是粗米饭蔬菜汤,吃饭前也要把它们取出一些来祭祖,而且表情要像斋戒时那样严肃恭敬。

【评析】

孔子主张吃饭以前先祭祖,表现了对祖宗的尊敬,但形式上过于繁琐,需要改革。

【原文】

10.12 席不正,不坐。

【译文】

席子放得不端正,不坐。

【评析】

这里是指人的行为要端庄稳重,要符合礼的规定。席子放得不端正,就不坐。

【原文】

10.13 乡人饮酒,杖者出,斯出矣。

【译文】

行乡饮酒的礼仪结束后,孔子一定要等老年人先出去,然后自己才出去。

【评析】

这段话介绍了孔子尊老的做法,值得我们学习。

【原文】

10.14 乡人傩,朝服而立于阼阶。

【译文】

乡里人举行迎神驱鬼的宗教仪式时,孔子总是穿着朝服站在东边的台阶上。

【评析】

孔子参加驱鬼的仪式时,严格按照礼的规定,穿着朝服站在东边的台阶上。

【原文】

10.15 问人于他邦,再拜而送之。

【译文】

孔子托人向在其他诸侯国的朋友问候送礼,便向受托者拜两次送行。

【评析】

以上6章中,记载了孔子举止言谈的某些礼节或者习惯。他时时处处以正人君子的标准,按照礼的规定要求自己,使自己的言行尽量符合礼的规定。他认为,"礼"是至高无上的,是神圣不可侵犯的,那么,一投足、一举手都必须依照礼的原则。这一方面是孔子个人修养的具体反映,一方面也是他向学生们传授知识和仁德时所身体力行的。

【原文】

10.16 康子馈药,拜而受之。曰:"丘未达,不敢尝。"

【译文】

季康子给孔子赠送药品,孔子拜谢之后接受了,说:"我对药性不了解,不敢尝。"

【评析】

孔子非常注重实事求是,不知为不知,是知也。为了对自己的身体健康负责,不能贸然服用自己不了解药性的药。

【原文】

10.17 厩焚。子退朝,曰:"伤人乎?"不问马。

【译文】

马棚失火烧掉了。孔子退朝回来,说:"伤人了吗?"不问马的情况怎么样。

【评析】

孔子以人为本,是一个具有浓郁的人本情怀的思想家,关注人的生命。家里的马棚失火被烧掉了,当他听到这个消息后,首先问人有没有受伤。有人说,儒家学说是"人学",这一条可以做佐证材料。他只问人,不问马,表明他对生命的关注超过对物质财富的重视,体现了中国人道主义的思想。

【原文】

10.18 君赐食,必正席先尝之;君赐腥,必熟而荐之;君赐生,必畜之。侍食于君,君祭,先饭。

【译文】

国君赐给熟食,孔子一定摆正座席先尝一尝。国君赐给生肉,一定煮熟了,先给祖宗上供。国君赐给活物,一定要饲养起来。同国君一道吃饭,在国君举行饭前祭礼的时候,一定要先尝一尝。

【评析】

古时候君主吃饭前,为了国君的安全,需要有人先尝一尝,君主才吃。孔子对国君十分尊重。他在与国君吃饭时,都主动尝一下,表明他对礼的遵从。

【原文】

10.19 疾,君视之,东首,加朝服,拖绅。

【译文】

孔子病了,国君来探视,他便头朝东躺着,身上盖上朝服,拖着大带子。

【评析】

孔子患了病,躺在床上,国君来探视他,他无法起身穿朝服,为了表示对国君的尊重,不违背礼的规定,他就把朝服盖在身上。这反映出孔子对礼的尊重已经转化为自觉的行为方式。

【原文】

10.20 君命召,不俟驾行矣。

【译文】

国君召见孔子,他不等车马驾好就先步行走去了。

【评析】

孔子按照臣子之礼的规定,对国君的召见非常重视,没有等到车马驾好,就先步行见国君。

【原文】

10.21 入太庙,每事问。

【译文】

孔子到了周公庙,每件事情都发问。

【评析】

此章重出。《八佾》篇第15章已有。这段话表示孔子不耻下问的谦虚态度。

【原文】

10.22 朋友死,无所归,曰:"于我殡。"

【译文】

孔子的朋友死了,没有亲属负责敛埋,孔子说:"丧事由我来办吧。"

【评析】

孔子是一个坦荡荡的君子,很注重交友的诚信友善。既然朋友死了,又没有亲属负责后事,那么,孔子作为朋友,理所当然尽一己之力,为死去的朋友处理后事。

【原文】

10.23 朋友之馈,虽车马,非祭肉,不拜。

【译文】

朋友馈赠物品,即使是车马,不是祭肉,(孔子在接受时)也是不拜的。

【评析】

在精神与物质的关系上,孔子把精神看得比物质还重要。因此,他把祭肉看得比车马还重要,这是为什么呢？因为祭肉关系到"孝"的问题,蕴含着内在的礼的意蕴。用肉祭祀祖先之后,这块肉就不仅仅是一块可以食用的东西了,而是对祖先尽孝的一个文化符号。

【原文】

10.24 寝不尸,居不客。

【译文】

孔子睡觉不像死尸一样挺着,平日家居也不像做客或接待客人时那样庄重严肃。

【评析】

孔子很注重养生。睡觉时,不能像尸体那样仰卧着。中国人讲究"站如松,坐如钟,卧如弓",其中的"卧如弓"是指睡眠的姿势像弓一样,侧身而睡,像胎儿在母体中一样蜷缩着,这个姿势最养生,因为这种姿势时大脑是充分放松的。现代医学也讲究要侧卧,右侧卧更好,右侧卧的时候心脏不受压,同时肝脏在右侧,右侧卧的时候血更容易回归肝脏,对肝本身就是个养护过程,使肝脏得以充分养护和休息。如果从进化的角度看,这种侧卧的睡姿是最解乏的,因为这样的姿势才最能让大脑放松。

另外,孔子主张在家里应该随意自由一些,这符合人性追求自由的特点。因为接待客人的时候,需要按照待客之道,从穿着打扮,到言谈举止,都需要符合礼的规定,并不自由。

【原文】

10.25 见齐衰者,虽狎,必变。见冕者与瞽者,虽亵,必以貌。凶服者式之。式负版者。有盛馔,必变色而作。迅雷风烈必变。

【译文】

孔子看见穿丧服的人,即使是关系很亲密的,也一定要保持比较严肃的态度。看见当官的和盲人,即使是常在一起的,也一定要有礼貌。在乘车时遇见穿丧服的人,便俯伏在车前横木上以示同情。遇见背负国家图籍的人,也这样做以示敬意。作客时如果有丰盛的筵席,就神色一变,并站起来致谢。遇见迅雷大风,一定要改变神色,以示对上天的敬畏。

【评析】

孔子把礼视为重要的人生哲学,处处按照礼的规定来约束自己。可以设想,我们为人处世,如果能够按照孔子所说的礼的规定来自我约束,处处讲究文明礼貌,就不可能产生很多的人际矛盾,就不可能为了一点鸡毛蒜皮的小事而发生争执。在为人处世中,孔子处处按照礼的规定自我约束和自我规范,体现了非常高的情商思想。他的以人与礼为本的人生哲学值得我们学习和借鉴。

【原文】

10.26 升车,必正立,执绥。车中,不内顾,不疾言,不亲指。

【译文】

上车时,一定先直立站好,然后拉着扶手带上车。在车上,不回头,不高声说话,不用自己的手指指点点。

【评析】

如果坐在马车上,主人随意大声说话或者用手指乱指点,就会干扰车夫驾车和马的行驶。以上这几章,讲的都是孔子如何遵从周礼的。在许多举动上,他都能按礼行事,对不同的人、不同的事、不同的环境,应该有什么表情、什么动作、什么语言,他都一丝不苟,准确而妥帖。所以,孔子的学生们在谈起这些时,津津乐道,极其佩服。

【原文】

10.27 色斯举矣,翔而后集。曰:"山梁雌雉,时哉时哉!"子路共之,三嗅而作。

【译文】

孔子在山谷中行走,看见一群野鸡在那儿飞,孔子神色动了一下,野鸡飞翔了一阵落在树上。孔子说:"这些山梁上的母野鸡,得其时呀!得其时呀!"子路向他们拱拱手,野鸡便叫了几声飞走了。

【评析】

色斯举矣:色,脸色。举,鸟飞起来。翔而后集:飞翔一阵,然后落到树上。鸟群停在树上叫"集"。山梁雌雉:聚集在山梁上的母野鸡。时哉时哉:得其时呀!得其时呀!这是说野鸡时运好,能自由飞翔,自由落下。共:同"拱"。三嗅而作:嗅应为昊字之误。昊,鸟张开两翅。一本作"戞"字,鸟的长叫声。

这段话体现了人与自然的同构性。陶渊明的"少无适俗韵,性本爱丘山"所表现出来对自然的热爱与回归。这里似乎是在游山观景,其实孔子是有感而发。他感到山谷里的野鸡能够自由飞翔,自由落下,这是"得其时",而自己却不得其时,东奔西走,却没有获得普遍响应。因此,他看到野鸡时,神色动了一下,随之发出了这样的感叹。

第十一篇 《先进》译评

【本篇引语】

先进篇共有26章,著名的文句有:"先进于礼乐""未知生,焉知死";"过犹不及"等。这一篇中包括孔子对弟子们的评价,并以此为例说明"过犹不及"的中庸思想;学习各种知识与日后做官的关系;孔子对待鬼神、生死问题的态度。最后一章里,孔子和他的学生们各述其志向,反映出孔子政治思想上的倾向。

【原文】

11.1 子曰:"先进于礼乐,野人也;后进于礼乐,君子也。如用之,则吾从先进。"

【译文】

孔子说:"先学习礼乐而后再做官的人,是原来没有爵禄的平民;先当了官然后再学习礼乐的人,是君子。如果要先用人才,那我主张选用先学习礼乐的人。"

【评析】

本章中的先进,是指先学习礼乐而后再做官的人;野人,是指朴素粗鲁的人或指乡野平民。后进:先做官后学习礼乐的人;君子:这里指统治者。在西周时期,人们因社会地位和居住地的不同,就有了贵族、平民和乡野之人的区分。

孔子认为,原来就有爵禄而当官的人,在为官以前没有接受礼乐知识的系统教育,还不知道怎样为官,便当上了官,这样的人是不可选用的;而那些普通的平民,首先全面系统地学习了礼乐知识,然后才为官,知道怎样当一个好官。如何选拔人才,选拔什么样的人才,这是各级领导需要掌握的重要原则。孔子在选拔人才问题上,高度重视"先进于礼乐"的"野人",对于我们正确选拔人才,仍然具有重要的启发意义。

【原文】

11.2 子曰:"从我于陈、蔡者,皆不及门也。"

【译文】

孔子说:"曾跟随我从陈国到蔡国去的学生,现在都不在我身边受教了。"

【评析】

公元前489年,孔子和他的学生从陈国到蔡国去。途中,他们被陈国的人们包围,绝粮7天,许多学生饿得不能行走。当时跟随他的学生有子路、子贡、颜渊等人。公元前484年,孔子回鲁国以后,子路、子贡等先后离开了他,颜回也死了。孔子时常想念他们,这句话反映了孔子的这种心情。

【原文】

11.3 德行:颜渊、闵子骞、冉伯牛、仲弓。言语:宰我、子贡。政事:冉有、季路。文学:子游、子夏。

【译文】

德行好的有:颜渊、闵子骞、冉伯牛、仲弓。善于辞令的有:宰我、子贡。擅长政事的有:冉有、季路。通晓文献知识的有:子游、子夏。

【评析】

孔子的学生各有所长。德行:指能实行孝悌、忠恕等道德。言语:指善于辞令,能办理外交。政事:指能从事政治事务。文学:指通晓诗书礼乐等古代文献。孔子能够因材施教的前提就是正确认识每个学生的具体特点,善于发现每个学生的特长。我们今天不但要因材施教,而且还应该在人才使用方面做到适才适所,发挥每个人的特长。

【原文】

11.4 子曰:"回也非助我者也,于吾言无所不说。"

【译文】

孔子说:"颜回不是对我有帮助的人,他对我说的话没有不心悦诚服的。"

【评析】

颜回是孔子得意门生之一,七十二贤之一,对孔子心悦诚服、毕恭毕敬,是孔子学说的忠实粉丝。所以,孔子多次赞扬颜回的好学精神。这里,孔子说颜回"非助我者",并不是责备颜回,而是在得意地赞许他。

【原文】

11.5 子曰:"孝哉闵子骞!人不间于其父母昆弟之言。"

【译文】

孔子说:"闵子骞真是孝顺呀!人们对于他的父母兄弟称赞他的话,没有什么异议。"

【评析】

闵子骞是孔子高徒,在孔门中以德行与颜回并称,为七十二贤之一。这段文字是称赞孝子闵子骞的。间:非难、批评、挑剔。昆:哥哥,兄长。闵子骞比孔子小15岁,出身贫寒,生母又过早去世。为家境所迫,他很小就从事体力劳动,经常随父亲驾车外出谋生,过着十分清苦的生活。他后来拜师孔子,成为孔子"仁""德"理想的忠实推行者和积极宣传者,以孝行名闻天下,终生不愿出任官职,直到50岁时去世。

【原文】

11.6 南容三复白圭,孔子以其兄之子妻之。

【译文】

南容反复诵读"白圭之玷,尚可磨也;斯言不玷,不可为也。"的诗句。孔子把侄女嫁给了他。

【评析】

南容是孔子的优秀学生,德才兼备,谨言慎行,善于自处,颇懂自守之道。白圭:指《诗经·大雅·抑》的诗句:"白圭之玷,尚可磨也,斯言之玷,不可为也"。意思是说,白玉上的污点还可以磨掉,我们言论中有毛病,覆水难收,就无法挽回了。这是告诫人们要谨慎自己的言语。儒家从孔子开始,极力提倡"慎言",希望人们言语要谨慎,不该说的话绝对不说。因为白玉被玷污了,还可以把它磨去,而说错了的话,则无法收回。孔子把自己的侄女嫁给了南容,表明他很欣赏南容的慎言。

【原文】

11.7 季康子问:"弟子孰为好学?"孔子对曰:"有颜回者好学,不幸短命死矣,今也则亡。"

【译文】

季康子问孔子:"你的学生中谁是好学的?"孔子回答说:"有一个叫颜回的学生很好学,不幸短命死了。现在再也没有像他那样的了。"

【评析】

季康子是当时鲁国的权臣,位高权重,向孔子询问谁是好学的学生。在孔子的学生中,颜回是最刻苦勤奋的,所以孔子感叹说,现在没有像颜回那么刻苦学习的了。

【原文】

11.8 颜渊死,颜路请子之车以为之椁。子曰:"才不才,亦各言其子也。鲤也死,有棺而无椁。吾不徒行以为之椁。以吾从大夫之后,不可徒行也。"

【译文】

颜渊死了,(他的父亲)颜路请求孔子卖掉车子,给颜渊买个外椁。孔子说:"虽然颜渊和鲤一个有才一个无才,但各自都是自己的儿子。孔鲤死的时候,也是有棺无椁。我没有卖掉自己的车子步行而给他买椁。因为我还跟随在大夫之后,是不可以步行的。"

【评析】

颜路:颜渊的父亲,也是孔子的学生,生于公元前545年。椁:古人所用棺材,内为棺,外为椁。鲤:孔子的儿子,字伯鲁,死时50岁,孔子70岁。从大夫之后:跟随在大夫们的后面,意即当过大夫。孔子在鲁国曾任司寇,是大夫一级的官员。颜渊是孔子的得意门生,好学上进。颜渊死了,他的父亲颜路请孔子卖掉自己的车子,给颜渊买椁。尽管孔子十分悲痛,但他却不愿意卖掉车子。因为他曾经担任过大夫一级的官员,而大夫必须有自己的车子,不能步行,否则就违背了礼的规定。这一章反映了孔子对礼的严谨态度。

【原文】

11.9 颜渊死,子曰:"噫!天丧予!天丧予!"

【译文】

颜渊死了,孔子说:"唉!是老天爷真要我的命呀!是老天爷真要我的命呀!"

【评析】

颜回(公元前521年-公元前490年)尊称颜子,字子渊。十四岁拜孔子为师,终生师事之,是孔子最得意的门生。孔子对颜回称赞最多,赞其好学、仁人。历代文人学士对颜回推崇有加,以颜回配享孔子、祀以太牢,历代帝王封赠有加。对于自己心爱的学生病故,孔子内心非常悲痛,认为颜回的去世简直是老天爷要他的命。由此可见,孔子与颜回的感情是多么深厚!时至今日,我们看到媒体报道多起英才早逝的新闻,确实令人悲痛和惋惜。

【原文】

11.10 颜渊死,子哭之恸。从者曰:"子恸矣!"曰:"有恸乎?非夫人之为恸而谁为？"

【译文】

颜渊死了，孔子哭得极其悲痛。跟随孔子的人说："您悲痛过度了！"孔子说："是太悲伤过度了吗？我不为这个人悲伤过度，又为谁呢？"

【评析】

颜回去世，孔子"哭之恸"，由此可见孔子的真性情与对颜回的深厚感情。

在孔子的弟子中，颜回是七十二贤之首，深得孔子的喜爱，但由于颜回用脑过度，二十九岁，头发全白，不幸英才早逝。对于颜回的不幸去世，孔子非常悲痛，他"哭之恸"表现了孔子的真性情和对颜回的深厚感情。颜回死后，历代统治者都为他封官晋爵，唐朝赠封他为兖公，宋朝封他为兖国公，元朝封他为兖国复圣公，明嘉靖九年又尊为复圣颜子。孔庙"四配"即复圣——颜子、宗圣——曾子、述圣——子思子、亚圣——孟子。曲阜市保存了颜回庙，是全国重点保护文物。

孔子虽然历来主张节制、适度的中庸之道，但对于自己爱徒颜回的死亡，内心过于悲痛，破例哭得极其悲痛。由此可见，孔子也是一个具有真性情的人，绝不是伪君子。实际上，人生在世，在工作中要善于克制情感，更多地按照工作程序、原则和理性来完成岗位职责，但在工作之外的感情方面，所谓喜怒哀乐，人之常情，正常的表现是该喜则喜，该怒则怒，该哭则哭，该笑则笑。谁说男儿有泪不轻弹？！

【原文】

11.11 颜渊死，门人欲厚葬之，子曰："不可。"门人厚葬之。子曰："回也视予犹父也，予不得视犹子也。非我也，夫二三子也。"

【译文】

颜渊死了，孔子的学生们想要隆重地安葬他。孔子说："不能这样做。"学生们仍然隆重地安葬了他。孔子说："颜回把我当父亲一样看待，我却不能把他当亲生儿子一样看待。这不是我的过错，是那些学生们干的呀。"

【评析】

孔子说："予不得视犹子也"，这句话的意思是，不能像对待自己亲生的儿子那样，按照礼的规定对他予以安葬。他的学生仍隆重地埋葬了颜渊，孔子说，这不是自己的过错，而是学生们做的。这仍是表明孔子遵从礼的原则，即使是在厚葬颜渊的问题上，在私人感情方面即使想厚葬颜回，但礼制不允许孔子如此，所以孔子由于不能像对待儿子一样厚葬颜回而感到遗憾和自责。

【原文】

11.12 季路问事鬼神。子曰:"未能事人,焉能事鬼?"曰:"敢问死。"曰:"未知生,焉知死?"

【译文】

季路问怎样去事奉鬼神。孔子说:"没能事奉好人,怎么能事奉鬼呢?"季路说:"请问死是怎么回事?"孔子回答说:"还不知道活着的道理,怎么能知道死呢?"

【评析】

孔子既是一个理想主义者,也是一个现实主义者。他重视现世,而不太关注来世。孔子这里讲的"事人",是指事奉君父。在君父活着的时候,如果不能尽忠尽孝,君父死后也就谈不上孝敬鬼神。他认为,"事人"比"事鬼"重要,他不信鬼神,也不把注意力放在来世,或死后的情形上,体现了"敬鬼神而远之"的思想。反思我国一些民俗现象可以发现两点:一是平时为人处世自私财迷,一副小人嘴脸,但进庙就烧香拜佛;二是平时不孝敬父母,却在父母的葬礼上风风光光办丧事。这些问题都需要反思和改进。

【原文】

11.13 闵子侍侧,訚訚如也;子路,行行如也;冉有、子贡,侃侃如也。子乐。"若由也,不得其死然。"

【译文】

闵子骞侍立在孔子身旁,恭敬正直的样子;子路是一副刚强的样子;冉有、子贡是从容豁达的样子。孔子高兴了。但孔子又说:"像仲由这样,只怕得不到好的结果吧!"

【评析】

仲由,字子路,又字季路,鲁国卞人(山东省泗水县泉林镇卞桥人),"孔门十哲"之一,以政事见称,为人伉直,好勇力,跟随孔子周游列国,是孔门七十二贤之一。仲由一生追随孔子,保护孔子,积极捍卫或努力实践孔子的思想学说,对儒家的贡献和对后代的影响也是很大,为子至孝,善政为民,诚实守信,忠义仁勇,闻过则喜,闻善则行,见义必为,但有时缺乏变通。

孔子一方面为他的这些学生各有特长而高兴,但又担心子路的勇敢固执,惟恐他不会有好的结果。孔子任鲁国司寇时,他任季孙氏的宰相,后任大夫孔俚的宰。卫庄公元年(前480年),孔俚的母亲伯姬与人谋立蒯聩(伯姬之弟)为君,胁迫孔悝弑卫出公,出公闻讯而逃。仲由在外闻讯后,进城去见蒯聩,蒯聩命石乞挥戈击落子路冠缨,子路道:"君子死,冠不免。"君子即使临死,也要衣冠整齐,因而在系好帽缨的过程中,被人砍成肉酱。由此可见,孔子的担心可谓有先见之明。

【原文】

11.14 鲁人为长府。闵子骞曰:"仍旧贯,如之何?何必改作?"子曰:"夫人不言,言必有中。"

【译文】

鲁国翻修长府的国库。闵子骞道:"照老样子下去,怎么样?何必改建呢?"孔子道:"这个人平日不大开口,一开口就说到要害上。"

【评析】

孔子这里赞同闵子骞的观点,并给予闵子骞高度评价,认为闵子骞"言必有中"。实际上,语言是思想的外壳,言为心声,为人在世,就应该谨言慎行,力求做到"言必有中",决不能言过其实或名不副实。

【原文】

11.15 子曰:"由之瑟,奚为于丘之门?"门人不敬子路。子曰:"由也升堂矣,未入于室也。"

【译文】

孔子说:"仲由弹瑟,为什么在我这里弹呢?"孔子的学生们因此都不尊敬子路。孔子便说:"仲由嘛,他在学习上已经达到升堂的程度了,只是还没有入室罢了。"

【评析】

这一段文字记载了孔子对子路的评价。他先是用责备的口气批评子路,当其他门人都不尊敬子路时,他便改口说子路已经登堂尚未入室。这是就演奏乐器而言的。孔子对学生的态度应该讲是比较客观的,有成绩就表扬,有过错就批评,让学生认识到自己的不足,同时又树立起信心,争取更大的成绩。登堂入室这个成语即来源于此。孔子启示我们,做学问不仅应该登堂,而且应该入室,追求更深层或更高级的学问。

【原文】

11.16 子贡问:"师与商也孰贤?"子曰:"师也过,商也不及。"曰:"然则师愈与?"子曰:"过犹不及。"

【译文】

子贡问孔子:"子张和子夏二人谁更好一些呢?"孔子回答说:"子张过分,子夏不足。"子贡说:"那么是子张好一些吗?"孔子说:"过分和不足是一样的。"

【评析】

师与商:师,颛孙师,即子张。商,卜商,即子夏。"过犹不及"的意思是说,过和不及一样都不好,体现了孔子的中庸思想。亚里士多德《尼各马可伦理学》中谈到了很多个性的三个层次:比如,以个性的自负与自卑来说,亚里士多德认为,自负是过分,自卑是不足,而自信才是中庸,即最好的;鲁莽是过分的,怯懦是不足,而勇敢才是中庸,即最好的。孔子的中庸之道与古希腊的适度节制思想乃至亚里士多德的中庸思想,具有异曲同工、不谋而合、中西合璧之妙。

【原文】

11.17 季氏富于周公,而求也为之聚敛而附益之。子曰:"非吾徒也。小子鸣鼓而攻之可也。"

【译文】

季氏比周朝的公侯还要富有,而冉求还帮他搜刮来增加他的钱财。孔子说:"他不是我的学生了,你们可以大张旗鼓地去攻击他吧!"

【评析】

鲁国的三桓曾于公元前562年将公室即鲁国国君直辖的土地和附属于土地上的奴隶瓜分,季氏分得三分之一,并用封建的剥削方式取代了奴隶制的剥削方式。公元前537年,三家第二次瓜分公室,季氏分得四分之二。由于季氏推行了新的政治和经济措施,所以很快富了起来。孔子的学生冉求帮助季氏积敛钱财,搜刮人民,所以孔子很生气,表示不承认冉求是自己的学生,而且让其他学生打着鼓去声讨冉求。这段话集中表现了孔子作为儒家的社会治理观念,儒家反对对农民过度的剥削。

【原文】

11.18 柴也愚,参也鲁,师也辟,由也喭。

【译文】

高柴愚直,曾参迟钝,颛孙师偏激,仲由鲁莽。

【评析】

这一章中提到的四个人都是孔子的学生。孔子认为,他的这些学生各有所偏,不合中行,对他们的品质和德行必须加以纠正。这一段同样表达了孔子注重适度与恰当的中庸思想,对于我们做人做事具有积极的启发意义。

孔子自觉把中庸思想用于对弟子的评价,并以中庸为标准对弟子提出具体要求。他要求弟子治学要登堂入室。

【原文】

11.19 子曰:"回也其庶乎,屡空。赐不受命,而货殖焉,亿则屡中。"

【译文】

孔子说:"颜回的学问道德接近于完善了吧,可是他常常贫困。端木赐不听命运的安排,去做买卖,猜测行情,往往猜中了。"

【评析】

这一章,孔子对颜回学问道德接近于完善却在生活上常常贫困深感遗憾。同时,他对子贡不听命运的安排去经商致富反而感到不满,这在孔子看来,是极其不公正的。历史往往具有惊人的一幕:我们改革开放以来,许多遵纪守法德才兼备的人才通常很难富裕起来,而那些不学无术、敢于投机钻营者,有时反而飞黄腾达,成了大款,甚至富可敌国,让那些谦谦君子情何以堪!

【原文】

11.20 子张问善人之道,子曰:"不践迹,亦不入于室。"

【译文】

子张问做善人的方法。孔子说:"如果不沿着前人的脚印走,其学问和修养就达不到精深的程度。"

【评析】

孔子这段话旨在强调做人做学问,都需要学习和借鉴前人的经验和智慧,才能达到精深,说明了学习传统文化的重要性。

【原文】

11.21 子曰:"论笃是与,君子者乎?色庄者乎?"

【译文】

孔子说:"听到人议论笃实诚恳就表示赞许,但还应看他是真君子呢?还是伪装庄重的人呢?"

【评析】

孔子希望他的学生们不但要说话笃实诚恳,而且要言行一致,认为言行一致才是真君子。孔子在《论语·公冶长》第10章曾有"听其言而观其行"的说法,说明孔子在观察别人的时候,不仅仅看他说话时诚恳的态度,而且要看他的行动。

用孔子这一思想来判断近些年被关进笼子里的"大老虎",简直滑天下之大稽,因为这些"大老虎"表面上正人君子,而暗地里却男盗女娼、祸国殃民。

【原文】

11.22 子路问:"闻斯行诸?"子曰:"有父兄在,如之何其闻斯行之?"冉有问:"闻斯行诸?"子曰:"闻斯行之。"公西华曰:"由也问:'闻斯行诸?'子曰:'有父兄在';求也问:'闻斯行诸?'子曰:'闻斯行之'。赤也惑,敢问。"子曰:"求也退,故进之;由也兼人,故退之。"

【译文】

子路问:"听到了就行动起来吗?"孔子说:"有父兄在,怎么能听到就行动起来呢?"冉有问:"听到了就行动起来吗?"孔子说:"听到了就行动起来。"公西华说:"仲由问'听到了就行动起来吗?'你回答说'有父兄健在',冉求问'听到了就行动起来吗?'你回答'听到了就行动起来'。我被弄糊涂了,敢再问个明白。"孔子说:"冉求总是退缩,所以我鼓励他;仲由好勇过人,所以我约束他。"

【评析】

这是孔子把中庸思想和因材施教贯穿于教育实践中的一个具体事例。在这里,他要自己的学生不要退缩,也不要过头冒进,要进退适中。所以,对于同一个问题,孔子针对子路与冉求的不同情况作了不同回答。

【原文】

11.23 子畏于匡,颜渊后。子曰:"吾以女为死矣。"曰:"子在,回何敢死?"

【译文】

孔子在匡地受到当地人围困,颜渊最后才逃出来。孔子说:"我以为你已经死了呢。"颜渊说:"夫子还活着,我怎么敢死呢?"

【评析】

这段对话鲜明地表现了师徒感情至深。孔子担心颜渊,而颜渊则对老师由衷地尊重"夫子还活着,我怎么敢死呢?"语言一方面情真意切,一方面也颇具情趣。

【原文】

11.24 季子然问:"仲由、冉求可谓大臣与?"子曰:"吾以子为异之问,曾由与求之间。所谓大臣者,以道事君,不可则止。今由与求也,可谓具臣矣。"曰:"然则从之者与?"子曰:"弑父与君,亦不从也。"

【译文】

季子然问:"仲由和冉求可以算是大臣吗?"孔子说:"我以为你是问别人,原来是问由和求呀。所谓大臣是能够用周公之道的要求来事奉君主,如果这样不行,他宁肯辞职不干。现在由和求这两个人,只能算是充数的臣子罢了。"季子然说:"那么他们会一切都跟着季氏干吗?"孔子说:"杀父亲、杀君主的事,他们也不会跟着干的。"

【评析】

季子然:鲁国季氏的同族人。曾:乃。具臣:普通的臣子。当时冉求和子路都是季氏的家臣。孔子这里指出"以道事君"的原则,他告诫冉求和子路应当用周公之道去规劝季氏,不要犯上作乱,如果季氏不听,就辞职不干。由此可见,孔子对待君臣关系以道和礼为准绳的,既要求臣,也要求君,双方都应遵循道和礼。如果季氏干杀父杀君的事,冉求和子路就要加以反对。

【原文】

11.25 子路使子羔为费宰。子曰:"贼夫人之子。"子路曰:"有民人焉,有社稷焉,何必读书,然后为学?"子曰:"是故恶夫佞者。"

【译文】

子路让子羔去做费地的长官。孔子说:"这简直是害人子弟。"子路说:"那个地方有老百姓,有社稷,治理百姓和祭祀神灵都是学习,难道一定要读书才算学习吗?"孔子说:"所以我讨厌那种花言巧语狡辩的人。"

【评析】

本章中的"夫人之子":指子羔。孔子认为他没有经过很好的学习就去从政,这会害了他自己的。社稷:社,土地神。稷,谷神。这里"社稷"指祭祀土地神和谷神的地方,即社稷坛。古代国都及各地都设立社稷坛,分别由国君和地方长官主祭,故社稷成为国家政权的象征。孔子重视读书对于人生和工作的重要性,对于我们今天的人才培养仍然具有启发意义。

【原文】

11.26 子路、曾晳、冉有、公西华侍坐。

子曰:"以吾一日长乎尔,毋吾以也。居则曰:'不吾知也!'如或知尔,则何以哉?"

子路率尔而对曰:"千乘之国,摄乎大国之间,加之以师旅,因之以饥馑,由也为之,比及三年,可使有勇,且知方也。"夫子哂之。

"求,尔何如?"对曰:"方六七十,如五六十,求也为之,比及三年,可使足民。如其礼乐,以俟君子。"

"赤,尔何如?"对曰:"非曰能之,愿学焉。宗庙之事,如会同,端章甫,愿为小相焉。"

"点,尔何如?"鼓瑟希,铿尔,舍瑟而作,对曰:"异乎三子者之撰。"

子曰:"何伤乎?亦各言其志也。"

曰:"莫春者,春服既成,冠者五六人,童子六七人,浴乎沂,风乎舞雩,咏而归。"

夫子喟然叹曰:"吾与点也!"

三子者出,曾晳后。曾晳曰:"夫三子者之言何如?"

子曰:"亦各言其志也已矣。"

曰:"夫子何哂由也?"曰:"为国以礼。其言不让,是故哂之。"

"唯求则非邦也与?"

"安见方六七十如五六十而非邦也者?"

"唯赤则非邦也与?"

"宗庙会同,非诸侯而何?赤也为之小,孰能为之大?"

【译文】

子路、曾晳、冉有、公西华四个人陪孔子坐着。

孔子说:"我年龄比你们大一些,不要因为我年长而不敢说。你们平时总说:'没有人了解我呀!'假如有人了解你们,那你们要怎样去做呢?"

子路赶忙回答:"一个拥有一千辆兵车的国家,夹在大国中间,常常受到别的国家侵犯,加上国内又闹饥荒,让我去治理,只要三年,就可以使人们勇敢善战,而且懂得礼仪。"

孔子听了,微微一笑。

孔子又问:"冉求,你怎么样呢?"

冉求答道:"国土有六七十里或五六十里见方的国家,让我去治理,三年以后,就可以使百姓饱暖。至于这个国家的礼乐教化,就要等君子来施行了。"

孔子又问:"公西赤,你怎么样?"

公西赤答道:"我不敢说能做到,而是愿意学习。在宗庙祭祀的活动中,或者在同别国的盟会中,我愿意穿着礼服,戴着礼帽,做一个小小的赞礼人。"

孔子又问:"曾点,你怎么样呢?"

这时曾晳弹瑟的声音逐渐放慢,接着"铿"的一声,离开瑟站起来,回答说:"我想的和他们三位说的不一样。"

孔子说:"那有什么关系呢?也就是各人讲自己的志向而已。"

曾皙说:"暮春三月,已经穿上了春天的衣服,我和五六位成年人,六七个少年,去沂河里洗洗澡,在舞雩台上吹吹风,一路唱着歌走回来。"

孔子长叹一声说:"我是赞成曾皙的想法的。"

子路、冉有、公西华三个人都出去了,曾皙后走。他问孔子说:"他们三人的话怎么样?"

孔子说:"也就是各自谈谈自己的志向罢了。"

曾皙说:"夫子为什么要笑仲由呢?"

孔子说:"治理国家要讲礼让,可是他说话一点也不谦让,所以我笑他。"

曾皙又问:"那么是不是冉求讲的不是治理国家呢?"

孔子说:"哪里见得六七十里或五六十里见方的地方就不是国家呢?"

曾皙又问:"公西赤讲的不是治理国家吗?"

孔子说:"宗庙祭祀和诸侯会盟,这不是诸侯的事又是什么?像赤这样的人如果只能做一个小相,那谁又能做大相呢?"

【评析】

这一章是《论语》中最富有生动性和形象性的一段文字,也是孔子了解学生的一种很富有情趣的对话。孔子认为,前三个人的治国方法,都没有谈到根本上。他之所以只赞赏曾点的主张,就是因为曾点用形象的方法描绘了礼乐之治下的景象,体现了"仁"和"礼"的治国原则,这就谈到了根本点上。孔子通过与学生交流,了解学生们自述政治上的抱负,可以更好地因材施教。

在表述方式上,这段话也别具一格。行文先后描述孔子对弟子言志后的表情是"夫子哂之","夫子喟然叹曰"。对于弟子的发问,孔子也能够耐心解释。这师徒对话的场面和氛围非常值得我们今天素质教育思考。

孔子作为文质彬彬的君子和圣人,非常注重做人的修炼,不但要做仁人,而且还要做真人,因此,孔子坚决反对花言巧语的"佞者。"

第十二篇 《颜渊》译评

【本篇引语】

颜渊篇共计24章。著名的句子有:"克己复礼为仁,一日克己复礼,天下归仁焉";"非礼勿视,非礼勿听,非礼勿言,非礼勿动";"己所不欲,勿施于人";"死生有命,富贵在天";"四海之内,皆兄弟也";"君子成人之美,不成人之恶";"君子以文会友,以友辅仁"。

【原文】

12.1 颜渊问仁。子曰:"克己复礼为仁。一日克己复礼,天下归仁焉。为仁由己,而由人乎哉?"颜渊曰:"请问其目。"子曰:"非礼勿视,非礼勿听,非礼勿言,非礼勿动。"颜渊曰:"回虽不敏,请事斯语矣。"

【译文】

颜渊问怎样做才是仁。孔子说:"克制自己,一切都照着礼的要求去做,这就是仁。一旦这样做了,天下的一切就都归于仁了。实行仁德,完全在于自己,难道还在于别人吗?"颜渊说:"请问实行仁的要点。"孔子说:"不合于礼的不要看,不合于礼的不要听,不合于礼的不要说,不合于礼的不要做。"颜渊说:"我虽然愚笨,也要照您的这些话去做。"

【评析】

人与动物的根本区别在于,人能够通过克制动物的本能,而按照人的要求来自我约束和自我控制,而动物只能按照本能适应环境,对待同类或异类。"克己复礼为仁",这是孔子关于什么是仁的重要解释。在这里,孔子以礼来规定仁,依礼而行就是仁的根本要求,客观上恰恰反映了孔子是按照仁的要求,来要求弟子加强自我塑造,而"克己复礼"正是人与动物的重要区别。"克己包含着对自己的克制、战胜和约束之义,而用来克制自己者就是礼。孔子提出视、听、言、动都必须要合乎礼,这就是把生命纳入到了礼的约束之下。一个儒者的生命必须是一个合乎礼的生命。"①

在克己与复礼的关系上,仁是内在的,礼是外在的,礼以仁为基础,以仁来维护,礼与仁互补,二者紧密结合。有克己,才能复礼,即只有加强道德修养,才能自觉地遵守礼的规定。

【原文】

12.2 仲弓问仁。子曰:"出门如见大宾,使民如承大祭;己所不欲,勿施于人;在邦无怨,在家无怨。"仲弓曰:"雍虽不敏,请事斯语矣。"

【译文】

仲弓问怎样做才是仁。孔子说:"出门办事如同去接待贵宾,使唤百姓如同去进行重大的祭祀。自己不愿意要的,不要强加于别人;做到在诸侯的朝廷上没人怨恨自己;在卿大夫的封地里也没人怨恨自己。"仲弓说:"我虽然笨,也要照您的话去做。"

【评析】

出门如见大宾,使民如承大祭:这句话是说,出门办事和役使百姓,都要像迎接贵宾和进行大祭时那样恭敬严肃。在邦无怨,在家无怨:邦,诸侯统治的国家。家,卿大夫统治的封地。这段话是孔子对他的学生仲弓论说"仁"的。孔子从仁的原则和具体做法进行了说明。在原则方面,孔子认为"己所不欲,勿施于人"就是仁的原则;在具体做法方面,他要求弟子无论是事君还是使民,都要严肃认真,尊重他人;要做到在朝廷和封地内外都得到人们的认同。

"己所不欲,勿施于人。"这是人生哲学和民族交流乃至国家之间交往的重要原则。在现实中,如果每个人都能够做到"己所不欲,勿施于人",就会大大减少各种社会矛盾,非常有利于社会的和谐稳定。

【原文】

12.3 司马牛问仁。子曰:"仁者,其言也讱。"曰:"其言也讱,斯谓之仁已乎?"子曰:"为之难,言之得无讱乎?"

【译文】

司马牛问怎样做才是仁。孔子说:"仁人说话是慎重的。"司马牛说:"说话慎重,这就叫作仁了吗?"孔子说:"做起来很困难,说起来能不慎重吗?"

---

① 王博:《中国儒学史·先秦卷》,北京大学出版社,2011年版,第63页。

【评析】

司马牛是孔子的学生,向孔子问仁。"其言也讱"是孔子对于那些希望成为仁人的人所提要求之一。"仁者",其言行必须慎重,行动必须认真,一言一行都符合周礼。讱,是指说话慎重。所以,这里的"讱"是为"仁"服务的,为了"仁",就必须"讱"。

孔子曾说,仁者乐山,智者乐水。做一个仁者,就应该看起来很厚重、踏实,做事名副其实,表里如一,不轻浮和狂妄,不言过其实,不金玉其外败絮其中。

【原文】

12.4 司马牛问君子。子曰:"君子不忧不惧。"曰:"不忧不惧,斯谓之君子已乎?"子曰:"内省不疚,夫何忧何惧?"

【译文】

司马牛问怎样做一个君子。孔子说:"君子不忧愁,不恐惧。"司马牛说:"不忧愁,不恐惧,这样就可以叫作君子了吗?"孔子说:"自己问心无愧,那还有什么忧愁和恐惧呢?"

【评析】

据说司马牛是宋国大夫桓魋的弟弟。桓魋在宋国"犯上作乱",遭到宋国当权者的打击,全家被迫出逃。司马牛逃到鲁国,拜孔子为师,并声称桓魋不是他的哥哥。所以这一章里,孔子回答司马牛问怎样做才是君子的问题,这是有针对性的,即不忧不惧、问心无愧。

君子淡泊名利,做事坦荡,不怕风吹草动,所以"不忧不惧"。我们常说,心中无闲事,不怕鬼敲门,故不忧不惧。

【原文】

12.5 司马牛忧曰:"人皆有兄弟,我独亡。"子夏曰:"商闻之矣:死生有命,富贵在天。君子敬而无失,与人恭而有礼,四海之内,皆兄弟也。君子何患乎无兄弟也?"

【译文】

司马牛忧愁地说:"别人都有兄弟,唯独我没有。"子夏说:"我听说过:'死生有命,富贵在天。'君子只要对待所做的事情严肃认真,不出差错,对人恭敬而合乎于礼的规定,那么,天下人就都是自己的兄弟了。君子何愁没有兄弟呢?"

【评析】

如上章所说,司马牛宣布他不承认桓魋是他的哥哥,这与儒家一贯倡导的

"悌"的观念是相违背的。但由于他的哥哥"犯上作乱",因而孔子没有责备他,反而劝他不要忧愁,不要恐惧,只要内心无愧就是做到了"仁"。这一章,子夏同样劝慰司马牛,说只要自己的言行符合于"礼",那就会赢得天下人的称赞,就不必发愁自己没有兄弟,因为"四海之内皆兄弟也。"

子夏所言"死生有命,富贵在天"客观上反映了该时代人们的生死观和富贵观,一方面人的生死不是个体能够决定的,一方面人的富贵也不能勉强而致,而是有其客观规律。"四海之内皆兄弟"这句话深刻影响了后世的"哥们义气",从《三国演义》中的桃园三结义,再到《水浒传》中的各种"兄弟",其实质是人际关系中情谊等社会道德性对血缘关系的突破和超越。换一个角度来讲,即使亲兄弟,如果每个人都斤斤计较打小算盘,就必然会伤害血缘关系的兄弟之情。在现实中,有多少亲兄弟为了分家或者在其他利益关系中,不顾亲情,打得头破血流啊!

【原文】

12.6 子张问明。子曰:"浸润之谮,肤受之愬,不行焉,可谓明也已矣。浸润之谮,肤受之愬,不行焉,可谓远也已矣。"

【译文】

子张问怎样做才算是明智的。孔子说:"像水润物那样不易察觉的坏话,像切肤之痛那样直接的诽谤,在你那里都行不通,那你可以算是明智的了。不易察觉的坏话和直接的诽谤,在你那里都行不通,那你可以算是有远见的了。"

【评析】

浸润之谮,这里是指谗言,是说像水那样一点一滴地渗进来的谗言,不易觉察。肤受之愬:是指诬告,是说像皮肤感觉到疼痛那样的诬告,即直接的诽谤。远:明之至,明智的最高境界。孔子认为,做人能够耳聪目明,不受挑拨的蛊惑,就是很明智了。实际上,中国古代非常注重兼听则明,要避免偏信则暗,一个人能够做到耳聪目明,客观认识和对待他人和事物,也是非常不容易的。

【原文】

12.7 子贡问政。子曰:"足食,足兵,民信之矣。"子贡曰:"必不得已而去,于斯三者何先?"曰:"去兵。"子贡曰:"必不得已而去,于期二者何先?"曰:"去食。自古皆有死,民无信不立。"

【译文】

子贡问怎样治理国家。孔子说,"粮食充足,军备充足,老百姓信任统治者。"子贡说:"如果不得不去掉一项,那么在三项中先去掉哪一项呢?"孔子说:"去掉军备。"子贡说:"如果不得不再去掉一项,那么这两项中去掉哪一项呢?"孔子说:"去掉粮食。自古以来人总是要死的,如果老百姓对统治者不信任,那么国家就不能存在了。"

【评析】

孔子具有非常深刻丰富的国家治理思想,其弟子受到孔子思想的深刻影响,孔子的这些思想至今仍然值得我们学习和借鉴。

本章里孔子回答了子贡问政中所连续提出的三个问题。孔子认为,治理一个国家,应当具备三个起码条件:食、兵、信。但这三者当中,信是最重要的。这体现了儒学的人学思想。只有兵和食,而百姓对统治者不信任,那这样的国家也就不能存在下去了。

另外,"民无信不立"也可以引申为做人的原则。人生在世,应该做信义之人,诚信赢天下,无论是人际交往还是企业经营,都应该讲究诚信,以信为本。

【原文】

12.8 棘子成曰:"君子质而已矣,何以文为?"子贡曰:"惜乎夫子之说君子也!驷不及舌。文犹质也,质犹文也,虎豹之鞟犹犬羊之鞟。"

【译文】

棘子成说:"君子只要具有好的品质就行了,要那些表面的仪式干什么呢?"子贡说:"真遗憾,夫子您这样谈论君子。一言既出,驷马难追。本质就像文采,文采就像本质,都是同等重要的。去掉了毛的虎、豹皮,就如同去掉了毛的犬、羊皮一样。"

【评析】

古代大夫都可以被尊称为夫子,棘子成是卫国大夫,所以子贡这样称呼他。驷不及舌:指话一说出口,就收不回来了。即一言既出、驷马难追的意思。鞟:去掉毛的皮,即革。棘子成认为君子只要有好的品质就可以了,不需外表的文采。但子贡反对这种说法,认为好的本质应当有好的表现形式,否则,本质再好,也无法显现出来。

"文犹质也,质犹文也"蕴含了深刻的哲学原理。关于内容和形式的关系,黑格尔明确指出:"内容和完全适合内容的形式达到独立完整的统一,因而形成一种自由的整体,这就是艺术的中心。"[①]他还在《小逻辑》中详尽论述了内容与形式的

---

① 黑格尔:《美学》第二卷,朱光潜译,商务印书馆,1979年版,第157页。

关系,看到了内容与形式的相互转化,认为内容与形式同等重要,因为没有无形式的内容,正如没有无形式的质料一样。他指出:"内容非他,即形式之转化为内容;形式非他,即内容之转化为形式。"①由此可见,"文犹质也,质犹文也",一方面内容决定形式,形式对内容有反作用,但事物本质上应该达到内容与形式的有机统一,所以,内容即形式,形式即内容。

【原文】

12.9 哀公问于有若曰:"年饥,用不足,如之何?"有若对曰:"盍彻乎?"曰:"二,吾犹不足,如之何其彻也?"对曰:"百姓足,君孰与不足?百姓不足,君孰与足?"

【译文】

鲁哀公问有若说:"遭了饥荒,国家用度困难,怎么办?"有若回答说:"为什么不实行彻法,只抽十分之一的田税呢?"哀公说:"现在抽十分之二,我还不够,怎么能实行彻法呢?"有若说:"如果百姓的用度够,您怎么会不够呢?如果百姓的用度不够,您怎么又会够呢?"

【评析】

这一章反映了儒家学派的经济思想,其核心是"富民"思想。鲁国所征的田税是十分之二的税率,即使如此,国家的财政仍然是十分紧张的。这里,有若的观点是,削减田税的税率,改行"彻税"即什一税率,使百姓减轻经济负担。只要百姓富足了,国家就不可能贫穷。反之,如果对百姓征收过甚,这种短期行为必将使民不聊生,国家经济也就随之衰退了。这种以"富民"为核心的经济思想有其值得借鉴的价值。孟子所说的"民为贵,君为轻,社稷次之"与有若的观点都反映了民本思想。

【原文】

12.10 子张问崇德辨惑。子曰:"主忠信,徙义,崇德也。爱之欲其生,恶之欲其死,既欲其生,又欲其死,是惑也。'诚不以富,亦祗以异。'"

【译文】

子张问怎样提高道德修养水平和辨别是非迷惑的能力。孔子说:"以忠信为主,使自己的思想合于义,这就是提高道德修养水平了。爱一个人,就希望他活下去,厌恶起来就恨不得他立刻死去,既要他活,又要他死,这就是迷惑。正如《诗》

---

① 黑格尔:《小逻辑》,贺麟译,商务印书馆,1981年版,第278页。

所说的'即使不是嫌贫爱富,也是喜新厌旧。'"

【评析】

崇德:提高道德修养的水平。徙义:徙,迁移,向义靠拢。"诚不以富,亦祇以异":这是《诗经·小雅·我行其野》篇的最后两句。此诗表现了一个被遗弃的女子对其丈夫喜新厌旧的愤怒情绪。孔子在这里引此句,令人费解。本章里,孔子谈的主要是个人的道德修养问题。他希望人们按照"忠信""仁义"的原则去办事,否则,感情用事,就会陷于迷惑之中。

【原文】

12.11 齐景公问政于孔子。孔子对曰:"君君、臣臣、父父、子子。"公曰:"善哉!信如君不君,臣不臣,父不父,子不子,虽有粟,吾得而食诸?"

【译文】

齐景公问孔子如何治理国家。孔子说:"做君主的要像君的样子,做臣子的要像臣的样子,做父亲的要像父亲的样子,做儿子的要像儿子的样子。"齐景公说:"讲得好呀!如果君不像君,臣不像臣,父不像父,子不像子,虽然有粮食,我能吃得上吗?"

【评析】

春秋时期的社会动荡变迁,社会等级名分已经开始逐渐打破已有的结构模式,屡有发生弑君父之事,孔子认为这是国家动乱的主要原因。所以他告诉齐景公,"君君、臣臣、父父、子子",认为恢复这样的等级秩序,国家就可以得到治理。

对于孔子所说的"君君、臣臣、父父、子子",后世很多人对其给予简单否定,认为孔子这一表述是保守落后的,也是具有严重的等级制度的思想。我们从社会治理的角度来看,治理国家,是否需要孔子所说的"君君、臣臣、父父、子子"呢?在这方面,很多人认为孔子是为了维护旧的社会秩序,但客观上把孔子主张的"君君、臣臣、父父、子子"理解简单化了。

实际上,"君君、臣臣、父父、子子"并不是绝对错误的。一方面社会的发展进步都应该保持正常的社会秩序,才能为改革和发展提供社会基础;另一方面,只有"君君、臣臣、父父、子子",每个人都按照社会角色对自己进行恰当定位,才能履行自己的工作职责,各尽所能,岂不美哉?但是,在历代乱世之中,君不像君,臣不像臣,父不像父,子不像子,岂不乱哉!孔子这一思想的深刻之处在于,他是在为社会成员进行恰当的定位,即要求君王就应该做一个真正的君王,要做明君、圣王;要求大臣应该像大臣,恪尽职守,做一个好忠臣;父亲与儿子也各得其所,做到父慈子孝等。可以设想：如果一个社会真的能够做到像孔子所说的"君君、臣臣、父父、子子"，该社会一定是和谐稳定的。

【原文】

12.12 子曰："片言可以折狱者，其由也与？"子路无宿诺。

【译文】

孔子说："只听了单方面的供词就可以判决案件的，大概只有仲由吧。"子路说话没有不算数的时候。

【评析】

片言：诉讼双方中一方的言辞，即片面之词，古时也叫"单辞"。折狱：狱，案件，即断案。其由也与：大概只有仲由吧。宿诺：宿，久，拖了很久而没有兑现的诺言。仲由即子路。仲由可以"片言"而"折狱"，这是为什么？历来有这样几种解释。一说子路明决，凭单方面的陈述就可以做出判断；二说仲由为人忠信，人们都十分信服他，所以有了纠纷都在他面前不讲假话，所以凭一面之辞就可以明辨是非；三说仲由忠信，他所说的话绝无虚假，所以只听其中一面之词，就可以断定案件。但无论哪种解释，都可以证明仲由在刑狱方面是卓有才干的。

实际上，从断案的角度来看，判官如果能够明察秋毫，确实是仅凭一方的言辞就能够基本确认其言辞的真伪，而由此进一步推断案件的真相，达到"片言可以折狱"的效果。

【原文】

12.13 子曰："听讼，吾犹人也。必也使无讼乎！"

【译文】

孔子说："审理诉讼案件，我同别人也是一样的。重要的是必须使诉讼的案件根本不发生！"

【评析】

听讼：讼，诉讼，是指审理诉讼案件。使无讼：使人们之间没有诉讼案件之事。孔子曾经担任鲁国的大司寇，深知审理诉讼案件的重要性，但他的伟大之处就在于，他已经超越了其他的法官，更加重视防患于未然的"使无讼"。可以设想，如其让法官优秀，倒不如社会和谐，没有诉讼案件，岂不更好？孔子这一思想与中医所谓"不治已病治未病"具有异曲同工之妙。

【原文】

12.14 子张问政。子曰："居之无倦，行之以忠。"

【译文】

子张问如何治理政事。孔子说:"居于官位不懈怠,执行君令要忠实。"

【评析】

孔子坚决反对懒政的行为,要求"居之无倦,行之以忠。"这种表述蕴含了深刻的治国道理。

孔子认为,从政为官就要勤政爱民,忠于职守,决不能懒政懈怠。要忠于君主,要具有执行力,做到上情下达,忠实地执行君主的命令。由孔子这一思想反思我们当下的干部管理,我们的干部队伍确实已经出现了许多问题,比如孔子所说的"倦"而不"忠"的问题,就是非常严重的社会问题。一些干部对党缺乏忠诚,工作效率极其低下,不经意间患了懒政病,甚至欺上瞒下,上推下卸,欺世盗名,鱼目混珠,懒政庸政。

【原文】

12.15 子曰:"博学于文,约之以礼,亦可以弗畔矣夫!"

【译文】

孔子说:"君子广泛地学习文献,再用礼节自我约束,就不会离经叛道了。"

【评析】

本章重出,见《雍也》第六篇第 27 章。

【原文】

12.16 子曰:"君子成人之美,不成人之恶。小人反是。"

【译文】

孔子说:"君子成全别人的好事,而不助长别人的恶处。小人则与此相反。"

【评析】

这一章所讲的"成人之美,不成人之恶"贯穿了儒家一贯的思想主张,即"己欲立而立人,己欲达而达人""己所不欲,勿施于人"的精神。人生在世,能够帮助他人锦上添花,而不是助纣为虐,岂不善哉?小人对好人则会落井下石,对坏人助纣为虐。

在人际交往过程中,不但要严于律己,宽以待人,而且还应该做到"君子成人之美,不成人之恶"。人生如此,就把自己提升了一个很高的境界,这一含义在一定程度上也蕴含了"己欲达而达人"原理。

【原文】

12.17 季康子问政于孔子。孔子对曰:"政者,正也。子帅以正,孰敢不正?"

【译文】

季康子问孔子如何治理国家。孔子回答说:"政就是正的意思。您本人带头走正路,那么还有谁敢不走正道呢?"

【评析】

孔子以人为本,注重施仁政,反对暴力执政。他充分注意到执政者的言行能够产生巨大的示范作用,"政者正也",执政者要克制自己的欲望,追求"欲善"。

"政者正也"非常深刻地揭示了榜样的力量。人们常说上行下效,上梁不正下梁歪。执政者如果自身不正,焉能正人?所以,孔子认为,无论为人还是为官,首在一个"正"字。孔子政治思想中,对为官者要求十分严格,正人先正己。只要身居官职的人能够正己,那么手下的大臣和平民百姓,就都会归于正道。

"政者,正也"与"为政以德"可以相辅相成,客观上非常有益于完善社会的管理秩序。我们各级领导干部队伍在建设过程中,完全可以借鉴孔子这一思想,要求"政者正也",各级公务员必须在遵纪守法方面,发挥自身的模范带头作用,才能做人民群众的引路人和领导者。治川者决之使导,治民者宣之使言。倘若为政不正,又怎么可能把河水引到正确的水道上来?又怎么能够把群众言论引导到正确的方向上来?

【原文】

12.18 季康子患盗,问于孔子。孔子对曰:"苟子之不欲,虽赏之不窃。"

【译文】

季康子担忧盗窃,问孔子怎么办。孔子回答说:"假如你自己不贪图财利,即使奖励偷窃,也没有人偷盗。"

【评析】

孔子主张为政者要正人先正己,希望当政者以自己的德行感染百姓,这就表明了他主张政治道德教化的倾向。实际上,一个社会的风气不是社会最基层的老百姓形成的,而是往往由各级官员的所作所为引领的。各级官员如果德才兼备,为人清廉,关怀百姓,人们安居乐业,道不拾遗,夜不闭户,何患偷盗乎!孔子没有让季康子用严刑峻法去制裁盗窃犯罪,而是主张用德治去教化百姓,以使人免于犯罪。这才是真正抓住了事物的根本,从根源上遏制了偷盗的社会原因。

【原文】

12.19 季康子问政于孔子曰:"如杀无道,以就有道,何如?"孔子对曰:"子为政,焉用杀?子欲善而民善矣。君子之德风,小人之德草,草上之风,必偃。"

【译文】

季康子问孔子如何治理政事,说:"如果杀掉无道的人来成全有道的人,怎么样?"孔子说:"您治理政事,哪里用着杀戮的手段呢?您只要行善,老百姓就会跟着行善。在位者的品德好比风,老百姓的品德好比草,风吹到草上,草就必定跟着倒。"

【评析】

孔子反对杀人,主张"德政"。在上位的人只要善理政事,百姓就不会犯上作乱。这里讲的人治,是有仁德者的所为。那些暴虐的统治者滥行无道,必然会引起百姓的反对。

从哲学的角度来看,任何社会的执政者都是社会主要矛盾的方面,老百姓作为被管理者,大多处于社会的次要矛盾方面。要真正完善社会治理,只有抓住根本,才能纲举目张,而孔子所说的"欲善"就是向善和行善,简单说就是为人民做好事,为人们谋幸福。可以设想:执政者如果"欲善",人民哪里还有必要去反抗你呢?"君子之德风,人小之德草。"执政者不要埋怨草往哪个方向刮,因为执政者本身就是风,风向决定了草刮的方向。

【原文】

12.20 子张问:"士何如斯可谓之达矣?"子曰:"何哉,尔所谓达者?"子张对曰:"在邦必闻,在家必闻。"子曰:"是闻也,非达也。夫达也者,质直而好义,察言而观色,虑以下人。在邦必达,在家必达。夫闻也者,色取仁而行违,居之不疑。在邦必闻,在家必闻。"

【译文】

子张问:"士怎样才可以叫作通达?"孔子说:"你说的通达是什么意思?"子张答道:"在国君的朝廷里必定有名望,在大夫的封地里也必定有名声。"孔子说:"这只是虚假的名声,不是通达。所谓达,那是要品质正直,遵从礼义,善于揣摩别人的话语,观察别人的脸色,经常想着谦恭待人。这样的人,就可以在国君的朝廷和大夫的封地里通达。至于有虚假名声的人,只是外表上装出仁的样子,而行动上却违背了仁,自己还以仁人自居不惭愧。这样的人在朝廷和大夫的封地里都必定会有名声。"

【评析】

本章中孔子提出了两个相互对立的名词,即"闻"与"达"。"闻"是虚假的名声,并不是显达;而"达"则要求士大夫必须从内心深处具备仁、义、礼的德性,注重自身的道德修养,而不仅是追求虚名。这里同样讲的是名实相符,表里如一的问题。

公共关系学非常重视知名度和美誉度的分析。孔子这里所说的"闻",很接近公共关系学中的"知名度";而孔子所说的"达",很接近孔子所说的美誉度。知名度,是指一个人具有一定的名声,只是一个中性的表述,而只有美誉度,才是一个人的品行或能力得到社会的赞美,是褒义的表述。所以,"达"者必"闻",而"闻"者未必"达"。

【原文】

12.21 樊迟从游于舞雩之下,曰:"敢问崇德、修慝、辨惑。"子曰:"善哉问!先事后得,非崇德与?攻其恶,无攻人之恶,非修慝与?一朝之忿,忘其身,以及其亲,非惑与?"

【译文】

樊迟陪着孔子在舞雩台下散步,问:"请问怎样提高品德修养?怎样改正自己的邪念?怎样辨别迷惑?"孔子说:"问得好!先努力付出劳动,然后才有所收获,不就是提高品德了吗?批判自己的坏处,不去批判别人的坏处,不就消除别人对你的怨恨了吗?由于一时的气愤,就忘记了自身安危,以至于牵连自己的亲人,这不就是迷惑吗?"

【评析】

这一章是孔子回答樊迟的问话。孔子认为,要提高道德修养水平,应该先踏踏实实地做事,不要过多地考虑物质利益;严于律己,宽以待人,不要过多地去指责别人;还要注意克服感情冲动的毛病,不要以自身的安危作为代价,这就可以辨别迷惑。

孔子这段话对于我们今天仍然具有很重要的启发。在人才发展的过程中,一个人应该如何认识和把握耕耘与收获的关系?你是奢望不劳而获,还是一分耕耘一分收获,先耕后获?你是责人严、对己宽,还是责己严、对人宽?你是动辄脾气暴躁,小不忍则乱大谋,甚至连累家人的安危?还是遇事沉着冷静,有条不紊,善于化解各种复杂纷纭的矛盾?

【原文】

12.22 樊迟问仁。子曰:"爱人。"问知。子曰:"知人。"樊迟未达。子曰:"举直错诸枉,能使枉者直。"樊迟退,见子夏曰:"乡也,吾见于夫子而问知,子曰'举直错诸枉,能使枉者直',何谓也?"子夏曰:"富哉言乎!舜有天下,选于众,举皋陶,不仁者远矣。汤有天下,选于众,举伊尹,不仁者远矣。"

【译文】

樊迟问什么是仁。孔子说:"爱人。"樊迟问什么是智,孔子说:"了解人。"樊迟还不明白。孔子说:"选拔正直的人,罢黜邪恶的人,这样就能使邪者归正。"樊迟退出来,见到子夏说:"刚才我见到老师,问他什么是智,他说'选拔正直的人,罢黜邪恶的人,这样就能使邪者归正。这是什么意思?"子夏说:"这话说得多么深刻呀! 舜有天下,在众人中挑选人才,把皋陶选拔出来,不仁的人就被疏远了。汤有了天下,在众人中挑选人才,把伊尹选拔出来,不仁的人就被疏远了。"

【评析】

举直错诸枉:错,同"措",放置。诸,这是"之于"二字的合音。枉,不正直,邪恶。意为选拔直者,罢黜枉者。乡:同"向",过去。皋陶:传说中舜时掌握刑法的大臣。汤:商朝的第一个君主,名履。伊尹:汤的宰相,曾辅助汤,灭夏兴商。

孔子回答樊迟问的两个问题,一是仁,二是智。关于仁,孔子对樊迟的解释似乎与别处不同,说是"爱人",实际上孔子在各处对仁的解释都有内在的联系。他所说的爱人,包含有古代的人文主义精神,把仁作为他全部学说的对象和中心,具有以人为本的内涵。关于智,孔子认为是要了解人,选拔贤才,罢黜邪才。

孔子具有非常深刻丰富的人生哲学思想,对崇德、修慝、辨惑以及"仁"与"智"进行了深入思考,不但解答了弟子们的疑惑,而且对于今天仍然具有启发意义。特别是孔子提出了"举直错诸枉"的观点,对于我们今天正确选拔和任用人才,淘汰昏庸腐朽的不良干部,都具有很重要的启发意义。

"举直错诸枉,能使枉者直。"对于我们今天的干部制度建设,仍然具有启发意义。我们扪心自问:我们的干部选拔和任用真正做到了能者上、庸者下了吗? 在历史和现实中,一些贤能之才不但没有被选拔反而受到压抑,而一些奸佞之人却平步青云,这说明真正做到智并不容易。我们的干部队伍改革既迫在眉睫,又任重道远。

【原文】

12.23 子贡问友。子曰:"忠告而善道之,不可则止,毋自辱焉。"

【译文】

子贡问怎样对待朋友。孔子说:"忠诚地劝告他,恰当地引导他,如果不听也就罢了,不要自取其辱。"

【评析】

在人伦关系中,"朋友"一伦是最松弛的一种。朋友之间讲求一个"信"字,这是维系双方关系的纽带。但对待朋友的错误,要开诚布公地劝导他,推心置腹地讲明利害关系,但他坚持不听,也就作罢。如果别人不听,你一再劝告,就会自取其辱。在现实中,许多父母、老师对孩子或者学生苦口婆心,千叮咛万嘱咐,殷切嘱托和希望,也许对一些有出息的孩子和学生会发挥一些作用,但对于一些甘于平庸和安于现状、缺乏拼搏精神的人来说,是难以发挥作用的。

【原文】

12.24 曾子曰:"君子以文会友,以友辅仁。"

【译文】

曾子说:"君子以文章学问来交往朋友,依靠朋友帮助自己培养仁德。"

【评析】

儒家非常重视朋友关系。曾子继承了孔子的思想,主张以文章学问作为交往朋友的手段,以互相帮助培养仁德作为结交朋友的目的。古人云,君子之交淡如水,小人之交甜如蜜。朋友之间相处不是互相利用,而是在力所能及的情况下给予朋友以积极的帮助。当然,如果能够敞开心扉,彼此畅谈人生,相互取长补短,共同进步,何不快哉!

第十三篇 《子路》译评

【本篇引语】

子路篇共有30章,其中著名的文句有:"赦小过,举贤才";"其身正,不令而行;其身不正,虽令不从";"名不正则言不顺,言不顺则事不成";"欲速则不达";"父为子隐,子为父隐";"居处恭,执事敬,与人忠";"言必信,行必果";"君子和而不同,小人同而不和";"君子泰而不骄,小人骄而不泰"。本篇包含的内容比较广泛,主要是如何治理国家以及"和而不同"的思想。

【原文】

13.1 子路问政。子曰:"先之劳之。"请益。曰:"无倦。"

【译文】

子路问怎样管理政事。孔子说:"做老百姓的榜样,为老百姓操劳。"子路请求多讲一点。孔子说:"不要懈怠。"

【评析】

为政者以身作则,率先垂范,充分发挥模范带头作用,先其民而劳,百姓才能不怨。孔子非常注重执政者的勤政,反对懒政,认为"其身正,不令而行;其身不正,虽令不从"。孔子这一思想对于我们树立正确的执政观,具有积极的启发意义。

【原文】

13.2 仲弓为季氏宰,问政。子曰:"先有司,赦小过,举贤才。"曰:"焉知贤才而举之?"曰:"举尔所知。尔所不知,人其舍诸?"

【译文】

仲弓做了季氏的家臣,问怎样管理政事。孔子说:"先做好下属职能部门的表率,赦免他们的小过错,选拔贤才来任职。"仲弓又问:"怎样知道是贤才而把他们选拔出来呢?"孔子说:"选拔你所知道的,至于你不知道的贤才,别人难道还会埋没他们吗?"

【评析】

从领导科学的角度来看,一个好的领导,应该德才兼备,为下级树立榜样,因为上行下效,所以,执政者首先要为下级率先垂范;其次,执政者还应该具有海纳百川、有容乃大的包容精神,对下级的小过错不要斤斤计较,学会包容,要善于和敢于"赦小过"。当然,作为执政者,最重要的是要"举贤才",要唯才是举,不要埋没了人才。

关于选拔人才,孔子认为,执政者应该选拔自己熟悉的优秀人才,要"举尔所知"。这就要求执政者要搞好调查研究,深入基层,善于发现人才,因为客观上确实有时大贤在乡野。但是,令人遗憾的是,我国干部制度还不完善,某些领导干部的个人意志和主观爱好成为选拔人才和任用人才的唯一标准,而不是孔子所说的选拔"举尔所知"的贤才。在孔子看来,执政者不仅要选拔自己熟悉的人才,而且还可以发挥别人的作用,因为其他人也会了解一些优秀的人才。

【原文】

13.3 子路曰:"卫君待子为政,子将奚先?"子曰:"必也正名乎!"子路曰:"有是哉,子之迂也!奚其正?"子曰:"野哉,由也!君子于其所不知,盖阙如也。名不正,则言不顺;言不顺,则事不成;事不成,则礼乐不兴;礼乐不兴,则刑罚不中;刑罚不中,则民无所措手足。故君子名之必可言也,言之必可行也。君子于其言,无所苟而已矣。"

【译文】

子路对孔子说:"卫国国君要您去治理国家,您打算先从哪些事情做起呢?"孔子说:"首先必须正名分。"子路说:"有这样做的吗?您想得太不合时宜了。这名怎么正呢?"孔子说:"仲由,真粗野啊!君子对于他所不知道的事情,总是采取存疑的态度。名分不正,说起话来就不顺当合理,说话不顺当合理,事情就办不成。事情办不成,礼乐也就不能兴盛。礼乐不能兴盛,刑罚的执行就不会得当。刑罚不得当,百姓就不知怎么办好。所以,君子一定要定下一个名分,必须能够说得明白,说出来一定能够行得通。君子对于自己的言行,是从不马马虎虎对待的。"

【评析】

卫君:卫出公,名辄,卫灵公之孙。其父蒯聩被卫灵公驱逐出国,卫灵公死后,蒯辄继位。蒯聩要回国争夺君位,遭到蒯辄拒绝。孔子在这段对话中,着重强调治理国家"正名"的重要性。"正名"是孔子"礼"的思想的组成部分。正名的具体内容就是"君君、臣臣、父父、子子",只有"名正"才可以做到"言顺",接下来的事情就水到渠成、迎刃而解了。站在今天的角度来看待历史,我们仍然要肯定"正名"的重要性与合理性。"正名"不仅仅是一个名分的问题,而且也是一个实质性的问题。在封建社会,妻妾的名分不同,其家庭地位和社会地位都大不相同,其影响力也大小不同。因此,在封建社会,女子都愿意为人妻,而不愿意为人妾。

如果从行政管理的角度来看,名正言顺,名不正,则言不顺。"名正"实质上涉及执政的合法性问题。适材适才,任人唯贤,各司其职,才能名正言顺;反之,正不压邪,埋没人才,小人得道,君子遭殃,如此一来,焉能名正言顺?比如,此前在城管队伍中混进了一些地痞打手,发生了多起暴力野蛮执法的事故。政府如果任由这些歹人随意胡作非为,名不正,言不顺,就会损坏党和政府的形象。再如,个别地方政府或者企业有时雇佣黑社会进行强行拆迁,这岂能名正言顺哉!由此可见,在现代的社会治理过程中,各级行政管理人员,只有德才兼备,言行一定要合情,合理,合法,在各项工作中,能够做到动之以情,感之以美,晓之以理,明之以法,才能真正名正言顺,否则至多是拉大旗作虎皮,则往往事与愿违,甚至搬起石头砸自己的脚。

【原文】

13.4 樊迟请学稼。子曰:"吾不如老农。"请学为圃。曰:"吾不如老圃。"樊迟出。子曰:"小人哉,樊须也!上好礼,则民莫敢不敬;上好义,则民莫敢不服;上好信,则民莫敢不用情。夫如是,则四方之民襁负其子而至矣,焉用稼?"

【译文】

樊迟向孔子请教如何种庄稼。孔子说:"我不如老农。"樊迟又请教如何种菜。孔子说:"我不如老菜农。"樊迟退出以后,孔子说:"樊迟真是小人。在上位者只要重视礼,老百姓就不敢不敬畏;在上位者只要重视义,老百姓就不敢不服从;在上位的人只要重视信,老百姓就不敢不用真心实情来对待你。要是做到这样,四面八方的老百姓就会背着自己的小孩来投奔,哪里用得着自己去种庄稼呢?"

【评析】

对于孔子这段话,很多人容易站在阶级的观点,认为孔子瞧不起老农,看不起农民。其实,这是对孔子的误解。首先,孔子这里所说的"小人"不是道德意义上品德不好的人,而是从社会分工和社会地位的角度出发,与上层社会的君子相对而言。其次,孔子的教育观旨在培养对社会有用的栋梁之才,不是为了培养普通的农民。我国一般高校的人才培养目标也不是培养毕业生去当农民,即使现在的农业大学,培养的毕业生也不是当农民。所以,孔子毫不客气地指责想学种庄稼和种菜的樊迟是小人,可以清楚地看出他的教育思想。他培养学生,不是为了以后去种庄稼种菜,而是为了从政为官,所以居于上位的君子不需要亲自学习种庄稼、种菜之类的知识,而是要重视礼、义、信的学习。

在孔子时代,接受教育的人毕竟是少数,劳动者只要有充沛的体力,就可以从事农业生产,而教育的目的,就是为了培养参与社会管理的知识分子。所以,孔子教书育人并不是为了培养农业劳动者。这在当时的历史条件下有其相对的合理性,现在全国2000多所高校,没有一所高校是培养农民的;即使全国那么多农业大学的毕业生,也几乎没有直接从事农业生产的,也许能够成为农业科学家,但不是一般的农民。

【原文】

13.5 子曰:"诵《诗》三百,授之以政,不达;使于四方,不能专对。虽多,亦奚以为?"

【译文】

孔子说:"把《诗》三百篇背得很熟,让他处理政务,却不会办事;让他当外交使节,不能独立地办交涉;背得很多,又有什么用呢?"

【评析】

《诗经》是孔子教授学生的重要内容之一。他教学生诵诗,不单纯是为了诵诗,而为了把诗的思想运用到指导政治活动之中。儒家不主张死背硬记,当书呆子,而是要学以致用,应用到社会实践中去。孔子对《诗经》不但进行了整理,而且还非常善于把其中的知识和原理用于他自己的政务活动和人际交往过程,所以,他才能够如此重视《诗经》,希望弟子能够从中学以致用,理论联系实际。

孔子这段话对于今天的素质教育具有很重要的参考价值。素质教育注重素质的提升,注重素质与能力的结合。在专业学习方面,注重理论联系实际,学以致用,而不能理论脱离实践,成为书呆子和教条主义者。

【原文】

13.6 子曰:"其身正,不令而行;其身不正,虽令不从。"

【译文】

孔子说:"自身正了,即使不下命令,老百姓也会去干;自身不正,即使下命令,百姓也不会服从。"

【评析】

这段话可谓掷地有声,千古名言,万古至理,一字千金。人们常说,榜样的力量是无穷的,所以,好的榜样能够为社会传递正能量,引领一个群体向正确的方向发展;反之,一个坏的典型,为社会传递的是负能量,引诱一个群体向错误的方向发展。作为执政者,上行下效,只要领导干部率先垂范,就会产生极大的激励效应。

孔子提出"其身正,不令而行;其身不正,虽令不从",深刻揭示了"身正"与"不正"的不同作用。在人才战略的实施过程中,我们特别注意建设良好的人文环境,实际上归根结底主要就在于领导干部自身要正,倘若领导干部自身具有比较高的修养,襟怀坦白,不谋私利,光明磊落,就一定会形成吸引人才的良好氛围,增进组织的凝聚力,提高组织的发展力。

孔子说"其身正,不令而行;其身不正,虽令不从。"前一句是讲执政者自身典范的积极作用,而后一句则说明执政者反面典型的负面作用。古今中外,已经出现无数的由于执政者"其身不正"所造成的"虽令不从"现象。在反腐败的过程中,人们发现,执政者越是腐败,社会风气就会越加混乱。执政者无论是正面典型还是反面典型,都会产生上行下效的结果。所以,执政者唯一的正确选择应该是三个字:其身正。

【原文】

13.7 子曰:"鲁卫之政,兄弟也。"

【译文】

孔子说:"鲁和卫两国的政事,就像兄弟一样亲近。"

【评析】

鲁国是周公旦的封地,卫国是康叔的封地,周公旦和康叔是兄弟,当时两国的政治情况有些相似。孔子不但非常了解鲁国,而且也非常了解卫国,所以孔子说,鲁国的国事和卫国的国事,就像兄弟一样。

【原文】

13.8 子谓卫公子荆:"善居室。始有,曰:'苟合矣'。少有,曰:'苟完矣。'富有,曰:'苟美矣。'"

【译文】

孔子谈到卫国的公子荆时说:"他善于管理经济,居家理财。刚开始有一点,他说:'差不多也就够了。'稍为多一点时,他说:'差不多就算完备了。'更多一点时,他说:'差不多算是完美了'。"

【评析】

"知足常乐"是中国古代重要的人生智慧,也是遏制人过分欲望的至理名言。《老子》三十三章说"知足者富",意思是说,知道满足的人才是富有的人。《老子》四十四章说"多藏必厚亡。故知足不辱,知止不殆,可以长久。"意思是说,过于积敛财富,必定会遭致更为惨重的损失。所以说,懂得满足,就不会受到屈辱;懂得适可而止,就不会遇见危险;这样才可以保持住长久的平安。孔子这段话在赞美卫国公子荆时,实际上肯定了公子荆这种追求适度的价值取向,肯定了公子荆知足常乐的价值观,也说明孔子倡导节俭,而反对奢侈和暴富的。

《史记·孔子世家》记载:景公问政孔子,孔子曰:"君君,臣臣,父父,子子。"景公曰:"善哉!信如君不君,臣不臣,父不父,子不子,虽有粟,吾岂得而食诸!"他日又复问政于孔子,孔子曰:"政在节财。"由此可见,孔子是注重节俭、反对奢侈的。孔子通过赞美公子荆,实际上是表达了自己注重节俭的财富观。

【原文】

13.9 子适卫,冉有仆。子曰:"庶矣哉!"冉有曰:"既庶矣,又何加焉?"曰:"富之。"曰:"既富矣,又何加焉?"曰:"教之。"

【译文】

孔子到卫国去,冉有为他驾车。孔子说:"人口真多呀!"冉有说:"人口已经够多了,还要再做什么呢?"孔子说:"使他们富起来。"冉有说:"富了以后又还要做些什么?"孔子说:"对他们进行教化。"

【评析】

孔子提出"富民"和"教民"的思想,首先是要富,然后是教。这种"先富后教"的思想符合社会发展史的规律,也符合历史唯物主义的思想。

《管子·牧民》:"仓廪实则知礼节,衣食足则知荣辱"。孔子这一思想也是符合马克思主义原理的。恩格斯在马克思墓前的讲话中充分肯定了马克思主义的观点:"人们首先必须吃、喝、住、穿,然后才能从事政治、科学、艺术、宗教等等。所以,直接的物质的生活资料的生产,从而一个民族或一个时代的一定的经济发展阶段,便构成基础,人们的国家设施、法的观点、艺术以至宗教观念,就是从这个基础上发展起来的。"

我国在"极左"路线时期,由于天天搞阶级斗争,在很大程度上阻碍了科学和经济的发展,所以,改革开放以来,党中央首先强调要让人民群众富裕起来,要给人民群众实惠,要奔小康。由此可见,孔子早在两千多年以前,就阐明了"富民"和"教民"的思想,而且科学地指出了先富后教的发展理念,这是非常富有远见卓识的。事实证明,时至今日,孔子所说的"富之"与"教之"以及"先富后教"的思想仍然非常重要。

【原文】

13.10 子曰:"苟有用我者,期月而已可也,三年有成。"

【译文】

孔子说:"如果有人用我治理国家,一年便可以搞出个样子,三年就一定会有成效。"

【评析】

孔子这句话是在言志,也是对自己德才兼备的高度自信。历史证明,孔子这种自信绝非虚妄自夸,而是对自我的正确认知。

《史记·孔子世家》记载孔子50岁时,鲁定公"以孔子为中都宰,一年,四方皆则之。由中都宰为司空,由司空为大司寇。""四方皆则之"足以说明孔子的成就是多么的显著而引人瞩目,被四方引为楷模。

后来齐国大臣担心鲁国重用孔子而强大,可能会威胁到齐国的利益,竟然向齐景公献言曰:"鲁用孔丘,其势危齐。"在著名的夹谷之会中,孔子帮助鲁定公战胜了齐景公,他的才华令齐景公大为震惊,《史记》记载齐景公归而大恐,告其群臣曰:"鲁以君子之道辅其君,而子独以夷狄之道教寡人,使得罪于鲁君,为之奈何?"认为孔子是以"君子之道"辅佐鲁定公,责备了自己身边大臣的"夷狄之道"。

由著名的夹谷之会表明,孔子可谓文武兼备,文韬武略,是一个难得的杰出人才。

【原文】

13.11 子曰:"'善人为邦百年,亦可以胜残去杀矣。'诚哉是言也!"

【译文】

孔子说:"'好人治理国家,经过一百年,也就可以消除残暴,废除刑罚杀戮了。'这话真对呀!"

【评析】

孔子说,好人需要一百年的时间,可以"胜残去杀",达到他所理想的境界。其实,从这句话的本意去理解,好人施行"德治",但并不排除刑罚的必要手段。孔子这段话还揭示了一个重要的社会发展规律,即一个社会通过治理要达到"胜残去杀"的和谐境界,并不容易,不可能一蹴而就,而是需要几代好人的努力。由此观之,20世纪50年代"大跃进"要在短期内超英赶美,实现共产主义,客观上恰恰说明我们当时没有读懂孔子这段话。治理国家不能靠头脑发热,也不能靠想当然与一厢情愿。没有"为邦百年"的历练,没有长期的努力,没有几代人承前启后、继往开来的接力发展,就不可能建设和谐社会。

【原文】

13.12 子曰:"如有王者,必世而后仁。"

【译文】

孔子说:"如果有王者兴起,也一定要三十年才能实现仁政。"

【评析】

上一章孔子讲,好人施行德治需要一百年的时间才可以到达理想境界,本章又说,王者治理国家也需要三十年的时间才能实现仁政。同样,王者在实现仁政之前的三十年间,也不能排除刑罚杀戮手段在社会政治生活中所起的重要作用。孔子这段话也说明了实现仁政的艰难性。朱熹《集注》:"王者谓圣人受命而兴也。三十年为一世。"意思是说,圣王在位,经过三十年的仁政教化,天下就可以归仁了。由此推论,我国建设精神文明,也是任重道远,不能一蹴而就。

【原文】

13.13 子曰:"苟正其身矣,于从政乎何有?不能正其身,如正人何?"

【译文】

孔子说:"如果端正了自身的行为,管理政事还有什么困难呢?如果不能端正自身的行为,怎能使别人端正呢?"

【评析】

前章孔子谈到"其身正,不令而行"可以与本章的内容互释。俗话说:"正人先正己。"孔子这里所讲的就是这个道理。孔子把"正身"看作是从政为官的重要方面,是有深刻的思想价值的。简言之,执政者自身注重修身,具有很高的道德素养,率先垂范,行政管理就比较容易了;反之,自身不正,怎么可以正人呢?这也是前章所说的"其身不正,虽令不从"。只有让被管理者心悦诚服,心甘情愿地服从管理者,才能真正形成发展的合力,功德圆满,善莫大焉。

【原文】

13.14 冉子退朝。子曰:"何晏也?"对曰:"有政。"子曰:"其事也?如有政,虽不吾以,吾其与闻之。"

【译文】

冉求退朝回来,孔子说:"为什么回来得这么晚呀?"冉求说:"有政事。"孔子说:"只是一般的事务吧?如果有政事,虽然国君不用我了,我也会知道的。"

【评析】

在孔子时代,政,是指国政;事,是指家事。冉有说"有政",实际上并不是国政,而是季氏家里的私事。孔子这里是批评和讽刺冉求的这种做法。

【原文】

13.15 定公问:"一言而可以兴邦,有诸?"孔子对曰:"言不可以若是,其几也。人之言曰:'为君难,为臣不易。'如知为君之难也,不几乎一言而兴邦乎?"曰:"一言而丧邦,有诸?"孔子对曰:"言不可以若是,其几也,人之言曰:'予无乐乎为君,唯其言而莫予违也。'如其善而莫之违也,不亦善乎?如不善而莫之违也,不几乎一言而丧邦乎?"

【译文】

鲁定公问:"一句话就可以使国家兴盛,有这样的话吗?"孔子答道:"不可能有这样的话,但有近乎这样的话。有人说:'做君难,做臣不易。'如果知道了做君的难,这不近乎一句话可以使国家兴盛吗?"鲁定公又问:"一句话可以亡国,有这样的话吗?"孔子回答说:"不可能有这样的话,但有近乎这样的话。有人说过:'我做君主并没有什么可高兴的,我所高兴的只在于我所说的话没有人敢于违抗。'如果说得对而没有人违抗,不也好吗?如果说得不对而没有人违抗,那不就近乎于一句话可以亡国吗?"

【评析】

对于鲁定公的提问,孔子实际上做了肯定性的回答。他劝告定公,应当行仁政、礼治,不应以国君所说的话无人敢于违抗而感到高兴,这是值得注意的。作为在上位的统治者,一个念头、一句话如果不当,就有可能导致亡国丧天下的结局。

实际上,所谓一言兴邦与一言丧邦,并非是说一句话皆可以导致国家兴旺发达,或导致一个国家灭亡,而是指这一句话所蕴含的真理的重要价值。在本篇中,孔子举的两句话确实都很重要。第一句话是说如果君臣之间都能够理解"做君难,做臣不易"这句话的道理,就意味着君臣双方能够彼此理解,能够换位思考,如此一来,管理国家就比较容易了,那么国家不就兴旺了吗?反之,如果君主只喜欢听顺耳的话,即使自己的话明明是错误的,但下属都没有反对的,那么这样不就很容易导致国家的衰亡吗?用孔子这段话反思我国的政治制度和民主与法制建设,不也是很有启迪吗?

【原文】

13.16 叶公问政。子曰:"近者悦,远者来。"

【译文】

叶公问孔子怎样管理政事。孔子说:"使近处的人高兴,使远处的人来归附。"

【评析】

在本篇中,孔子所说的"近者悦,远者来。"可谓一字千金,体现了孔子思想深邃、视野宏大和胸怀的宽广,也是孔子主张实施仁政最希望达到的社会理想。《战国策》中有一篇《邹忌讽齐王纳谏》,邹忌向齐王提出纳谏的理念,邹忌认为,齐王只要虚心纳谏,就可以在各诸侯国中达到不战而胜的最佳效果,即"此所谓战胜于朝廷。"

另外,《韩非子·难三》:叶公子高问政于仲尼,仲尼曰:"政在悦近而来远。"哀公问政于仲尼,仲尼曰:"政在选贤。"由此可见,孔子治理国家确实具有真知灼见。

从孔子的"近者悦,远者来",到孟子所主张的"得天下英才而教育之",再到习近平主席倡导的"聚天下英才而用之",体现了从社会治理到以人才为本的社会发展理念。由此反思改革开放以来曾经大量的人才外流,客观上背离了孔子所说的"近者悦,远者来"与孟子所主张的"得天下英才而教育之"的思想内涵。

【原文】

13.17 子夏为莒父宰,问政。子曰:"无欲速,无见小利。欲速,则不达;见小利,则大事不成。"

【译文】

子夏做莒父的总管,问孔子怎样办理政事。孔子说:"不要求快,不要贪求小利。求快,反而达不到目的;贪求小利,就做不成大事。"

【评析】

莒父:是鲁国的一个城邑,在今山东省莒县境内。"无欲速,无见小利。欲速则不达,见小利则大事不成。"这是一句影响深远的格言警句,对于个人修身养性,对于处理很多事情,乃至对于国家治理,都具有重要的指导意义。"欲速则不达",贯穿着辩证法思想,即对立的事物可以互相转化。孔子要求子夏从政不要急功近利,否则就无法达到目的;不要贪求小利,否则就做不成大事。

当然,无欲速,并非不讲速度和效益,而是遵循事物的发展规律,不盲目超越客观规律。1958年的"大跃进"就是"欲速",客观上违背了经济发展规律。为什么要"无见小利"呢?因为人生在世,时常会遇到一些蝇头小利的诱惑,稍有不慎,就会被自己的欲望甚至是贪欲所诱惑,结果上当受骗,深陷其中而不能自拔。各种"大老虎"最初也都是正常的人,连"苍蝇蚊子"也不算,最初也许就是贪图小利,逐渐由"苍蝇蚊子"变成"大老虎"。人生如此,不亦悲乎!

孔子这句格言启示我们:做事情,一方面要认识和尊重客观规律;另一方面,要抓大放小,注重大局、整体利益和长远利益。我们前些年片面倡导GDP,不惜污染环境,结果不仅污染了生态环境,损坏了人们的健康,也影响了经济社会的科学发展和可持续发展,客观上竟然与孔子所说的"欲速则不达"相契合,教训是非常深刻的。

【原文】

13.18 叶公语孔子曰:"吾党有直躬者,其父攘羊,而子证之。"孔子曰:"吾党之直者异于是:父为子隐,子为父隐,直在其中矣。"

【译文】

叶公告诉孔子说:"我的家乡有个正直的人,他的父亲偷了人家的羊,他告发了父亲。"孔子说:"我家乡的正直的人和你讲的正直人不一样:父亲为儿子隐瞒,儿子为父亲隐瞒。正直就在其中了。"

【评析】

孔子主张在家庭内部是父慈子孝,把正直的道德纳入"孝"与"慈"的范畴之中,一切都要服从"礼"的规定。他认为"父为子隐,子为父隐"就是具有了"直"的品格。有学者认为,即"人子不能自外于父母之过,做一个幸灾乐祸甚至告密揭发的'陌生人',而应义不容辞地反复劝止,使其过失降低到最低程度。"[①]实际上,对待孔子这句话的理解,反映了孔子对待人性、人情与刑法之间关系的思考。

【原文】

13.19 樊迟问仁。子曰:"居处恭,执事敬,与人忠。虽之夷狄,不可弃也。"

【译文】

樊迟问怎样才是仁。孔子说:"平常在家规规矩矩,办事严肃认真,待人忠心诚意。即使到了夷狄之地,也不可背弃。"

---

① 刘强:《论语新识》,岳麓书社,2016年版,第360—361页。

【评析】

这里孔子对"仁"的解释,是以"恭""敬""忠"三个德目为基本内涵。在家恭敬有礼,就是要符合孝悌的道德要求;办事严肃谨慎,就是要符合"礼"的要求;待人忠厚诚实显示出仁德的本色。孔子非常注重为人的诚信,所以"与人忠"真实地再现了孔子的交友观。

遗憾的是,在现实中的交友中,有些人需要你的时候,甜言蜜语;不需要你的时候,形同陌路。这种为人处世之道看似很聪明,实际上伤的是友情,但暴露的是你的人品。岂不悲乎!

【原文】

13.20 子贡问曰:"何如斯可谓之士矣?"子曰:"行己有耻,使于四方,不辱君命,可谓士矣。"曰:"敢问其次。"曰:"宗族称孝焉,乡党称弟焉。"

曰"敢问其次。"曰:"言必信,行必果,硁硁然小人哉!抑亦可以为次矣。"曰:"今之从政者何如?"子曰:"噫!斗筲之人,何足算也?"

【译文】

子贡问道:"怎样才可以叫作士?"孔子说:"自己在做事时有知耻之心,出使外国各方,能够完成君主交付的使命,可以叫做士。"子贡说:"请问次一等的呢?"孔子说:"宗族中的人称赞他孝顺父母,乡党们称他尊敬兄长。"子贡又问:"请问再次一等的呢?"孔子说:"说到一定做到,做事一定坚持到底,不问是非地固执己见,那是小人啊。但也可以说是再次一等的士了。"子贡说:"现在的执政者,您看怎么样?"孔子说:"唉!这些器量狭小的人,哪里能数得上呢?"

【评析】

士:士在周代贵族中位于最低层。此后,士成为古代社会知识分子的通称。硁硁:象声词,敲击石头的声音,引申为像石块那样。

士是中国古代社会知识分子的通称,可以分为几个层次。孔子这段对话中分析了三者不同类型的士。孔子观念中的"士",首先是有知耻之心、不辱君命的人,能够担负一定的国家使命;其次是孝敬父母、顺从兄长的人;再次才是"言必信,行必果"的人。至于现在的当政者,他认为是器量狭小的人,根本算不上士。

《孟子》的《离娄章句下》,载孟子曰:"大人者,言不必信,行不必果,惟义所在。"意思是说,通达的人说话不一定句句守信,做事不一定非有结果不可,只要合乎道义就行。由此可见,孔子把"言必信,行必果"的人视为小人,是指拘泥或者固执于某种言行的诚信,没有学会变通和通达,如同孟子所言的"大人者,言不必信,行不必果,惟义所在。"

【原文】

13.21 子曰:"不得中行而与之,必也狂狷乎!狂者进取,狷者有所不为也。"

【译文】

孔子说:"如果不能与中庸之道的人交往,就一定与狂者、狷者相交往了。狂者敢作敢为,狷者能够坚守做人的底线。"

【评析】

"狂"与"狷"是两种不同的性格特点。"狂"是流于冒进,进取,敢作敢为;"狷"是为了洁身自好,比较保守,不敢作为。孔子认为,中行就是不偏不狂,也不偏于狷。孔子这里说的"中行",实际上就是中道或中庸,是指做人做事的适度恰当,孔子反对极端,认为"过犹不及"。孔子主张"中行"的思想值得我们继承学习,因为"中行"符合辩证思维,符合事物发展过程中的稳定态。

【原文】

13.22 子曰:"南人有言曰:'人而无恒,不可以作巫医。'善夫!'不恒其德,或承之羞。'"子曰:"不占而已矣。"

【译文】

孔子说:"南方人有句话说:'人如果做事没有恒心,就不能当巫医。'这句话说得真好啊!'人不能长久地保持自己的德行,免不了要遭受耻辱。'"孔子又说:"《周易》这句话是说,没有恒心的人用不着去占卦了。"

【评析】

不恒其德,或承之羞:引自《易经·恒卦·爻辞》。孔子这里讲了两层意思:一是人必须有恒心,这样才能成就事业。二是人必须恒久保持德行,否则就可能遭受耻辱。这是他对自己的要求,也是对学生们的告诫。

《孟子·滕文公上》:"民之为道也,有恒产者有恒心,无恒产者无恒心。苟无恒心,放辟邪侈,无不为已。"《孟子·梁惠王上》:"无恒产而有恒心者,惟士为能。若民,则无恒产,因无恒心。苟无恒心,放辟邪侈,无不为已。"孟子之语可以帮助我们理解孔子所说的"恒心"。孔子这段话表现了儒家思想所蕴含的理性精神,也体现了现代情商理论中的自我激励思想。人生在世,要保持恒心,需要自我调控,更需要自我激励,才能保持特定的"恒心"。

【原文】

13.23 子曰:"君子和而不同,小人同而不和。"

【译文】

孔子说:"君子能够与人和睦相处,但不求同一;小人与人相处只求同一,但不能和睦相处。"

【评析】

"和"与"同"是中国古代两个哲学命题。"和"是指调和,是在礼的指导下协调各种社会矛盾、处理各种社会关系的原则;"同",是相同的东西相加或与人相混同,各方面之间完全相同。儒家非常注重"礼之用,和为贵",所以《礼记·中庸》说"喜、怒、哀、乐之未发,谓之中。发而皆中节,谓之和。中也者,天下之大本也。和也者,天下之达道也。致中和,天地位焉,万物育焉。"中和是事物发展过程中的一种极致状态,体现了最高的和谐。

"和而不同"是孔子思想体系中的重要组成部分。"君子和而不同,小人同而不和。"君子可以与他周围的人保持和谐融洽的关系,但他对待任何事情都必须经过自己大脑的独立思考,从来不愿人云亦云,盲目附和;但小人则没有自己独立的见解,只求与别人完全一致,而不讲求原则,但他不能与别人保持融洽的关系。

"和而不同"不仅可以用于处理人际关系,而且还可以用于处理国际关系。在国际事务中,应该"和而不同",避免霸权政治。"和而不同"显示了孔子思想的深刻哲理和高度智慧。

【原文】

13.24 子贡问曰:"乡人皆好之,何如?"子曰:"未可也。""乡人皆恶之,何如?"子曰:"未可也。不如乡人之善者好之,其不善者恶之。"

【译文】

子贡问孔子说:"全乡人都喜欢、赞扬他,这个人怎么样?"孔子说:"这还不能肯定。"子贡又问孔子说:"全乡人都厌恶、憎恨他,这个人怎么样?"孔子说:"这也是不能肯定的。最好的人是全乡的好人都喜欢他,全乡的坏人都厌恶他。"

【评析】

对于一个人的正确评价,其实并不容易。但孔子在这里把握住了一个原则,即不以众人的好恶为依据,而应以善恶为标准,即只有好人说你好,坏人说你坏,你才是好人。听取众人的意见是应当的,也是判断一个人优劣的依据之一,但绝不是唯一的依据,而是应该善于从中听取正确的意见。他的这个思想对于我们今天识别好人与坏人有重要意义,对于正确鉴别人才,选拔干部也不无启迪。

比如,在民主选举中,有些老好人虽然德才一般,又没有原则性,平时不得罪人,民主测验或者选举时,有时可能得到很高的票数;相反,那些德才兼备而又敢于坚持原则的人,反而得到的票数不如那些老好人,也不如那些善于伪装的、道貌岸然的伪君子。

孔子在"乡人皆好之"或"乡人皆恶之"的前提下,给予了非常正确的回答:"乡人之善者好之,其不善者恶之。"他认为这样的人才是好人。对此,组织部门识别人才,发现人才,鉴别人才,任用人才等,每个环节都需要非常慎重。

【原文】

13.25 子曰:"君子易事而难说也。说之不以道,不说也;及其使人也,器之。小人难事而易说也。说之虽不以道,说也;及其使人也,求备焉。"

【译文】

孔子说:"君子很容易共事,但很难取悦。不按正道去讨他的喜欢,他是不会喜欢的。但是,当他使用人的时候,总是量才用人;小人不容易共事,但很容易讨好。即使不按正道去讨他的喜欢,他也会高兴;但等到他使用人才的时候,却往往求全责备。"

【评析】

君子喻于义,小人喻于利。因此,君子是以义为标准,来考量人际关系和判断事物的;而小人是以个人利益为标准,来考量人际关系和判断事物的。孔子这里提出了君子与小人之间的另一个区别。

在孔子看来,君子处事比较公正,心胸宽广,能够责己严,宽以待人,不太计较小事,所以,与君子相处比较容易,但要获得君子的认同,就需要符合君子的评价标准,所以要取悦君子是不容易的。君子平时虽然并不对人百般挑剔,但在选用人才的时候,往往能够量才而用,不会求全责备。但小人与君子相反,因为小人斤斤计较,小心眼,心胸狭窄,日常很不容易相处;但要取悦小人,却很容易,因为小人喻于利,只要你给他一点利益,他就暂时满足了自己的欲望。在现实社会中,君子并不多见,而此类小人则屡见不鲜。

【原文】

13.26 子曰:"君子泰而不骄,小人骄而不泰。"

【译文】

孔子说:"君子庄重而不傲慢放纵,小人傲慢放纵而不庄重。"

【评析】

泰,这里是庄重的意思。孔子这里继续探讨君子与小人的个性区别。孔子启发我们,人生在世,就应该学习君子的所作所为,在个性塑造方面,要"泰而不骄",保持谦虚谨慎的性格,踏踏实实做事,老老实实做人。而小人得志就很容易猖狂,最终自掘坟墓。

【原文】

13.27 子曰:"刚、毅、木、讷,近仁。"

【译文】

孔子说:"刚强、果敢、朴实、谨慎,这四种品德接近于仁。"

【评析】

孔子把"仁"和人的朴素气质归为一类。这里首先必须是刚毅果断,其次必须言行谨慎,这样就接近于仁的最高境界了。这一主张与孔子的一贯思想是完全一致的。在孔子看来,"仁"是人内在的修行,可以外化为"刚、毅、木、讷";反过来看,我们从一个人的"刚、毅、木、讷"的外在显现,就可以间接地理解这个人内在的"仁"。

【原文】

13.28 子路问曰:"何如斯可谓之士矣?"子曰:"切切偲偲,怡怡如也,可谓士矣。朋友切切偲偲,兄弟怡怡。"

【译文】

子路问孔子道:"怎样才可以称为士呢?"孔子说:"互助督促勉励,相处和和气气,可以算是士了。朋友之间互相督促勉励,兄弟之间相处和和气气。"

【评析】

偲偲:勉励、督促、诚恳的样子。怡怡:和气、亲切、顺从的样子。物以类聚,人以群分。从社会学的角度来看,人是属于不同的社会群体的,在各种不同的社会群体中,有的群体是有组织结构的;有的是自发的,没有组织结构,但是志趣相同。在孔子看来,真正的士,应该彼此之间志趣相同,必须融洽和谐,而不是勾心斗角、尔虞我诈。这样的士结合在一起,形成一个特定的群体,群体内部彼此之间要互相激励,共同发展进步。由此可见,孔子认为,真正的士彼此之间不是酒肉朋友,而是坦诚相待,友好相处,共同形成一个积极健康的具有正能量的社会文化圈。

【原文】

13.29 子曰:"善人教民七年,亦可以即戎矣。"

【译文】

孔子说:"优秀的教官教练百姓七年,也就可以叫他们去当兵打仗了。"

【评析】

孔子深谙兵家之道,认为让好教官训练普通百姓七年,就可以培养出参军作战的本领。这句话反映出孔子对待百姓和战争的高度重视,一方面,训练七年,被训练者才能真正具备作战本领,这意味着孔子对民众生命的高度重视;另一方面,君子不轻易言战,战则必胜,这就需要强大的军事力量和军队优秀的作战能力。因此,经过7年的训练,才能达到高水平的军事素养和作战能力。

【原文】

13.30 子曰:"以不教民战,是谓弃之。"

【译文】

孔子说:"如果不先对老百姓进行作战训练,这就叫抛弃他们。"

【评析】

本章和上一章都讲了教练百姓作战的问题,从中可以看出,孔子并不完全反对军事手段解决某些问题。他认为,如果没有很好地训练百姓,就轻易让百姓参加作战,这就是抛弃了他们。孔子的意思是说,"以不教民战"就意味着白白让百姓去战场上送死,所以是抛弃百姓的生命。由此,我们也可以看出孔子的民本思想与人文情怀。

第十四篇 《宪问》译评

【本篇引语】

本篇共计44章。其中著名的句子有:"见危授命,见利思义";"君子上达,小人下达";"古之学者为己,今之学者为人";"不在其位,不谋其政";"君子思不出其位";"君子耻其言而过其行";"修己以安百姓";"仁者不忧,智者不惑,勇者不惧"。这一篇中所包括的主要内容有:作为君子应该具备的某些品德;孔子对当时社会上的各种现象的评论;孔子提出"见利思义"的义利观等。

【原文】

14.1 宪问耻。子曰:"邦有道,谷;邦无道,谷,耻也。""克、伐、怨、欲不行焉,可以为仁矣?"子曰:"可以为难矣,仁则吾不知也。"

【译文】

原宪问孔子什么是可耻。孔子说:"国家有道,做官拿俸禄;国家无道,还做官拿俸禄,这就是可耻。"原宪又问:"好胜、自夸、怨恨、贪欲都没有的人,可以算做到仁了吧?"孔子说:"这可以说是很难得的,但至于是不是做到了仁,那我就不知道了。"

【评析】

孔子的学生原宪,请教孔子什么是可耻。孔子这里认为,国家政治清明,当官领取俸禄,这是正常合理的;但如果国家政治不清明,却依然做官拿俸禄,这就是无耻。《论语·泰伯》中,孔子说:"危邦不入,乱邦不居。天下有道则见,无道则隐。邦有道,贫且贱焉,耻也;邦无道,富且贵焉,耻也。"由此可见,孔子非常重视国家是否安定,是否政治清明,如果政治清明,就出仕干一番事业;如果政治混乱,就不出来从政。因此,"邦有道,谷;邦无道,谷,耻也。"完全符合孔子的从政理念。

【原文】

14.2 子曰:"士而怀居,不足以为士矣。"

【译文】

孔子说:"士如果留恋家庭的安逸生活,就不配做士了。"

【评析】

孔子的意思是说,大丈夫应该有所作为,不能留恋家庭的安逸生活;如果留恋家庭的安逸生活,就不配做士了。在孔子看来,士应该有所作为,是要干一番事业的,为此,就要克服贪图安逸的思想;相反,如果贪图安逸,就不可能干出一番事业。

从人才开发的角度来看,人生在世,不仅要读万卷书,也要行万里路。行万里路,就意味着要背井离乡,在广袤的世界里广采博取,不断丰富和完善自己,才能提高成才的概率。古往今来,多少仁人志士,志存高远,为了前途而远离故乡,"先天下之忧而忧,后天下之乐而乐",最终取得人生辉煌的成就。

为了更好地成才,我们应该谨记"士而怀居,不足以为士矣"的历史教训。

【原文】

14.3 子曰:"邦有道,危言危行;邦无道,危行言孙。"

【译文】

孔子说:"国家有道,要正言正行;国家无道,还要正直,但说话要随和谨慎。"

【评析】

危:直,正直。孙:同"逊"。孔子认为,当国家政治清明时,人的言行都要正直;国家政治黑暗时,行为可以正直,但要注意说话的方式方法。只有这样,才可以避免祸端。很显然,这是孔子的一种为政之道,也具有明哲保身的意味。

对孔子这种观点,也许会有人站在理想的高度对孔子求全责备。笔者认为,我们姑且不说个体的历史局限性,只要反思读书人在各个历史时期,有多少人"危言危行"?有多少人"危行言孙"?实际上,在连年战乱或政治运动频发的非常时期,有不少人的人性已经扭曲,不但行为不正直,而且连语言也假话连篇,哪里还有什么"危行言孙"呢?所以,人生在世,在国家政治清明的时期,能够做人正直,语言直率,固然可钦可佩,但在国家黑暗的时期,能够做到"危行言孙",已经实属不易了。孔夫子是理想化的大仁者,教导人们行为正直而又自我保护。因为"言孙",避免锋芒毕露,在一定程度上有利于保护自己,也是人生一种处事的艺术。

【原文】

14.4 子曰:"有德者必有言,有言者不必有德。仁者必有勇,勇者不必有仁。"

【译文】

孔子说:"有道德的人,一定有好的言论,有好言论的人不一定有道德。仁人一定勇敢,勇敢的人不一定都有仁德。"

【评析】

在语言与思想的关系上,一方面语言是思想的外壳,言为心声,所以"有德者必有言",即具有道德修养的人,说出的话也会体现出好的内容;但另一方面,语言又是可以伪装的,即好的语言的演说者本身可能是有德之人,但也不一定是有德之人,甚至有可能是缺德之人,比如口蜜腹剑者,肯定是无德之人。在现实中,一些腐败分子在职期间,虽然本质上已经腐败了,但仍然可以在反腐倡廉大会上作反腐报告,其反腐的言论完全是正确的,但实质上已经言不由衷、口是心非了。这类"大老虎""苍蝇"和"蚊子"之类的腐败分子,说了很多冠冕堂皇的言论,但时间证明他们是无德之人。

在仁德与勇敢的关系上,孔子认为,有仁德的人,一定会勇敢;但勇敢的人未必是仁德之人。比如古语所说的"重赏之下必有勇夫",这里所说的"勇夫"虽然也很勇敢,但不能称得上是有仁德之人。笔者认为,在认识仁德与勇敢的关系上,关键的一点是看一个人勇敢的动机或者目的具体是什么。个人勇敢的动机如果不是为了一己之私,那么,他的勇敢可以说明他是有德之人;反之,有德之人勇敢的动机或目的很显然不是为了个人一己之私,这恰恰体现了"仁者必有勇"的内在逻辑。

【原文】

14.5 南宫适问于孔子曰:"羿善射,奡荡舟,俱不得其死然。禹、稷躬稼而有天下。"夫子不答。南宫适出。子曰:"君子哉若人!尚德哉若人!"

【译文】

南宫适问孔子:"羿善于射箭,奡善于水战,最后都不得好死。禹和稷都亲自种植庄稼,却得到了天下。"孔子没有回答,南宫适出去后,孔子说:"这个人真是个君子呀!这个人真尊重道德。"

【评析】

南宫适:适,音 kuò,南宫适即南容,是孔子的学生。羿:传说中夏代有穷国的国君,善于射箭,曾夺夏太康的王位,后被其臣寒浞所杀。奡:音 ào,传说中寒浞的儿子,后来为夏少康所杀。禹稷:禹,夏朝的开国之君,善于治水,注重发展农业。稷,传说是周朝的祖先,又为谷神,教民种植庄稼。

孔子是道德主义者,他鄙视武力和权术,注重施仁政,崇尚朴素和道德。南宫适认为禹、稷以德而有天下,羿、奡以力而不得其终。孔子肯定了南宫适的说法,认为南宫适很有道德,是个君子。后代儒家发展了这一思想,提出"恃德者昌,恃力者亡"的主张,要求统治者以德治天下,而不要以武力得天下,否则,最终是没有好下场的。

"恃德者昌,恃力者亡"出自《史记·商君列传》,赵良劝说商鞅积德行善、明哲保身:"《书》曰:'恃德者昌,恃力者亡。'君之危若朝露,尚将欲延年益寿乎?则何不归十五都,灌园於鄙,劝秦王显岩穴之士,养老存孤,敬父兄,序有功,尊有德,可以少安。君尚将贪商於之富,宠秦国之教,畜百姓之怨,秦王一旦捐宾客而不立朝,秦国之所以收君者,岂其微哉?亡可翘足而待。"习近平2016年4月28日在《凝聚共识 促进对话 共创亚洲和平与繁荣的美好未来——在亚信第五次外长会议开幕式上的讲话》中使用了"恃德者昌,恃力者亡"的典故①。

【原文】

14.6 子曰:"君子而不仁者有矣夫,未有小人而仁者也。"

【译文】

孔子说:"君子中没有仁德的人是有的,而小人中有仁德的人是没有的。"

【评析】

君子是有德之人,也有疏忽或者偶尔有失察的时候,人非圣贤孰能无过?《朱子集注》引谢氏曰:"君子志于仁矣,然毫忽之间,心不在焉,则未免为不仁也"。笔者赞同此说。孔子这里对君子的不仁德给予了一定的理解,但明确认为小人受利益驱动,是不可能有仁德的。

我们在人才评价的过程中,可以借鉴孔子这一观点。一方面因为人无完人,所以,对人才不能求全责备;另一方面,一些无德的小人因为缺乏仁德,所以,我们不能信任和重用这类小人。

【原文】

14.7 子曰:"爱之,能勿劳乎?忠焉,能勿诲乎?"

---

① 郭沂:《恃德者昌,恃力者亡》,《光明日报》,2016年12月20日。

【译文】

孔子说:"爱他,能不让他辛劳吗？忠于他,能不教诲他吗?"

【评析】

孔子这里谈的是如何爱人和忠于人的问题。孔子认为,爱一个人,就应该让其学会辛劳;忠于人,就应该进行教诲。

《国语·鲁语下》:"夫民劳则思,思则善心生;逸则淫,淫则忘善,忘善则恶心生。"《国语》这段话可以启发我们正确理解孔子这句话的真谛。许慎《说文》:"思,容也。"容,会意字,从宀从谷,房屋和山谷都有虚空能容的意思,所以"容"的本义即"容纳",《说文》,"容,盛也"。引申出宽容、从容、仪容、容许等。又《书·洪范》:"思曰容,言心之所虑,无不包也。"由此可见,"民劳"意味着"心之所虑",要考虑周全,"无不包也";而"思,容也。"有宽容和包容之意。如此看来,因劳而思,因思而容,因容而宽容和包容,这样的人就会从中培育出善心;反之,贪图安逸之人,追求过分的欲望和享受,就会忘记善心,而逐渐生出恶的内心。

《朱子集注》引苏氏曰:"爱而无劳,禽犊之爱也。忠而无诲,妇寺之忠也。爱而知劳之,则其为爱也深矣。忠而知诲之,则其为忠也大矣。"《朱子集注》这里所引的苏氏之言,也从人与动物区别的角度出发,阐释了"禽犊之爱"与"妇寺之忠",要求人们应该学会"爱而知劳之",认为这才是真正的大爱。

在独生子女的教育过程中,很多家庭出现了溺爱孩子的不良倾向,最终因为溺爱的缘故,客观上制约和阻碍了孩子的自立自强与健全人格的完善。

【原文】

14.8 子曰:"为命,裨谌草创之,世叔讨论之,行人子羽修饰之,东里子产润色之。"

【译文】

孔子说:"郑国发表的公文,都是由裨谌起草的,世叔提出意见,外交官子羽加以修饰,由子产做最后修改润色。"

【评析】

本章中的命:指国家的政令。裨谌:是郑国的大夫。世叔:即子太叔,名游吉,郑国的大夫。子产死后,继子产为郑国宰相。行人:官名,掌管朝觐聘问,即外交事务。子羽:郑国大夫公孙挥的字。东里:地名,郑国大夫子产居住的地方。本章充分说明国家公文的制定是多么的重要！国家公文不是普通的文字,而是直接关涉到国家的政令,意义非常重大,所以制定公文需要一个高水平的制定公文的团队。

在本章中,裨谌起草,世叔提出意见,子羽修饰,子产最后修改润色。子产是郑国的贤人,知人善任,《左传·襄公三十一年》:"子产之从政也,择能而使之。"在制定郑国的公文中,先有裨谌、世叔和子羽分别完成自己在制定公文中的职责,最后再由他修改润色。从公文写作的过程和基本规律来看,一般而言,经过这么多道认真的工序,公文就会水到渠成,甚至炉火纯青了。

从孔子这段话谈公文写作,联想到我们今天的许多公文不难发现:我们很多公文不但缺思想,假大空现象随处可见,而且也少文采,有时甚至文句不通。

【原文】

14.9 或问子产。子曰:"惠人也。"问子西。曰:"彼哉!彼哉!"问管仲。曰:"人也。夺伯氏骈邑三百,饭疏食,没齿无怨言。"

【译文】

有人问子产是个怎样的人。孔子说:"是个有恩惠于人的人。"又问子西。孔子说:"他呀!他呀!"又问管仲。孔子说:"他是个有才干的人,他把伯氏骈邑的三百家夺走,使伯氏终生吃粗茶淡饭,直到老死也没有怨言。"

【评析】

这一章是孔子评价子产、子西和管仲的一段话。子西:一说是公孙夏,子产的同宗兄弟①,"二人相继执政,对事情的处理上便显出优劣"②;一说指楚国的令尹,名申,曾经劝阻楚昭王,不让重用孔子③。此处应该是指楚国的公子申④。人也:即此人也。伯氏:齐国的大夫。骈邑:地名,伯氏的采邑。孔子一项对子产评价很高,这里认为子产是对百姓有恩惠的人,而对子西的为人并不赞同,却不好说出口,只好用"彼哉!彼哉!"搪塞过去。这章中,孔子对管仲的评价实际上也是比较高的,他夺走别人的家产,别人却没有埋怨。这说明管仲执法比较公正,让人比较信服。

【原文】

14.10 子曰:"贫而无怨难,富而无骄易。"

---

① 朱振家:《论语全解》,上海古籍出版社,2014年版,第214页。
② 刘德林:《论语新解》,山东人民出版社,2017年版,第200页。
③ 刘强:《论语新识》,岳麓书社,2016年版,第383页。
④ 史颐源:《论语清源》,中国文史出版社,2014年版,第323页。

【译文】

孔子说:"贫穷而能够没有怨恨是很难做到的,富裕而不骄傲是容易做到的。"

【评析】

孔子这句话是谈人生境界的不同层次。

俗话说,人穷志短,马瘦毛长。人生如果贫穷,吃喝住穿都无法得到基本的满足,就很难保持独立人格和所谓的清高。古往今来,除了极少数仁人志士能够做到安贫乐道以外,绝大多数芸芸众生"贫而有怨"是很正常的情绪表达,很难不怨天尤人,或者感叹世事不济,或自己命运不好,或老天不公等。对此,孔子是表示理解的,所以他说"贫而无怨难"。但对于已经富裕的人们来说,完全可以通过礼仪教化,做到"富而无骄"。

孔子这段话启示我们,在国家治理的过程中,作为执政者,最重要的不是去批评、埋怨或者惩罚那些"贫而有怨"的老百姓,而是应该尽最大努力让老百姓富裕起来,因为"贫而无怨难"啊!当国家政治清明,人们富裕起来以后,要做到"富而无骄"也不是太容易,虽然富裕以后,客观条件有利于人们通过学习提高自己的素养,但物质上富裕是一回事,要做到"富而无骄",为人文质彬彬、谦和礼貌是另一回事,二者并不是简单的对应关系。要真正做到"富而无骄",那些富裕的人们还需要有一个漫长的道德濡化和文明熏陶的过程。由此出发,我们就可以理解一些暴富者之所以有暴发户心态,就在于他们还没有完成这个濡化和熏陶的漫长过程。

【原文】

14.11 子曰:"孟公绰为赵魏老则优,不可以为滕薛大夫。"

【译文】

孔子说:"孟公绰做晋国赵氏、魏氏的家臣,是才力有余的,但不能做滕、薛这样小国的大夫。"

【评析】

孔子这里评价孟公绰的才能,实际上也是在间接地提醒鲁国的执政者。孟公绰为人清廉寡欲,才能足以胜任晋国赵氏、魏氏的家臣,但不足以胜任滕、薛这样小国的大夫。因为麻雀虽小,五脏俱全,在弱肉强食的混乱时代,小国为了生存,更需要治理国家的能臣,而孟公绰既然不能胜任滕、薛这样的国家的大夫,当然也不能胜任鲁国的大夫。

【原文】

14.12 子路问成人。子曰:"若臧武仲之知,公绰之不欲,卞庄子之勇,冉求之艺,文之以礼乐,亦可以为成人矣。"曰:"今之成人者何必然?见利思义,见危授命,久要不忘平生之言,亦可以为成人矣。"

【译文】

子路问怎样做才是一个完美的人。孔子说:"如果具有臧武仲的智慧,孟公绰的克制,卞庄子的勇敢,冉求那样多才多艺,再用礼乐加以修饰,也就可以算是一个完人了。"孔子又说:"现在的完人何必一定要这样呢?见到财利想到义的要求,遇到危险能献出生命,长久处于穷困还不忘平日的诺言,这样也可以成为一位完美的人。"

【评析】

从教育史上和人才史的角度来看,"成人"是一个非常重要的概念。所谓"成人",并非简单指年满十八岁,而是指具有完善人格、德才兼备的完美的人。

孔子在这段话中回答了他对成人的理解。孔子认为,具备完善人格的人,应当富有智慧、克制、勇敢、多才多艺和礼乐兼修。孔子这里提到的几个人物,都各具特色:臧武仲是鲁国大夫,非常智慧;孟公绰克制私欲,非常清廉;卞庄子鲁国卞邑大夫,以勇力著称,相传能力搏猛虎①;冉求是孔子七十二贤之一,文武兼备,既有行政管理才能,也有理财能力,多才多艺。孔子还认为,在具备上述几个人的本质特点的基础上,还需要具有礼乐修养,这样才称得上是"成人"。

孔子知道自己对"成人"的理解有些太过于完美了,所以,认为现在能够做到见利思义,君子爱财,取之有道,义然后取,遇到危险时能够见义勇为,不要忘记自己的承诺,能够做到这些,也就称得上是"成人"了。

孔子对"成人"的理解对于今天我们的素质教育和人才培养,都具有重要的启发意义。我们多年来的应试教育难道不是应该认真反思吗?实际上,孔子提出的"见利思义,见危授命,久要不忘平生之言"是普通人通过家庭、学校和社会多方面的教化,都是可以做到的。但遗憾的是,由于存在见义勇为反而被讹诈的不良现象,舆论上还在谈论遇到老人摔倒该不该扶的话题,真是羞对两千多年前的孔夫子。

在我们大力倡导素质教育的今天,各类学校是否可以首先对学生进行"见利

---

① 杜道生:《论语新注新译》,中华书局,2011年版,126页。

思义,见危授命,久要不忘平生之言"的教育呢?

【原文】

14.13 子问公叔文子于公明贾曰:"信乎,夫子不言,不笑,不取乎?"公明贾对曰:"以告者过也。夫子时然后言,人不厌其言;乐然后笑,人不厌其笑;义然后取,人不厌其取。"子曰:"其然?岂其然乎?"

【译文】

孔子向公明贾问到公叔文子,说:"先生他不说、不笑、不取钱财,是真的吗?"公明贾回答道:"这是告诉你话的那个人的过错。先生他到该说时才说,因此别人不厌恶他说话;快乐时才笑,因此别人不厌恶他笑;合于礼要求的财利他才取,因此别人不厌恶他取。"孔子说:"原来这样,难道真是这样啊!"

【评析】

公叔之子:卫国大夫公孙拔,卫献公之子,谥号"文"。公明贾:姓公明字贾,卫国人。夫子:文中指公叔文子。孔子这里通过评价公叔文子,进一步阐释"义然后取"的思想,只要合乎于义、礼,公叔文子并非不说、不笑、不取钱财。

从人际交往的角度来看,每个人说话时都要注意对象、时间、地点、场合与情境,该说话时就说话,说话要注意内容和表达形式的分寸,既不能口无遮拦、口若悬河、滔滔不绝,浪费别人的时间,也不能沉默寡言,故作深沉状或消极状,要掌握恰到好处的一个度;从情感表达的角度来看,乐由中出,情由心生,一个人内心感到快乐时,就会眉开眼笑,喜气盈面;从人的物质需求来看,"义然后取",他人就不会嫉妒和憎恨。

公叔文子能够做到"时然后言,人不厌其言;乐然后笑,人不厌其笑;义然后取,人不厌其取",这对于我们今天的为人处世仍然具有深刻的启发。孔子听到关于公叔文子的传言,半信半疑,当听到公明贾这样推崇公叔文子时,从内心产生了深切的感慨。

【原文】

14.14 子曰:"臧武仲以防求为后于鲁,虽曰不要君,吾不信也。"

【译文】

孔子说:"臧武仲凭借防邑请求鲁君在鲁国替臧氏立后代,虽然有人说他不是要挟君主,我不相信。"

【评析】

臧武仲因得罪孟孙氏逃离鲁国,后来回到防邑,向鲁君要求,以立臧氏之后为卿大夫作为条件,自己离开防邑。孔子认为他说自己不要挟君主,但与君主谈条件,就是犯上作乱,犯下了不忠的大罪。

实际上,臧武仲本人具有治国才能,得到齐王的器重,结合臧武仲受到孟孙氏的排挤这一事实来看,臧武仲还是心系鲁国,并没有反叛的行为,甚至拒绝了齐王对他封城的美意。因此,从人才战略的角度来看,鲁国排挤走臧武仲,这本身是一次比较严重的人才外流现象;从臧武仲自保的角度来看,留住防这个地方,也是为自己保留了在鲁国的根基。至于孔子怀疑臧武仲要挟君主,我们姑且存疑。

【原文】

14.15 子曰:"晋文公谲而不正,齐桓公正而不谲。"

【译文】

孔子说:"晋文公诡诈而不正派,齐桓公正派而不诡诈。"

【评析】

晋文公与齐桓公都是春秋时期重要的霸主,但孔子对两位著名政治家的评价为何截然相反呢?他主张"礼乐征伐自天子出",对时人的违礼行为一概加以指责。晋文公称霸后召见周天子,这对孔子来说是不可接受的,所以他说晋文公诡诈。齐桓公打着"尊王"的旗号称霸,孔子认为他的做法符合于礼的规定。所以,他对晋文公、齐桓公做出上述不同的评价。

实际上,晋文公的霸主地位要比齐桓公略逊一筹。齐桓公胸怀宽广,处事比较公正。特别是在用人方面,能够不拘一格,在鲍叔牙极力推荐下,不计前嫌,任用对他有一箭之仇的管仲为宰相,终于"九合诸侯,一匡天下",成为后世建功立业和任人唯贤的佳话。

【原文】

14.16 子路曰:"桓公杀公子纠,召忽死之,管仲不死。"曰:"未仁乎?"子曰:"桓公九合诸侯,不以兵车,管仲之力也。如其仁!如其仁!"

【译文】

子路说:"齐桓公杀了公子纠,召忽自杀以殉,但管仲却没有自杀。管仲不能算是仁人吧?"孔子说:"桓公多次召集各诸侯国的盟会,不用武力,都是管仲的力量啊。这就是他的仁德,这就是他的仁德。"

【评析】

公子纠:齐桓公的哥哥。齐桓公与他争位,杀掉了他。召忽:管仲和召忽都是公子纠的家臣。公子纠被杀后,召忽自杀,管仲归服于齐桓公,并当上了齐国的宰相。

孔子虽然主张臣事君以忠,但在评价管仲是否仁的问题上,孔子站在王道与人道的高度,充分肯定了管仲的做法是真正的仁德,孔子虽然没有明确评价召忽自杀以殉的问题,但实质上通过对管仲的肯定,恰恰说明了他并不赞同召忽自杀的行为。

公子纠被杀了,召忽自杀以殉其主,而管仲却没有死,不仅如此,他还归服了其主的政敌,担任了宰相。按照世俗的观点来看,一般会认为管仲这样的行为应当属于对其主的不忠,但孔子能够从大局出发,认为管仲帮助齐桓公召集诸侯会盟,而不依靠武力,是依靠仁德的力量,值得称赞。孔子对管仲的评价,对于我们现在如何评价历史人物和历史事件,都具有重要的启发意义。孔子评价的意义在于他重视对人的生命关怀,重视实行王道,而不是霸道,这恰恰符合社会发展的规律。

【原文】

14.17 子贡曰:"管仲非仁者与?桓公杀公子纠,不能死,又相之。"子曰:"管仲相桓公,霸诸侯,一匡天下,民到于今受其赐。微管仲,吾其被发左衽矣。岂若匹夫匹妇之为谅也,自经于沟渎而莫之知也。"

【译文】

子贡问:"管仲不能算是仁人了吧?桓公杀了公子纠,他不能为公子纠殉死,反而做了齐桓公的宰相。"孔子说:"管仲辅佐桓公,称霸诸侯,匡正了天下,老百姓到了今天还享受到他的好处。如果没有管仲,恐怕我们也要披散着头发,衣襟向左开了。哪能像普通百姓那样恪守小节,自杀在小山沟里,而谁也不知道呀。"

【评析】

本章和上一章都是评价管仲。对于子贡提出管仲是否仁的质疑,孔子非常明确地肯定了管仲对齐国乃至对社会的重要贡献。管仲辅佐齐桓公实行王道之治称霸天下,让天下太平,老百姓从中都得到了好处;如果没有管仲,我们就要成为落后的民族了。因此,不能拘于小节评价管仲的为人处世。所以,孔子认为,像管仲这样有仁德的人,不必像匹夫匹妇那样,斤斤计较他的节操与信用。

我们今天在选拔干部、考核干部和任用干部时,也要注意从齐桓公不拘小节重用管仲的历史中借鉴经验,管仲自身生活不拘小节,不是一个完美的人,但是,齐桓公为了齐国振兴,用人必须不拘一格,不求全责备,不能因为小节而影响大局和整体。

【原文】

14.18 公叔文子之臣大夫僎与文子同升诸公。子闻之,曰:"可以为'文'矣。"

【译文】

公叔文子的家臣僎和文子一同做了卫国的大夫。孔子知道了这件事以后说:"他死后可以给他'文'的谥号了。"

【评析】

僎:是公叔文子的家臣,经过文子的推荐,也做了大夫。升诸公:公,公室。这是说僎由家臣升为大夫,与公叔文子同位。孔子这里肯定了公叔文子的做法,荐人不拘一格,任人唯贤。所以,在孔子看来,公叔文子死后,可以获得"文"的谥号。

《逸周书·谥法解》:"经纬天地曰文,道德博闻曰文,学勤好问曰文,慈惠爱民曰文,愍民惠礼曰文,锡民爵位曰文。"此处是指最后一项"锡民爵位曰文"。

【原文】

14.19 子言卫灵公之无道也,康子曰:"夫如是,奚而不丧?"孔子曰:"仲叔圉治宾客,祝鮀治宗庙,王孙贾治军旅。夫如是,奚其丧?"

【译文】

孔子讲到卫灵公的无道,季康子说:"既然如此,为什么他没有败亡呢?"孔子说:"因为他有仲叔圉接待宾客,祝鮀管理宗庙祭祀,王孙贾统率军队,像这样,怎么会败亡呢?"

【评析】

仲叔圉:即孔文子,与后面提到的祝鮀、王孙贾都是卫国的大夫,都是很有能力的人才。卫灵公是春秋时期卫国第二十八代国君,前534年—前493年在位,因爱好男宠而多猜忌,且因脾气暴躁留下不好的史学评价。但他有雄才大略,18岁时就平定内乱,擅长识人,知人善任,提拔三个大臣仲叔圉、祝鮀、王孙贾适才适所,才使卫国的国家机器运行正常。

《史记·孔子世家》:"灵公老,怠于政,不用孔子。"所以,孔子对卫灵公有些不满和遗憾。孔子这里既表现出他对卫灵公个人品行的质疑,但客观上也肯定了卫灵公知人善任和卫国的稳定。

【原文】

14.20 子曰:"其言之不怍,则为之也难。"

【译文】

孔子说:"说话如果大言不惭,那么实现这些话就是很困难的了。"

【评析】

言之不怍：是指大言不惭。怍，是指惭愧。孔子这句话批判了做人大言不惭的做法。当一个人大言不惭的时候，他说的话客观上就很难实现，这与我们说的一诺千金恰好相反。

在现实生活中，有的人喜欢胡吹乱侃，大话、假话、套话、空话，全靠忽悠。特别是在酒场上，当酒过三巡、头脑发热时，一些人乱许愿、随意承诺，很不负责任的言之凿凿，其实往往言过其实，因为"其言之不怍，则为之也难。"我们听之，不可不察，决不能盲信。

【原文】

14.21 陈成子弑简公。孔子沐浴而朝，告于哀公曰："陈恒弑其君，请讨之。"公曰："告夫三子。"孔子曰："以吾从大夫之后，不敢不告也。君曰'告夫三子'者。"之三子告，不可。孔子曰："以吾从大夫之后，不敢不告也。"

【译文】

陈成子杀了齐简公。孔子斋戒沐浴以后，随即上朝去见鲁哀公，报告说："陈恒把他的君主杀了，请你出兵讨伐他。"哀公说："你去报告那三位大夫吧。"孔子退朝后说："因为我曾经做过大夫，所以不敢不来报告，君主却说'你去告诉那三位大夫吧'！"孔子去向那三位大夫报告，但三位大夫不愿派兵讨伐，孔子又说："因为我曾经做过大夫，所以不敢不来报告呀！"

【评析】

陈成子：即陈恒，齐国大夫，又叫田成子。他以大斗借出，小斗收进的方法受到百姓拥护。简公：齐简公，姓姜名壬。三子：指季孙、孟孙、叔孙三家。从大夫之后：孔子曾任过大夫职，但此时已经去官家居，所以说从大夫之后。

孔子一项反对暴政，也反对以下犯上。陈成子杀死齐简公，这在孔子看来真是"不可忍"的事情。尽管他已经退官家居了，但他还是郑重其事地把此事告诉了鲁哀公，当然这违背了"不在其位，不谋其政"的戒律。他的请求遭到哀公的婉拒，所以孔子心里一定是很抱怨，但又无能为力。孔子这时已经71岁了，仍然具有非常强烈的社会责任感，知其不可为而为之，这种精神非常难能可贵。

《左传·哀公十四年》也记载了孔子为此向鲁哀公和三子进谏的历史。

【原文】

14.22 子路问事君。子曰："勿欺也，而犯之。"

【译文】

子路问怎样事奉君主。孔子说:"不能欺骗他,但可以犯颜直谏。"

【评析】

在封建社会,官员和百姓都有一个如何"事君"的问题。在现代社会,各级官员和人民群众也有一个如何对待上级领导的问题。孔子这里的表述非常有真知灼见,对于社会治理、完善公务员制度建设,和谐上下级关系,甚至建立和谐社会,都具有积极的意义。孔子这句话的关键就是,对上级不能愚忠,要坦诚相待,决不能欺骗上级,但是对上级应该敢于犯颜直谏。

站在历史发展进步的维度上,我们要特别怀念那些讲真话,敢于犯颜直谏的仁人志士,这些仁人志士才真正是中华民族的脊梁!

【原文】

14.23 子曰:"君子上达,小人下达。"

【译文】

孔子说:"君子向上通达仁义,小人向下通达财利。"

【评析】

君子上达,小人下达:《周易·系辞上》:"形而上者谓之道,形而下者谓之器。"上者,是指道;下者,是指器。孔子的意思是说,君子注重道德仁义的完善,而小人注重器物、财货等具体的物质利益。当然,孔子并非不重视物质利益,而是先义后取,君子爱财,取之有道。

【原文】

14.24 子曰:"古之学者为己,今之学者为人。"

【译文】

孔子说:"古代的人学习是为了提高自己,而现在的人学习是为了给别人看。"

【评析】

孔子非常重视个人的修行,他赞扬古人学习是为了自己的修身,即道德完善,积蓄德行;他批评今人学习是为了炫耀显摆,即谋取个人的功利。

《周易·大畜》:"君子以多识前言往行,以畜其德。"从人才开发的角度来看,个人只有进入孔子所说的"为己"境界,才能在沉潜中修身养性,不断充实和完善自我;反之,如果把学习仅仅视为谋取功利的工具,就很难进入真正的学习境界。

《荀子·劝学》:"君子之学也,入乎耳,着乎心,布乎四体,形乎动静。端而言,蝡而动,一可以为法则。小人之学也,入乎耳,出乎口;口耳之间,则四寸耳,曷足以美七尺之躯哉！古之学者为己,今之学者为人。君子之学也,以美其身;小人之学也,以为禽犊。"荀子这段话很好地说明了君子与小人之学的不同境界,君子学习是为了自身道德修养,而小人学习则是为了卖弄和哗众取宠。荀子所说的君子和小人学习的不同境界,与孔子所说的古人和今人有些相似,可以参考。

由孔子这一论述反思我们的大学教育,就不难发现,我们大学教育的功利性太强了,已经在较大程度上忽视了学习的"为己"性。实际上,孔子所说的"为己"恰恰是素质教育的重要内涵。

【原文】

14.25 蘧伯玉使人于孔子,孔子与之坐而问焉。曰:"夫子何为?"对曰:"夫子欲寡其过而未能也。"使者出,子曰:"使乎！使乎！"

【译文】

蘧伯玉派使者去拜访孔子。孔子让使者坐下,然后问道:"先生最近在做什么?"使者回答说:"先生想要减少自己的错误,但未能做到。"使者走了以后,孔子说:"好一位使者啊,好一位使者啊！"

【评析】

蘧伯玉:卫国的大夫,名瑗。蘧伯玉的使者回答孔子问话赞扬了蘧伯玉的修行,得到孔子的赞扬。从这位使者的回话来看,他很善于辞令,是一个能够随机应变的外交官。

【原文】

14.26 子曰:"不在其位,不谋其政。"曾子曰:"君子思不出其位。"

【译文】

孔子说:"不在那个职位,就不要考虑那个职位上的事情。"曾子说:"君子考虑问题,从来不超出自己的职位范围。"

【评析】

"不在其位,不谋其政",这是被人们广为传说的一句名言,这是孔子对于学生们今后为官从政的忠告,在《论语·泰伯》中已经谈到,这里再次阐明这个观点。他要求为官者各负其责,各司其职,脚踏实地,做好本职分内的事情。"君子思不出位"也同样是这个意思。这是孔子的一贯思想,与"正名分"的主张是完全一致的。

既然"不在其位,不谋其政",那么,反过来就是说,在其位,就要谋其政。阐释学注重前理解,我们从阐释学的角度来看,孔子"不在其位,不谋其政"的前理解就是"在其位谋其政"。但是,令人遗憾的是,我们的干部队伍中,有少数干部是在其位,不谋其政,只做和尚,不撞钟。

从人才开发的角度来看,孔子所说的"不在其位,不谋其政"也有其局限性,因为任何一个人一开始都是不在其位的,如果只有等其在位以后,再考虑其政,也许就已经晚了,所以,我认为,一个素有大志的人,平时未在其位之前,就应该学会沉潜,"先天下之忧而忧",具有海纳百川的胸怀,培养优良的综合素质和多种能力,一旦有了机遇,就可能迅速适应新的工作岗位,甚至一鸣惊人。

【原文】

14.27 子曰:"君子耻其言而过其行。"

【译文】

孔子说:"君子认为说得多而做得少是可耻的。"

【评析】

孔子这句话极为精炼深刻。我们为人处世,讲究实事求是,不能言过其实和名不副实。孔子希望人们少说多做,而不要只说不做或多说少做。在社会生活中,总有一些夸夸其谈的人,他们口若悬河,滔滔不绝,说尽了大话、套话、空话,按照孔子的观点来看,这种人实际上是非常可耻的。

在言与行的关系上,言易行难。因此,君子慎其言,说到做到,注重言行的诚信。不轻易承诺,一旦承诺,就应该一诺千金,认真践行自己的诺言。

【原文】

14.28 子曰:"君子道者三,我无能焉:仁者不忧,知者不惑,勇者不惧。"子贡曰:"夫子自道也。"

【译文】

孔子说:"君子之道有三个方面,我都未能做到:仁德的人不忧愁,聪明的人不迷惑,勇敢的人不畏惧。"子贡说:"这正是老师的自我表述啊!"

【评析】

孔子认为君子应该具有很多的好品格,而仁、智、勇是其中三个很重要的方面。在《子罕》篇第九中,孔子也讲到以上这三个方面。

通过孔子这段话,可以看出孔子为人非常谦虚,他认为自己这三个方面都没有做到。由此可见,孔子不仅仅对他人提出如何做人做事,而且要求自己也非常严格,用君子之道自我认知、自我评价,得出"我无能焉"的结论。子贡认为老师已经做到了仁、知、勇的君子之道。

实际上,君子之道对于人才开发具有非常重要的意义。仁,是指人的道德修养;知,是指人的智慧;勇,是指为了正义能够无所畏惧的精神气概。很显然,在素质教育和人才开发过程中,这都是值得我们学习借鉴的。

【原文】

14.29 子贡方人。子曰:"赐也贤乎哉?夫我则不暇。"

【译文】

子贡评论别人的短处。孔子说:"赐啊,你真的就那么贤良吗?我可没有闲工夫去评论别人。"

【评析】

子贡是孔子的高足,德才兼备。治国、理财样样精通,为人光明磊落、襟怀坦白,对待他人善恶分明,《史记·仲尼弟子列传》记载子贡的才华:"子贡一出,存鲁,乱齐,破吴,强晋而霸越。子贡一使,使势相破,十年之中,五国各有变。"又评价子贡"利口巧辞,孔子常黜其辩。""喜扬人之美,不能匿人之过。"

孔子这里批评子贡"不能匿人之过"的做法,认为做人没有完美无缺的,你子贡也不一定什么都完美。由此可见,孔子的处事原则是责己严,对人宽,所谓"己所不欲,勿施于人"说的也是这个道理。

【原文】

14.30 子曰:"不患人之不己知,患其不能也。"

【译文】

孔子说:"不忧虑别人不知道自己,只担心自己没有能力。"

【评析】

孔子这句话非常珍贵,对于人才自我开发具有特别重要的启发意义。在现实中,总有一些人认为自己生不逢时,怀才不遇,怨天尤人,实际上,按照孔子的理解,你不要担心别人不了解自己的才能,只担心自己没有足够的能力。在市场经济条件下,人才流动已经成为常态,任何个人如果感到自己怀才不遇,大材小用,埋没了自己,完全可以正常流动,人往高处走,选择适合发展的空间。

【原文】

14.31 子曰:"不逆诈,不亿不信,抑亦先觉者,是贤乎!"

【译文】

孔子说:"不预先怀疑别人欺诈,也不猜测别人不诚实,然而能事先觉察别人的欺诈和不诚实,这就是贤人了。"

【评析】

逆:迎。预先猜测。亿:同"臆",猜测的意思。孔子这里的意思是说,凡事多往好处想,在人际交往过程中,不要无缘无故地把别人想象成是欺诈的人,也不要随意猜测别人不诚实,但是,应该有先见之明,防患于未然,这才是贤人。"不逆诈,不亿不信"是指人的仁;"亦先觉者"是智。在孔子看来,既仁且智,方是贤者。

【原文】

14.32 微生亩谓孔子曰:"丘,何为是栖栖者与？无乃为佞乎？"孔子曰:"非敢为佞也,疾固也。"

【译文】

微生亩对孔子说:"孔丘,你为什么这样四处奔波游说呢？你不就是要显示自己的口才和花言巧语吗？"孔子说:"我不是敢于花言巧语,只是痛恨那些顽固不化的人。"

【评析】

微生亩是鲁国人,也许是年长的隐士,不理解孔子到处宣传自己的学说,认为孔子是在卖弄自己的口才、谋取私利。孔子在自我解释的同时,也批评了那些顽固不化的人。由此可见,孔子绝不是顽固不化而守旧的保守者,而是积极推行自己理想的政治主张的践行者和改革者。

【原文】

14.33 子曰:"骥不称其力,称其德也。"

【译文】

孔子说:"千里马值得称赞的不是它的气力,而是称赞它的品德。"

【评析】

孔子这里以马喻人,是指千里马的可贵不在其具有日行千里的气力,而是具有温驯善良的美德。正是因为具有了这种美德,才能调动马自身的内在潜能,达到日行千里的目的。孔子此处旨在阐明人才培养过程中,也应该注重把品德的培养放在首位。

【原文】

14.34 或曰:"以德报怨,何如？"子曰:"何以报德？以直报怨,以德报德。"

【译文】

有人说:"用恩德来报答怨恨怎么样？"孔子说:"用什么来报答恩德呢？应该是用正直来报答怨恨,用恩德来报答恩德。"

【评析】

孔子不同意"以德报怨"的做法,认为应当是"以直报怨"。这是说,不以有旧恶旧怨而改变自己的公平正直,也就是坚持了正直,"以直报怨"对于个人道德修养极为重要,可以广泛用于一般的人际交往,但用在政治领域,还是应该以坚持原则和正义为根本。

【原文】

14.35 子曰:"莫我知也夫!"子贡曰:"何为其莫知子也?"子曰:"不怨天,不尤人。下学而上达,知我者其天乎!"

【译文】

孔子说:"没有人了解我啊!"子贡说:"怎么能说没有人了解您呢?"孔子说:"我不埋怨天,也不责备人,下学礼乐而上达天命,了解我的只有天吧!"

【评析】

知音难觅,人生得一知己足矣。孔子感叹人生知音难觅,没有人理解自己,但他的伟大之处在于能够正确对待这种现象,不怨天尤人,只管努力做最好的自己,老天能够理解自己。

孔子这句话对我们认识人生很有启发意义。人生在世,应该不断修炼自我,为了理想不懈努力奋斗,不管别人是否理解自己,自己都要做到不怨天,不尤人。所谓人在做,天在看,只要问心无愧,就要依然奋力前行,最终达至"下学而上达"的境界。

成语"怨天尤人"出于此处,而孔子反其道而行之。

【原文】

14.36 公伯寮愬子路于季孙。子服景伯以告,曰:"夫子固有惑志于公伯寮,吾力犹能肆诸市朝。"子曰:"道之将行也与,命也;道之将废也与,命也。公伯寮其如命何!"

【译文】

公伯寮向季孙告发子路。子服景伯把这件事告诉给孔子,并且说:"季孙氏已经被公伯寮迷惑了,我的力量能够把公伯寮杀了,把他陈尸于市。"孔子说:"我的主张能够得到推行,是天命决定的;不能得到推行,也是天命决定的。公伯寮能把天命怎么样呢?"

【评析】

公伯寮:姓公伯名寮,字子周,孔子的学生,曾任季氏的家臣。子服景伯:鲁国大夫,姓子服名伯,景是他的谥号。肆诸市朝:古时处死罪人后陈尸示众。公伯寮和子路都是孔子的学生,也都是季孙的家臣。孔子对公伯寮的做法不满,但也不赞同子服景伯杀他,由此彰显了孔子的天命思想。孔子认为,"道"能否推行,在天命而不在人为,即所谓"谋事在人,成事在天"。

【原文】

14.37 子曰:"贤者辟世,其次辟地,其次辟色,其次辟言。"子曰:"作者七人矣。"

【译文】

孔子说:"贤人逃避动荡的社会而隐居,次一等的逃避到另外一个地方去,再次一点的逃避别人难看的脸色,再次一点的回避别人难听的话。"孔子又说:"这样做的已经有七个人了。"

【评析】

这一章里讲为人处世的道理。人不能总是处于一帆风顺的环境里,身居逆境,怎样做?这是孔子教授给弟子们的处世之道。本章中的七人:即伯夷、叔齐、虞仲、夷逸、朱张、柳下惠、少连。

对于孔子这段话,我们可以从两个方面进行阐发:一方面,如果身处乱世,面对无道的统治者,君子无法实现政治抱负,为了躲避杀身之祸,也许会明哲保身,采取避世、避地、避色和避言的方式;另一方面,如果社会处于改革变迁时期,君子则应该与时俱进,站在社会发展进步的角度,积极参与社会改革,做社会发展进步的推动者,而不能采取避世、避地、避色和避言的方式。

【原文】

14.38 子路宿于石门。晨门曰:"奚自?"子路曰:"自孔氏。"曰:"是知其不可而为之者与?"

【译文】

子路夜里住在石门,看门的人问:"从哪里来?"子路说:"从孔子那里来。"看门的人说:"是那个明知做不到却还要去做的人吗?"

【评析】

这件事发生在孔子周游列国的途中,孔子派子路回鲁国办事,子路到达鲁国都城时天色已晚,城门已经关闭,子路在城外过了一夜。第二天早晨进城,与守门人产生了这么一段对话。"知其不可而为之",反映了那时候很多普通人对孔子努力推行仁义礼智信的不理解,很多人认为,孔子明明知道他的治国之道难以推行,但孔子还在坚持不懈地去奔走呼号。

实际上,"知其不可而为之"不但是做人的至理名言,而且也是孔子非常重要的思想精华。人生在世,实现理想当然非常不易,是需要有一点锲而不舍的追求精神,许多事情都是经过艰苦努力和奋斗而得来的。孔子"知其不可而为之",反映出他对理想孜孜不倦的执着精神。

在现实生活中,我们坚持原则很难,甚至做好人也很难,那么,我们难道就不坚持原则,不做好人了吗?因此,我们应该谨记孔子"知其不可而为之"这种精神,自我激励,即使面对各种困境,也要毅然前行,坚持不懈地追求理想。

【原文】

14.39 子击磬于卫,有荷蒉而过孔氏之门者,曰:"有心哉,击磬乎!"既而曰:"鄙哉!硁硁乎!莫己知也,斯己而已矣。深则厉,浅则揭。"子曰:"果哉!末之难矣。"

【译文】

孔子在卫国,一次正在敲击磬,有一位背扛草筐的人从门前走过说:"这个击磬的人有心思啊!"一会儿又说:"硁硁的声音表现出固执、偏狭啊!没有人了解自己,就算了吧。水深就穿着衣服趟过去,水浅就撩起衣服趟过去。"孔子说:"说得真干脆,如果那样就没有什么困难了。"

【评析】

在这个故事中,背草筐的人在较大程度上代表了一般的隐者和普通百姓,听了孔子的弹奏之后,领悟出孔子内心的苦闷,劝解他要适应环境,不要过于固执。"深则厉,浅则揭"出于《诗经·国风·邶风》:"匏有苦叶,济有深涉。深则厉,浅则揭。"

【原文】

14.40 子张曰:"《书》云:'高宗谅阴,三年不言。'何谓也?"子曰:"何必高宗?古之人皆然。君薨,百官总己以听于冢宰三年。"

【译文】

子张说:"《尚书》上说,'高宗守丧,三年不谈政事。'这是什么意思?"孔子说:"不仅是高宗,古人都是这样。国君死了,朝廷百官都各管自己的职事,听命于冢宰三年。"

【评析】

高宗:商王武宗。谅阴:古时天子守丧之称。薨:周代时诸侯死称此。冢宰:

官名,相当于后世的宰相。古代君主死后,太子继位,但先要服丧三年。在这期间,冢宰主持国家政务。由此推及到百姓,在孔子以前,就已经形成了子女为父母守丧三年的风俗。对此,孔子持肯定态度,即使国君,其父母去世了,也在继位后三年内不理政事,平民百姓更是如此了。

【原文】

14.41 子曰:"上好礼,则民易使也。"

【译文】

孔子说:"在上位的人喜好礼,那么百姓就容易指使了。"

【评析】

在社会风气的形成过程中,一般都有上行下效的特点。因此,孔子认为,居于上位的统治者如果喜欢礼仪教化,能够自守以敬,与人以和,在下者化之,上下关系就会和谐融洽,老百姓就容易服从管理。

孔子这句话对于今天的社会治理仍然具有重要参考价值。要从根本上移风易俗,树立健康和谐的社会风气,建立和谐社会,各级领导干部一定要洁身自好,加强礼乐教化的自身修炼。

【原文】

14.42 子路问君子。子曰:"修己以敬。"曰:"如斯而已乎?"曰:"修己以安人。"曰:"如斯而已乎?"曰:"修己以安百姓。修己以安百姓,尧舜其犹病诸?"

【译文】

子路问什么叫君子。孔子说:"修养自己,保持严肃恭敬的态度。"子路说:"这样就够了吗?"孔子说:"修养自己,使周围的人们安乐。"子路说:"这样就够了吗?"孔子说:"修养自己,使所有百姓都安乐。修养自己使所有百姓都安乐,尧舜还怕难于做到呢?"

【评析】

本章里孔子再谈君子的标准问题。他认为,修养自己是君子立身处世和管理政事的关键所在,只有这样做,才能和谐人际关系,使周围的人和老百姓都能快乐,所以孔子的修身,更重要的在于治国平天下。

【原文】

14.43 原壤夷俟。子曰:"幼而不孙弟,长而无述焉,老而不死,是为贼。"以杖叩其胫。

【译文】

原壤叉开双腿坐着等待孔子。孔子骂他说:"年幼的时候,你不讲孝悌,长大了又没有什么可说的成就,老而不死,真是个祸害。"说着,用手杖敲他的小腿。

【评析】

原壤:鲁国人,孔子的旧友。原壤的母亲去世,他叉开双腿坐着等待孔子,还大声歌唱,看似无礼无情,实质上也许是表达痛苦之情的另一种方式,但孔子认为这是大逆不道,对他进行了严厉的批评。

庄子晚年丧妻,惠施闻讯,前去吊唁。庄子坐守棺旁,两腿八字张开,撮箕似的很不雅观,手拍瓦盆伴奏,毫无愁容,放声歌唱:"生死本有命,气形变化中。天地如巨室,歌哭作大通。"庄子看见惠施吊丧来了,也不招呼,仍唱他的,惟长歌当哭。庄子的情形与原壤非常相似。

【原文】

14.44 阙党童子将命。或问之曰:"益者与?"子曰:"吾其居于位也,见其与先生并行也。非求益者也,欲速成者也。"

【译文】

阙里的一个童子,来向孔子传话。有人问孔子:"这是个求上进的孩子吗?"孔子说:"我看见他坐在成年人的位子上,又见他和长辈并肩而行,他不是要求上进的人,只是个急于求成的人。"

【评析】

阙党:即阙里,孔子家住的地方。将命:在宾主之间传言。居于位:童子与长者同坐。孔子非常注重长幼有序,这也是儒家的一贯主张。除了在家庭里讲孝、讲悌以外,年幼者在家庭以外的地方还必须尊敬长者。由此,发展为中华民族尊老敬老的传统美德,这在今天还有提倡的必要。

在现代社会中,仍然有孔子批评的这种"速成者"。偶有小成,就会夜郎自大,不知天高地厚,狂妄自傲。此类人应该从孔子这里汲取人生的智慧,学会谦虚谨慎,不骄不躁。

第十五篇 《卫灵公》译评

【本篇引语】

本篇包括42章,其中著名文句有:"无为而治";"志士仁人,无求生以害仁,有杀身以成仁";"人无远虑,必有近忧";"躬自厚而薄责于人";"君子求诸己,小人求诸人";"己所不欲,勿施于人";"小不忍则乱大谋";"人能弘道,非道弘人";"当仁不让于师";"有教无类";"道不同,不相为谋"。本篇内容涉及孔子的"君子小人"观的若干方面、孔子的教育思想和政治思想,以及孔子在其他方面的言行。

【原文】

15.1 卫灵公问陈于孔子。孔子对曰:"俎豆之事,则尝闻之矣;军旅之事,未之学也。"明日遂行。

【译文】

卫灵公向孔子问军队列阵之法。孔子回答说:"祭祀礼仪方面的事情,我还听说过;用兵打仗的事,从来没有学过。"第二天,孔子便离开了卫国。

【评析】

孔子是一个战略家,但反对崇尚武力。卫灵公崇尚武力,向孔子询问有关军事方面的问题,孔子对此很不感兴趣。从总体上讲,孔子主张以礼治国,礼让为国,反对用战争的方式解决国与国之间的争端,当然在具体问题上也有例外。所以他用上面这段话回答了卫灵公,并于次日离开了卫国。

【原文】

15.2 在陈绝粮,从者病,莫能兴。子路愠见曰:"君子亦有穷乎?"子曰:"君子固穷,小人穷斯滥矣。"

【译文】

孔子一行在陈国断了粮食,随从的人都饿病了。子路很不高兴地来见孔子,说道:"君子也有穷得毫无办法的时候吗?"孔子说:"君子虽然穷困,但还是坚守穷困;小人一遇穷困就无所不为了。"

【评析】

公元前489年,孔子与弟子由陈国往蔡地的途中绝粮七日,很多弟子都饿病了,所以子路心情郁闷地来问孔子。孔子面对穷困潦倒的局面,仍然保持了乐观主义的态度和坚韧的意志,认为君子能够坚守穷困,矢志不渝,而小人一旦遇到穷困,就会无所作为了。孔子对于君子与小人在困境面前两种表现的分析,能够给许多立志成才的年轻人带来启迪,这就是如何对待困境的人生选择问题:是知难而进,贵在坚持,还是遇难而退,不求进取。

【原文】

15.3 子曰:"赐也!女以予为多学而识之者与?"对曰:"然,非与?"曰:"非也,予一以贯之。"

【译文】

孔子说:"赐啊!你以为我是学习多了才都记住的吗?"子贡答道:"是啊,难道不是这样吗?"孔子说:"不是的。我是用一个根本的东西把它们贯彻始终的。"

【评析】

这里,孔子讲到"一以贯之",这是他学问渊博的根本所在。那么,这个"一"指什么?文中没有讲明。我们认为,"一以贯之",就是在学习的基础上,认真思考,从而悟出其中内在本质的东西,或者说是规律性的道。孔子在这里告诉子贡和其他学生,要把学与思结合起来,认真学习,善于学习,在深刻领悟中学会融会贯通。

【原文】

15.4 子曰:"由,知德者鲜矣。"

【译文】

孔子说:"由啊!懂得德的人太少了。"

【评析】

由,是孔子的学生,即仲由,字子路。孔子这里向仲由感叹说,懂道德的人太少了。孔子主张以德治国,"为政以德",在人才培养方面,始终把道德培养放在首位。孔子这里表现了他对国家前途和世道人心的忧虑,表现了感时伤逝的情怀。

【原文】

15.5 子曰:"无为而治者,其舜也与?夫何为哉?恭己正南面而已矣。"

【译文】

孔子说:"能够无所作为而治理天下的人,大概只有舜吧?他做了些什么呢?只是庄严端正地坐在朝廷的王位上罢了。"

【评析】

"无为而治"是道家所称赞的治国方略,符合道家思想的一贯性,但并非道家所独有。孔子也赞赏无为而治,并以舜为例加以说明。孔子这段话说明早在道家出现以前,舜就开始实行无为而治了,由此可见,无为而治并非道家所创,也非道家所有,而是中国古代一种比较素朴理想的社会治理模式。

对于无为而治的思想,我们应该注意两点:一是无为而治,并非指统治者无所作为或者不作为,而是不乱作为,不长官意志,不扰民,同时,统治者本身要以身作则,注重礼乐教化;二是任人唯贤,选好臣下,发挥群众创造历史的积极性。

我们改革开放以来,政府简政放权还不够,有些政府部门权力过大,一是容易乱折腾,二是容易导致腐败。因此,在国家治理过程中,学习借鉴无为而治的智慧,仍然是必要的。

【原文】

15.6 子张问行。子曰:"言忠信,行笃敬,虽蛮貊之邦,行矣。言不忠信,行不笃敬,虽州里,行乎哉?立则见其参于前也,在舆则见其倚于衡也,夫然后行。"子张书诸绅。

【译文】

子张问如何才能使自己到处都能行得通。孔子说:"说话要忠信,行事要笃敬,即使到了蛮貊地区,也可以行得通。说话不忠信,行事不笃敬,就是在本乡本土,能行得通吗?站着,就仿佛看到忠信笃敬这几个字显现在面前;坐车,就好像看到这几个字刻在车辕前的横木上,这样才能使自己到处行得通。"子张把这些话写在腰间的大带上。

【评析】

行:通达的意思。蛮貊:古人对少数民族的贬称。州里:五家为邻,五邻为里。五党为州,二千五百家。州里指近处。参:列,显现。衡:车辕前面的横木。绅:贵族系在腰间的大带。

子张:复姓颛孙、名师,字子张,春秋战国时期陈国人,为人相貌堂堂,极富资质,从容自得,性格有些过于张扬。跟从孔子在陈国、蔡国两国间受困时,问孔子如何才能畅行无阻,孔子回答了这段话。在孔子教诲下,他与人交往注重宽宏豁达,能做到不计较过去的恩怨,就是受到别人的攻击、欺侮也不计较,喜欢和比自己贤能的人交朋友,主张"尊贤容众",被称为"古之善交者"。

孔子与弟子的问答真正体现了孔子教书育人的精神。他告诉子张,做事要通达,就必须做到"言忠信,行笃敬。"孔子认为,一个人做到了"言忠信,行笃敬",无论你身在何处,都可以畅达无阻;反之,你即使在本乡,也是行不通的。

【原文】

15.7 子曰:"直哉史鱼!邦有道,如矢;邦无道,如矢。君子哉蘧伯玉!邦有道,则仕;邦无道,则可卷而怀之。"

【译文】

孔子说:"史鱼真是正直啊!国家有道,他的言行像箭一样直;国家无道,他的言行也像箭一样直。蘧伯玉也真是一位君子啊!国家有道就出来做官,国家无道,就辞官把自己的主张收藏在心里。"

【评析】

史鱼是卫国大夫,名鳅,字子鱼,为人非常正直。《孔子家语·困世》篇记载了史鱼"尸谏"的故事:蘧伯玉贤而灵公不用;弥子瑕不肖,反任之。史鱼骤谏而不从。史鱼病将卒,命其子曰:"吾在卫朝,不能进蘧伯玉,退弥子瑕,是吾为臣不能正君也,生而不能正君,则死无以成礼。我死,汝置尸牖下,于我毕矣。"其子从之。灵公吊焉,怪而问焉。其子以其父言告公,公愕然失容曰:"是寡人之过也。"于是命之殡于客位。进蘧伯玉而用之,退弥子瑕而远之。孔子闻之曰:"古之列谏之者,死则已矣,未有若史鱼死而尸谏,忠感其君者也,不可谓直乎?"

史鱼多次向卫灵公推荐贤人蘧伯玉,但卫灵公都没有任用蘧伯玉。史鱼患病临去世以前,嘱咐儿子对卫灵公进行"尸谏",终于感动和震撼了卫灵公:"是寡人之过也。"进蘧伯玉而用之,"退弥子瑕而远之"。

从文中所述内容看,史鱼与伯玉是有所不同的。史鱼当国家有道或无道时,都同样直爽,而伯玉则只在国家有道时出来做官。所以,孔子说史鱼是"直",伯玉是"君子"。我国在推进民主政治建设时,尤其需要各级官员具有"邦有道,如矢"的进谏精神,这样可以更好地让执政者听取不同的意见。

【原文】

15.8 子曰:"可与言,而不与之言,失人;不可与言,而与之言,失言。知者不失人,亦不失言。"

【译文】

孔子说:"可以同他谈的话,却不同他谈,这就是失掉了朋友;不可以与他交谈,却同他谈,这就是说错了话。聪明的人不失去朋友,也不会说错话。"

【评析】

孔子这段话是谈人际交往的处世之道,非常深刻。人生在世,需要广结人缘,建立良好的人际关系,这对于个人发展乃至事业的成功,都是非常必要的,所以,如果遇到合适的交流对象,就应该主动与之交往,进行积极的沟通,否则就是"失人","失人"实际上就是失去一次交流合作的机会。对于领导干部而言,也许就是失去一次发现人才的机会。反之,对方不是适合自己的交流对象,勉强与之交流,就会不经意间言语有失,造成不太好的效果。

【原文】

15.9 子曰:"志士仁人,无求生以害仁,有杀身以成仁。"

【译文】

孔子说:"志士仁人,没有贪生怕死而损害仁,只有牺牲自己的性命来成全仁。"

【评析】

中国传统文化在人生哲学方面,非常注重外圆内方。外圆,就是儒家的修行、礼仪教化,文质彬彬,谦谦君子,与人交往注重仁义道德,而不是锋芒毕露、咄咄逼人;内方,就是内心世界要有人格骨气,要有原则,不媚俗,不人云亦云,不随波逐流,不阿谀逢迎,不欺上瞒下。如《孟子·滕文公下》所言:"富贵不能淫,贫贱不能移,威武不能屈,此之谓大丈夫。"

由此可见,以孔子为代表的儒家,注重做志士仁人,推崇仁义礼智信,虽然通过内在的修行,追求人际关系的和谐,但不是退让、保守,也不是安于现状,逆来顺受,而是柔中有刚,具有"天行健,君子以自强不息"的进取精神,拥有"杀身成仁"的勇武精神,努力做到"富贵不能淫,贫贱不能移,威武不能屈,此之谓大丈夫。"

自古以来,"杀身成仁"激励着中华儿女的无数仁人志士为国家和民族的生死存亡而抛头颅、洒热血,谱写了一曲曲可歌可泣的壮丽颂歌。

【原文】

15.10 子贡问为仁。子曰:"工欲善其事,必先利其器。居是邦也,事其大夫之贤者,友其士之仁者。"

【译文】

子贡问怎样实行仁德。孔子说:"做工的人想把活儿做好,必须首先使他的工具锋利。住在这个国家,就要事奉大夫中的那些贤者,与士人中的仁者交朋友。"

【评析】

"工欲善其事,必先利其器"这句话在民间已为人们所熟知。这就是"磨刀不误砍柴工"。在本章中,孔子以此做比喻,说明实行仁德的方式,就是要事奉贤者,结交仁者,这是需要首先做到的。"事其大夫之贤者,友其士之仁者。"实际上就是要求尊重贤者,以贤者为友,这样才能够事半功倍,得到贤人的助力,达到"善其事"的目的。

【原文】

15.11 颜渊问为邦。子曰:"行夏之时,乘殷之辂,服周之冕,乐则《韶》《舞》。放郑声,远佞人。郑声淫,佞人殆。"

【译文】

颜渊问怎样治理国家。孔子说:"用夏代的历法,乘殷代的车子,戴周代的礼帽,奏《韶》乐,禁绝郑国的乐曲,疏远奸邪谄媚的人。郑国的乐曲浮靡不正派,奸邪谄媚的人太危险。"

【评析】

治国离不开为人处世的道理。孔子这里仍讲为人处世的道理,以此启迪颜渊领悟治国之道。夏代的历法有利于农业生产,殷代的车子朴实适用,周代的礼帽华美,孔子认为《韶》尽善尽美,优美动听,能够教化百姓乐,可以移风易俗,而郑国的乐曲是靡靡之音,所以要拒绝郑声。在人际交往的原则问题上,孔子认为应该亲君子,远小人,这是为人处世之道,也是治理国家之道。"以正辅人谓之忠,以邪导人谓之佞。"①

【原文】

15.12 子曰:"人无远虑,必有近忧。"

【译文】

孔子说:"人没有长远的考虑,一定会有眼前的忧患。"

【评析】

孔子这句话一字千金,是人生至理名言。孔子的意思是说,君子能够从现实

---

① 桓宽:《盐铁论·刺议》。

出发,着眼未来,目光远大,所以看问题比较长远,认识问题比较有远见,所以,进退自如,有条不紊,非常从容自如,君子坦荡荡。反之,人如果没有远虑,处事和看待问题,目光短浅,两眼只盯着眼前一点蝇头小利,患得患失,因而就容易出现小人长戚戚的悲剧。

【原文】

15.13 子曰:"已矣乎!吾未见好德如好色者也。"

【译文】

孔子说:"完了,我从来没有见像好色那样好德的人。"

【评析】

子罕篇已经谈到这句话。孔子在卫国,发现卫灵公轻德好色,对卫灵公不满,因此发出如此感叹。

意大利著名神学家托马斯·阿奎那说过,爱美之心人皆有之。笔者认为人生在世,应该脱俗,但人生爱美又是人的天性。问题在于,如何处理追求道德与爱美之间的关系?从美学的角度来看,人的色貌属于社会美中的外在美,而道德则属于社会美中的内在美。因此,我们应该首先重视人的道德修养,其次才是人的外在美。

【原文】

15.14 子曰:"臧文仲其窃位者与!知柳下惠之贤,而不与立也。"

【译文】

孔子说:"臧文仲是一个窃居官位的人吧!他明知道柳下惠是个贤人,却不举荐他一起做官。"

【评析】

臧文仲历事鲁庄公、闵公、僖公、文公四君。曾废除关卡,以利经商,于国于民,尽职尽责。其博学广知而不拘常礼,思想较为开明进步,对鲁国的发展起过积极的作用。臧文仲登上鲁国政治舞台的时候,正值齐桓始霸、齐鲁力量对比悬殊,他受命于危乱之际,负斡旋之重任,充分显示出了其军事及外交方面的才能。柳下惠:春秋中期鲁国大夫,姓展名获,又名禽,他受封的地名是柳下,惠是他的谥号,所以,人称其为柳下惠。臧氏知其贤而不举,孔子对此不满。

【原文】

15.15 子曰:"躬自厚而薄责于人,则远怨矣。"

【译文】

孔子说:"多责备自己而少责备别人,那就可以避免别人的怨恨了。"

【评析】

人与人相处难免会有各种矛盾与纠纷。因此,为人处事应该多替别人考虑,从别人的角度看待问题。所以,一旦发生了矛盾,人们应该多作自我批评,而不能一味指责别人的不是。严于律己,宽以待人,这是保持良好和谐的人际关系所不可缺少的原则。

【原文】

15.16 子曰:"不曰'如之何,如之何'者,吾末如之何也已矣。"

【译文】

孔子说:"从来遇事不说'怎么办,怎么办'的人,我对他也不知怎么办才好。"

【评析】

孔子这句话的意思是说,遇到事情的时候,应该三思而后行,深思熟虑,而不是鲁莽行事。如果遇到事情不加思考,率性而为,鲁莽行事,就会犯错误。所以,孔子对这种做法提出了批评。

汉刘邦遇到大事的时候,就经常问"如之奈何?"通过向其他大臣请教,最终得到智慧的答案。由此可见,人生在世,要善于谋而后动,慎言谨行。

【原文】

15.17 子曰:"群居终日,言不及义,好行小慧,难矣哉!"

【译文】

孔子说:"整天聚在一块,说的都达不到义的标准,专好卖弄小聪明,这种人真难教导。"

【评析】

孔子是一个关怀人生大事和国家大事的人,因此,他瞧不起那些聚在一起"群居终日,言不及义,好行小慧"的凡夫俗子。由孔子这段话联想到我们现在许多的酒场,很多人聚在一起闲扯胡吹,为喝酒而喝酒,拼酒、酗酒,耍点小聪明,丝毫不关心国家大事,"言不及义",白白浪费时间,岂不可惜哉!

【原文】

15.18 子曰:"君子义以为质,礼以行之,孙以出之,信以成之。君子哉!"

【译文】

孔子说:"君子以义作为根本,用礼加以推行,用谦逊的语言来表达,用忠诚的态度来完成,这就是君子了。"

【评析】

孔子非常重视君子的修行,认为君子应该以义作为根本,通过礼来推行义,用谦逊的语言表达思想,待人以诚,这才算是君子。

从人际交往的角度来看,我们在加强个人修养的时候,一方面应该以君子的修行加强自律,另一方面,也要择友而交,主动与真正的君子交友。

【原文】

15.19 子曰:"君子病无能焉,不病人之不己知也。"

【译文】

孔子说:"君子只怕自己没有才能,不怕别人不知道自己。"

【评析】

孔子这句话非常有意义。孔子的意思是说,君子担心自己没有能力,不要担心别人不了解自己。

情商理论之一就是自我认知的能力。在现实中,有一些人没有认识到自己的短处或者不足,总是感觉自己怀才不遇或者大材小用,因此在日常的工作中总会自觉不自觉地怨天尤人。从情商的角度来看,这恰恰是缺乏情商、没有正确自我认知的缘故。

【原文】

15.20 子曰:"君子疾没世而名不称焉。"

【译文】

孔子说:"君子担心死亡以后留下的名声与自己不相称。"

【评析】

《史记·孔子世家》载孔子曰:"弗乎弗乎,君子病没世而名不称焉。吾道不行矣,吾何以自见于后世哉?"《史记》这段记载可以佐证《论语》中这句话的内涵。孔子重视名副其实,也重视大道之行,因此担心自己去世以后再也不能实现自己的理想,即对"吾道不行"的遗憾,由此自责,发出自己怎么能够"见于后世哉"的人生感叹。

【原文】

15.21 子曰:"君子求诸己,小人求诸人。"

【译文】

孔子说:"君子责备自己,小人责备别人。"

【评析】

孔子这句话的意思是说,君子遇到问题都是严于律己,自我反思,责备自己;小人则不从自我找原因,而是责备别人。何晏《论语集解》称"君子责己,小人责人"可以参照。

【原文】

15.22 子曰:"君子矜而不争,群而不党。"

【译文】

孔子说:"君子庄重而不与别人争执,合群而不结党营私。"

【评析】

孔子非常注重君子的修养,认为君子非常庄重,不与别人争执,能够和谐人际关系,形成团队,但不结党营私,搞小集团主义。孔子这句话对于我们今天的干部队伍建设仍然具有参考价值:一是要加强君子的修养,和谐人际关系;二是建立和谐团队,但不结党营私。

【原文】

15.23 子曰:"君子不以言举人,不以人废言。"

【译文】

孔子说:"君子不凭一个人说的话来举荐他,也不因为一个人不好而不采纳他的好话。"

【评析】

虽然语言是思想的外壳,但当一个人言不由衷或者说假话骗人的时候,我们就不能仅凭他的话来推举他,即"不以言举人";反之,一个人即使不好,但他说的话也许是对的,也不能因为他这个人不好而否定他说的话的正确性。正确的做法是听其言而观其行,注重言行一致。

【原文】

15.24 子贡问曰:"有一言而可以终身行之者乎?"子曰:"其恕乎!己所不欲,勿施于人。"

【译文】

子贡向孔子问道:"有没有一句话可以终身奉行的呢?"孔子回答说:"那就是恕吧!自己不愿意的,不要强加给别人。"

【评析】

"忠恕之道"可以说是孔子的发明,对后世发生了深远的影响。孔子把"忠恕之道"看成是处理人际关系的一条准则,这也是儒家伦理的一个特色。这样,可以消除别人对自己的怨恨,缓和人际关系,安定当时的社会秩序。从思维方式的角度来看,"己所不欲,勿施于人"也是一种特殊的换位思考,由己推人,有利于加强互相理解和有效沟通。

在现代国际关系中,我们也可以此来批评美国的霸权主义。既然美国不希望其他国家崛起,其他国家怎么会喜欢美国的霸权呢?

【原文】

15.25 子曰:"吾之于人也,谁毁谁誉?如有所誉者,其有所试矣。斯民也,三代之所以直道而行也。"

【译文】

孔子说:"我对于别人,诋毁过谁?赞美过谁?如有所赞美的,必须是曾经考验过他的。夏商周三代的人都是这样做的,所以三代能直道而行。"

【评析】

孔子对历史人物评价注重实事求是,绝不犯主观主义的错误。他赞扬谁,批评谁,都需要经过认真的考察,绝不凭主观好恶随意而为。孔子这种态度无论对于为人处世,还是做学术研究,都是非常必要的。

【原文】

15.26 子曰:"吾犹及史之阙文也,有马者借人乘之,今亡矣夫。"

【译文】

孔子说:"我还能够看到史书存疑的地方,有马的人(自己不会调教),先给别人使用,这种精神,今天没有了吧。"

【评析】

阙文:史官记史,遇到有疑问的地方便缺而不记,这叫做阙文。有马者借人乘之:有马的人自己不会调教,而靠别人训练。孔子这里感叹古代治学严谨,而如今很难见到这种严谨的做法了。在孔子时代,已经人心不古,世风日下,道德缺失,因此孔子感叹于斯。由此可见,我们今天尤其需要发扬古代严谨治学的作风,不畏浮云遮望眼。

【原文】

15.27 子曰:"巧言乱德。小不忍则乱大谋。"

【译文】

孔子说:"花言巧语就败坏人的德行,小事情不忍耐,就会败坏大事情。"

【评析】

《老子》八十一章:"信言不美,美言不信。善者不辩,辩者不善。"意思是说,真实可信的话不漂亮,漂亮的话不真实。善良的人不巧说,巧说的人不善良。用老子的话可以帮助我们理解孔子的"巧言乱德"。

另外,本章中"小不忍则乱大谋"这句话极为可贵,已经成为我们人生非常重要的座右铭。我们要做一番大事业,有志向、有理想,就不能斤斤计较个人得失,不能为了一点蝇头小利而忘记自己的修养,也不应在小事上纠缠不清,更不能屈从于眼前一点挫折,而是应有海纳百川的胸襟、远大的抱负,才能超越眼前的琐碎小事,从而实现自己的目标。

【原文】

15.28 子曰:"众恶之,必察焉;众好之,必察焉。"

【译文】

孔子说:"大家都厌恶他,我必须考察一下;大家都喜欢他,我也一定要考察一下。"

【评析】

这一段讲了两个方面的意思。一是孔子决不人云亦云,不随波逐流,不以众人的是非标准决定自己的是非判断,而要经过自己大脑的独立思考,经过自己理性的判断,然后再得出结论。二是一个人的好与坏不是绝对的,在不同的地点,不同的人们心目中,往往有很大的差别。所以孔子用自己的标准去评判他。

换言之,如果好人厌恶他,他肯定是一个坏人;如果坏人厌恶他,他肯定是一个好人。如果很多好人喜欢他,他是一个好人;如果很多坏人喜欢他,他是一个坏人。由此可见,我们评判一个人,不能以别人说他好坏而做出简单的结论,而是应该实事求是。孔子这一思想深刻影响了孟子。

【原文】

15.29 子曰:"人能弘道,非道弘人。"

【译文】

孔子说:"人能够使道发扬光大,不是道使人的才能扩大。"

【评析】

道,是人认识和遵循事物的本质和规律,因此只有人才能够发扬道。但为了弘道,人只有修养自身,丰富自己,提高自己,才可以把道发扬光大;反过来,以道弘人,用来装点门面,哗众取宠,那就不是真正的君子之所为。

【原文】

15.30 子曰:"过而不改,是谓过矣。"

【译文】

孔子说:"有了过错而不改正,这才真叫错了。"

【评析】

"人非圣贤,孰能无过?"关键不在于是否有过,而在于能否改过,保证今后不再重犯同样的错误。也就是说,有了过错并不可怕,可怕的是固执己见,顽固不化,坚持错误,不加改正。孔子以"过而不改,是谓过矣"的简练语言,向人们道出了这样一个真理,这是对待错误的唯一正确态度。

【原文】

15.31 子曰:"吾尝终日不食,终夜不寝,以思,无益,不如学也。"

【译文】

孔子说:"我曾经整天不吃饭,彻夜不睡觉,去左思右想,结果没有什么好处,还不如去学习为好。"

【评析】

学与思的关系是教书育人和人才开发的大问题。在前面的一些章节中,孔子已经提到"学而不思则罔,思而不学则殆"的认识,这里又进一步加以发挥和深入阐述。孔子根据自己的人生经历,不吃饭,不睡觉,只是思考,是没有益处的,不如学习有益。实际上,如果不重视学习,思考就会失去感性材料的支撑和理论的指导,就像没有根基,就不可能建设高楼大厦一样。所以,最好是把学与思和谐统一起来,在学习中思考,或者一边学习,一边思考;或者在思考感到困惑时,结合思考的困惑有针对性的学习,这样长此以往,自觉把思与学有机结合起来,就会极大地提高思维能力和学习能力。

【原文】

15.32 子曰:"君子谋道不谋食。耕也,馁在其中矣;学也,禄在其中矣。君子忧道不忧贫。"

【译文】

孔子说:"君子只谋求道行道,不谋求衣食。耕田,也常要饿肚子;学习,可以得到俸禄。君子只担心道不能行,不担心贫穷。"

【评析】

孔子主张君子爱财,取之有道。在遵循道德和法律的前提下,古代的知识分子追求功名利禄客观上有其合理性和必然性,换言之,在古代社会,"学而优则仕"也是具有积极意义的。从这一大的格局下分析孔子上面这段话,我们就可以豁然开朗。在孔子看来,君子应该注重对道的追求,不应该去关心衣食住行这些外在的物质层面的东西,《周易》:"形而上者谓之道,形而下者谓之器。"孔子认为,主观上学习道,关心道,追求道,不用关心利禄,客观上利禄就在其中了。因此,君子只担心能否实现道,而不去关心贫穷。

从今天的角度来看,孔子这段话显然有其合理性。但是令人遗憾的是,由于我们尊重知识尊重人才的政策还没有得到落实,因而现在仍然有很多知识分子既要关心道,又要关心自己的衣食住行,既忧道,又忧贫。

【原文】

15.33 子曰:"知及之,仁不能守之;虽得之,必失之;知及之,仁能守之,不庄以莅①之,则民不敬。知及之,仁能守之,庄以涖之,动之不以礼,未善也。"

【译文】

孔子说:"聪明才智能得到权位,缺乏仁德不能维持权位;即使得到权位,也一定会丧失。聪明才智能得到权位,仁德可以维持权位,不用认真的态度来治理百姓,那么百姓就会不敬;聪明才智能得到权位,仁德可以维持权位,能用认真的态度来治理百姓,但不照礼的要求管理百姓时,那也是不完善的。"

【评析】

孔子这段话对于国家治理非常具有启发意义。从管理者的角度来看,管理者自己不仅要有智慧才学,而且还应该具备良好的仁德素养,否则,你即使掌握了权力,你也无法维持太久。社会发展史的兴衰已经说明了这一点,开国皇帝大多德才兼备,而后世的皇帝则容易贪图安逸,甚至奢侈腐化,道德堕落,导致世风日下,统治者的地位就不稳固了。因此,孔子主张管理者要有智慧才学,还要有仁德修养,遵循礼的规定,认真管理百姓,不能马马虎虎,敷衍了事,也不能官僚主义,要真正做到"知及""仁守""庄涖""以礼"四个要素的有机统一。

其中,关于礼的重要性,《乐记》说"治躬则庄敬,庄敬则严威。"此句可以帮助理解孔子所说的礼的重要性。既然礼很重要,那么,"动之不以礼"就是不完善的了。

---

① 杨伯峻:《论语译注》,中华书局,1980年版,第169页《卫灵公篇》是"不庄以涖之"。但多数学者此处为"不庄以莅之"。

【原文】

15.34 子曰:"君子不可小知而可大受也,小人不可大受而可小知也。"

【译文】

孔子说:"君子不能在小事上考察他,但可以让他们承担重大的使命。小人不能承担重大的使命,但可以在小事上考察他。"

【评析】

孔子这段话也是对君子与小人的辨别方式。孔子的意思是说,君子平时关注的是国家大事,并不太关注一些琐碎的小事,甚至也不太会做一些具体的小事,所以不能用小事去考察君子;而对于小人,则不能委以重任,而只能通过小事去考察他。

孔子这段话对于我们理解专家学者,非常具有启发意义。许多专家忙于学术研究,而不太关注日常的小事,甚至于不会做一些具体的家务,就会被人讥讽为"书呆子"。数学家陈景润忙于研究,据报道他甚至不会削苹果,但我们不能讥讽他为"书呆子",这恰恰说明他把自己献身于数学研究这一崇高的使命。

【原文】

15.35 子曰:"民之于仁也,甚于水火。水火,吾见蹈而死者矣,未见蹈仁而死者也。"

【译文】

孔子说:"百姓们对于仁的需要,比对于水的需要更迫切。我只见过人跳到水火中而死的,却没有见过实行仁而死的。"

【评析】

孔子认为,水火虽然是人们日常生活的必需,但对于人的修养而言,百姓更需要仁,因为仁是人最需要的修养,体现了人的精神生命。孔子从另外一个角度出发,说他见过水火害人的现象,但从未见过仁能够害人的现象。

《礼记·中庸》:"道也者,不可须臾离也;可离,非道也。"孔子认为,仁对于老百姓而言,也是须臾不可离身的内在素养,百姓应该把对仁的需求视为比水火还重要的东西。

【原文】

15.36 子曰:"当仁,不让于师。"

【译文】

孔子说:"面对着仁德,就是老师,也不同他谦让。"

【评析】

孔子和儒家特别重视师生关系的和谐,强调师道尊严,学生不可违背老师。但在仁德面前,即使是老师,也不谦让。这是把实现仁德摆在了第一位,仁是衡量一切是非善恶的最高准则。

儒家非常推崇君子的担当意识,要以天下为己任。但在以天下为己任之前,首先应该以仁为己任,即君子把实行仁看作是道德生命的完善,需要行仁的时候,即使老师在场也不必谦让,要敢于争当做仁的先锋和楷模。

西方古希腊伟大的哲学家柏拉图说过,在我看来,尊重真理胜过尊重人。柏拉图把尊重真理看得比尊重老师还重要。亚里士多德继承了柏拉图尊重真理的思想,说"吾爱吾师,吾更爱真理"。如果把孔子的"当仁,不让于师"与柏拉图和亚里士多德的尊重真理相比较,我们可以发现,孔子为代表的儒家把仁看作重要的价值取向,甚至超过老师的面子,本质上重在向善;而柏拉图和亚里士多德对真理的尊重,客观上反映了西方古希腊的求真倾向,对真理的叩问重于对老师的尊重,本质上重在求真。

【原文】

15.37 子曰:"君子贞而不谅。"

【译文】

孔子说:"君子固守正道,而不拘泥于小信。"

【评析】

前面孔子曾说过:"言必信,行必果"这不是君子的作为,而是小人的举动。孔子注重"信"的道德准则,但它必须以"道"为前提,即服从于仁、礼的规定。离开了仁、礼这样的大原则,而讲什么"信",就不是真正的信。孔子这段话也表明,君子以坚持原则为准绳,注重大信,而不必拘泥于小的细节。

【原文】

15.38 子曰:"事君,敬其事而后其食。"

【译文】

孔子说:"事奉君主,要认真办事而把领取俸禄的事放在后面。"

【评析】

孔子这句话对于新就职的员工特别具有参考价值。在现实的招聘中,有个应聘者问招聘的主管,他的薪酬是多少。主管回答说,你的薪酬你说了算。主管的意思是说,你的实际贡献决定了你的薪酬,而不是招聘单位先入为主地决定了你的薪酬。

孔子这句话启发我们,我们都应该敬业爱岗,先做好本职工作,再去考虑薪酬等。退一步讲,你即使不考虑薪酬,只要你做出了较大贡献,那么用人单位一般都会考虑员工应得的利益,做到多劳多得,优劳优得。由此而论,人们常说的只管耕耘,不问收获,其实也是一种人生的智慧。

【原文】

15.39 子曰:"有教无类。"

【译文】

孔子说:"人人都可以接受教育,不分族类。"

【评析】

孔子的教育对象、教学内容和培养目标都有自己的独特性。有教无类,就是贵族的子弟和其他各阶级、阶层都有了受教育的可能性和比较平等的机会。孔子广招门徒,教书育人,不分种族、氏族和贵贱,都可以到他的门下受教育。所以,我们说,孔子是中国古代伟大的教育家,开创了中国古代私学的先例,奠定了中国传统教育的基本思想。

对于孔子"有教无类"的理解,还有一种比较传统的说法,就是把"有教无类"理解为通过教育,使受教育者都得到教化,可以消除不同的受教者的差别,而达至人心向善的境界。班固《汉书·地理志》:"景、武间,文翁为蜀守,教民读书法令,未能笃信道德,反以好文刺讥,贵慕权势。及司马相如游宦京师诸侯,以文辞显于世。乡党慕循其迹。后有王褒、严遵、扬雄之徒,文章冠天下。繇文翁倡其教,相如为之师,故孔子曰:'有教亡类'。"(亡:古同"无")上面这段话的意思是说,巴蜀人原来虽属不开化的夷人,轻易淫佚,不讲道理,但经过文翁和司马相如的教育和影响之后,却出现了一批"文章冠天下"的文人。由此可见,教育可以改变夷夏之别。班固这里没有明确解释"有教亡类",但他的用意是明确的。① 另外,东汉马融注释"有教无类"说:"言人所在见教,无有种类",意思是说,一个人的品行无固定不变的善恶差别,关键在于所受教育的内容。②

实际上,对于孔子"有教无类"可以做多种解释。如果把这句话理解为"无论

---

① 张松辉、周晓霞:《〈论语〉〈孟子〉疑义研究》,湖南大学出版社,2006年版,第205页。
② 张松辉、周晓霞:《〈论语〉〈孟子〉疑义研究》,湖南大学出版社,2006年版,第205—206页。

身份地位的贫富贵贱，都可以接受孔子的教育"，这就是关涉教育对象的一视同仁问题；如果把这句话理解为"通过教育，都可以使人心向善，消除原来的差别"，这就是关涉教育的社会作用问题。

【原文】

15.40 子曰："道不同，不相为谋。"

【译文】

孔子说："主张不同，不互相商议。"

【评析】

孔子的意思是说，在根本原则问题上意见不一致，不能在一起共事。在社会现实的人际交往过程中，如果人们在世界观、人生观、价值观、权力观、金钱观等一系列问题上存在明显的差异，甚至是根本对立的，那么就根本无法在一起商谈问题，所谓不在一个频道上，不可能产生共识。

孔子这句话是指一般的人际交往。但在现代决策或者学术会议中，恰恰需要有不同主张的人一起参加研讨，才能够更好地互相启迪，集思广益，通过思维互鉴，形成思想的集体智慧。

【原文】

15.41 子曰："辞达而已矣。"

【译文】

孔子说："言辞只要能表达意思就行了。"

【评析】

"辞达而已矣"，涉及哲学上的内容与形式的辩证关系，也涉及语言学和文章风格问题。从哲学的角度来看，一方面内容决定形式，形式为内容服务；另一方面形式表现内容，并且反作用于内容。孔子认为，在内容和形式的关系上，言辞是形式，只要能够恰到好处地表达思想就可以了，即"辞达而已"，不能为形式而形式，过分雕琢言辞之美。孔子反对花言巧语，要求"辞达而已矣。"这对于我们理解文学创作和文章写作都具有积极的参考价值。

【原文】

15.42 师冕见，及阶，子曰："阶也。"及席，子曰："席也。"皆坐，子告之曰："某在斯，某在斯。"师冕出，子张问曰："与师言之道与？"子曰："然，固相师之道也。"

【译文】

乐师冕来见孔子，走到台阶沿，孔子说："这儿是台阶。"走到座席旁，孔子说：

"这是座席。"等大家都坐下来,孔子告诉他:"某某在这里,某某在这里。"师冕走了以后,子张就问孔子:"这就是与乐师谈话的道吗?"孔子说:"这就是帮助乐师的道。"

【评析】

孔子以人为本,尊重每个人的人格尊严,对残疾人的师冕表示了极大的尊重。这一章生动记载了孔子接待盲人乐师冕的具体过程。古代乐师多以盲人担任。孔子热情接待师冕,无微不至,仔细介绍台阶、座位,甚至详细介绍了其他人的具体方位,让师冕能够了解详细情况。

在现代社会,我们评价一个国家和民族的文明程度,虽然有很多指标,但其中之一就是看一个国家和民族对待残疾人的态度和关心程度。在这方面,我们仍然任重道远,有许多的工作要做。

第十六篇　《季氏》译评

【本篇引语】

本篇包括14章,其中著名的句子有:"不患寡而患不均,不患贫而患不安";"君子有三戒:少之时,血气未定,戒之在色;及其壮也,血气方刚,戒之在斗;及其老也,血气既衰,戒之在得";"君子有三畏:畏天命,畏大人,畏圣人之言"。本篇主要谈论的问题包括孔子及其学生的政治活动、与人相处和结交时注意的原则、君子的三戒、三畏和九思等。

【原文】

16.1 季氏将伐颛臾。冉有、季路见于孔子曰:"季氏将有事于颛臾。"孔子曰:"求!无乃尔是过与?夫颛臾,昔者先王以为东蒙主,且在城邦之中矣,是社稷之臣也。何以伐为?"冉有曰:"夫子欲之,吾二臣者皆不欲也。"孔子曰:"求!周任有言曰:'陈力就列,不能者止。'危而不持,颠而不扶,则将焉用彼相矣?且尔言过矣,虎兕出于柙,龟玉毁于椟中,是谁之过与?"

冉有曰:"今夫颛臾,固而近于费。今不取,后世必为子孙忧。"孔子曰:"求!君子疾夫舍曰欲之而必为之辞。丘也闻有国有家者,不患寡而患不均,不患贫而患不安。盖均无贫,和无寡,安无倾。夫如是,故远人不服,则修文德以来之。既来之,则安之。今由与求也,相夫子,远人不服而不能来也,邦分崩离析而不能守也;而谋动干戈于邦内。吾恐季孙之忧,不在颛臾,而在萧墙之内也。"

【译文】

季氏将要讨伐颛臾。冉有、子路去见孔子说:"季氏快要攻打颛臾了。"孔子说:"冉求,这不就是你的过错吗?颛臾从前是周天子让它主持东蒙的祭祀的,而且已经在鲁国的疆域之内,是国家的臣属啊,为什么要讨伐它呢?"冉有说:"季孙大夫想去攻打,我们两个人都不愿意。"孔子说:"冉求,周任有句话说:'尽自己的力量去担负你的职务,实在做不好就辞职。'有了危险不去扶助,跌倒了不去挽扶,那还用辅助的人干什么呢?而且你说的话错了。老虎、犀牛从笼子里跑出来,龟甲、玉器在匣子里毁坏了,这是谁的过错呢?"

冉有说:"现在颛臾城墙坚固,而且离费邑很近。现在不把它夺取过来,将来一定会成为子孙的忧患。"孔子说:"冉求,君子痛恨那种不实说自己想要那样做而又一定要找出理由来为之辩解的做法。我听说,对于诸侯和大夫,不怕贫穷,而怕财富不均;不怕人口少,而怕不安定。由于财富均了,也就没有所谓贫穷;大家和睦,就不会感到人少;安定了,也就没有倾覆的危险了。因为这样,所以如果远方的人还不归服,就用仁、义、礼、乐感化吸引他们;已经来了,就让他们安心住下去。现在,仲由和冉求你们两个人辅助季氏,远方的人不归服,而不能感化吸引他们;国内民心离散,你们不能保全,反而策划在国内使用武力。我只怕季孙的忧患不在颛臾,而是在自己的内部呢!"

【评析】

季氏当时在鲁国的军事实力最强大,要擅自征伐颛臾。颛臾:是鲁国的附属国,在今山东省费县西。冉有是季氏的家臣。周任是古代良史名。孔子这一章表现出了非常丰富的思想。

第一,孔子的反战思想和国家治理的理想。他不主张通过军事手段解决国际、国内的问题,而希望通过"修文德",用礼、义、仁、乐来感化吸引远方之人,"战胜于朝廷",这是孔子的一贯思想。"修文德以来之。既来之,则安之。"即使对现代社会的国家治理和聚天下英才而用之的人才战略,也颇有启发意义。

第二,"把老虎关进笼子里"。"虎兕出于柙,龟玉毁于椟中,是谁之过与?"孔子这里提出一个很重要的思想,即如何把权力关进笼子里,要把老虎关进柙中。孔子这里提出了谁来监管"老虎"的问题。用我们现代管理理论,就是要用制度把权力关进笼子里。

第三,大臣要敢于履行职责,要担负匡扶社稷的重担,对于君主错误的决定,臣子要敢于进谏,不能推诿,敢于忠言逆耳。

第四,我们要正确理解孔子所说的"不患贫而患不均,不患寡而患不安"。朱熹对此句的解释是:"均,谓各得其分;安,谓上下相安。"这种思想对后代人的影响很大,甚至成为人们的社会心理。这里值得注意的是,寡,是一个经济问题;均,涉及公平正义的问题。孔子并非简单主张"不患寡而患不均",也不是不重视人民群众的富裕,而是从人性的角度出发,认为人性本质上是追求平等、公平正义,所以

"不患寡而患不均"。

【原文】

16.2 孔子曰:"天下有道,则礼乐征伐自天子出;天下无道,则礼乐征伐自诸侯出。自诸侯出,盖十世希不失矣;自大夫出,五世希不失矣;陪臣执国命,三世希不失矣。天下有道,则政不在大夫。天下有道,则庶人不议。"

【译文】

孔子说:"天下政治清明的时候,制作礼乐和出兵打仗都由天子来决定;天下政治混乱的时候,制作礼乐和出兵打仗,由诸侯来决定。由诸侯来决定,大概经过十代很少有不垮台的;由大夫决定,经过五代很少有不垮台的。天下政治清明,国家政权就不会落在大夫手中。天下政治清明,老百姓也就不会议论国家政治了。"

【评析】

孔子这里讲的"天下有道",是指国家政治清明,君主能够遵循治国的王道,以礼仪教化天下,"则修文德以来之。既来之,则安之。"无内忧外患,在这种前提下,国家的礼乐征伐都由君主来决定,即国家具有统一的意志和权威。在政治清明的太平盛世,老百姓比较安居乐业,也就不再去议论时政了。"天下无道"与此相反,是指国家政治混乱,君主失去权力和权威,国家没有统一的意志,因此,就连礼乐征伐也都说了不算,而由诸侯或大夫越位操控了。孔子认为,在国家政治混乱的情况下,国家没有统一意志和权威,社会就容易发生动荡甚至是战乱,长期战乱必然导致政权的垮台。

【原文】

16.3 孔子曰:"禄之去公室五世矣,政逮于大夫四世矣,故夫三桓之子孙微矣。"

【译文】

孔子说:"鲁国失去国家政权已经有五代了,政权落在大夫之手已经四代了,所以三桓的子孙也衰微了。"

【评析】

五世:指鲁国宣公、成公、襄公、昭公、定公五世。四世:指季孙氏文子、武子、平子、桓子四世。三桓:鲁国伸孙、叔孙、季孙都出于鲁桓公,所以叫三桓。孔子感叹社会历史的变迁,鲁国公室大权旁落,已经长达五代之久;政权落到大夫之手,也已经长达四代,此时"三桓"的子孙也逐渐衰落。孔子从社会变迁中看到了"天下无道"所导致的严重性后果,因而激励倡导"天下有道"的治理模式。

【原文】

16.4 孔子曰:"益者三友,损者三友:友直,友谅,友多闻,益矣。友便辟,友善柔,友便佞,损矣。"

【译文】

孔子说:"有益的交友有三种,有害的交友有三种。同正直的人交友,同诚信的人交友,同见闻广博的人交友,这是有益的。同惯于走邪道的人交朋友,同善于阿谀奉承的人交朋友,同惯于花言巧语的人交朋友,这是有害的。"

【评析】

人生在世,都要或多或少地交朋友,有的人喜欢结交君子,与优秀的人为伍;有的人喜欢狐朋狗友,甚至与小人狼狈为奸。孔子的交友观明确指出,人应该结交三种朋友:"友直,友谅,友多闻,"即与正直的人、诚信的人和见闻广博的人交友。孔子认为,交这三种朋友,对人生是有益的。错误的交友也有三种:"友便辟,友善柔,友便佞。"即与惯于走邪道的人、善于阿谀奉承的人和花言巧语的人交朋友。孔子认为,这三种交友都是有害的。

物以类聚,人以群分。一个人与什么人为友,就可以从中看出这个人的素质、能力和判断力。所以,我们平时了解一个人,组织部门考察一个人,只要通过了解和这个人周围的朋友,就可以间接了解这个考察对象了。近朱者赤,近墨者黑。与君子为伍,此亦君子;与小人同流,此亦小人。

【原文】

16.5 孔子曰:"益者三乐,损者三乐。乐节礼乐,乐道人之善,乐多贤友,益矣。乐骄乐,乐佚游,乐晏乐,损矣。"

【译文】

孔子说:"有益的乐趣有三种,有害的乐趣有三种。以礼乐约束自己为乐趣,以称道别人的好处为乐趣,以有许多贤德之友为乐趣,这是有益的。以骄纵作乐为乐趣,以放荡闲游为乐趣,以宴饮取乐为乐趣,这就是有害的。"

【评析】

人生在世,都喜欢追求快乐,但关键是要追求正确的快乐。孔子对人生正确的乐趣和错误的乐趣进行了对比,他认为,有益的乐趣有三种:"乐节礼乐,乐道人之善,乐多贤友",认为这三种乐趣是非常有益的;错误的乐趣也有三种:"乐骄乐,乐佚游,乐晏乐",认为这三种乐趣是非常有害的。

从人生哲学和人才开发学的角度来看,每个人都应该追求正确有益的乐趣,不能追求错误有害的乐趣。很显然,如果善于用礼乐进行自我塑造,一个人就会不断提高自己的修养;如果乐道人之善,就会建立和谐的人际关系;如果乐多贤友,贤人君子就会为自己树立人生的榜样。所以,孔子认为益者三乐,都是对人非常有益的。反之,如果以骄纵作乐为乐趣,以放荡闲游为乐趣,以宴饮取乐为乐趣,那么,一个人就容易沉溺于游戏人生和奢侈享受,追求感官快乐这些不良的乐趣,这必然会影响到人生的幸福和成才。

在现实中,一些富二代如果不严格要求自己,就容易被错误的乐趣所吸引,"乐骄乐,乐佚游,乐晏乐",不仅影响了个人的前程,而且最终可能败光了家产。

【原文】

16.6 孔子曰:"侍于君子有三愆:言未及之而言,谓之躁;言及之而不言,谓之隐;未见颜色而言,谓之瞽。"

【译文】

孔子说:"侍奉在君子旁边陪他说话,要注意避免犯三种过失:还没有问到你的时候就说话,这是急躁;已经问到你的时候你却不说,这叫隐瞒;不看君子的脸色而贸然说话,这是盲人。"

【评析】

孔子这段话是讲与君子相处的艺术。孔子认为,与君子交往要注意不急躁,不要急于表达自己的言论;该说话时就说话,不能不说;说话时还要善于察言观色,不能贸然说话。孔子这些观点虽然有一定的保守性,但对我们做人处事,理解他人,尊重他人,学会与人交往,都有一定的参考价值。

【原文】

16.7 孔子曰:"君子有三戒:少之时,血气未定,戒之在色;及其壮也,血气方刚,戒之在斗;及其老也,血气既衰,戒之在得。"

【译文】

孔子说:"君子有三种事情应引以为戒:年少的时候,血气还不成熟,要戒除对女色的迷恋;等到身体成熟了,血气方刚,要戒除与人争斗;等到老年,血气已经衰弱了,要戒除贪得无厌。"

【评析】

孔子这段话对于人生的三个阶段提出了戒律。这是孔子对人生从少年到老年这一生中需要注意的问题做出的忠告。人生三个阶段的生理特点不同,每个人都需要根据自己所处的阶段特点,因势利导,不能违背客观规律。

实际上,古往今来,有不少人违背了孔子说的这些戒律,最终导致人生的悲剧,需要引起人们的反思。许多青少年"血气方刚",缺乏自制力,容易冲动,一不小心打架斗殴,闹出人命,造成家破人亡,甚至犯罪入监。

【原文】

16.8 孔子曰:"君子有三畏:畏天命,畏大人,畏圣人之言。小人不知天命而不畏也,狎大人,侮圣人之言。"

【译文】

孔子说:"君子有三件敬畏的事情:敬畏天命,敬畏地位高贵的人,敬畏圣人的话,小人不懂得天命,因而也不敬畏,不尊重地位高贵的人,轻侮圣人之言。"

【评析】

孔子这段话可谓切中时弊。所谓天命,是指人生命运的兴衰际遇所具有的客观性,是不以人的意志为转移的。现实中,我们可以用孔子说的"三畏"来判断一个人的素质和人品。具有"三畏"的人是君子,没有"三畏"的人是小人。我们可以从两方面的案例来分析一下孔子"三畏"的重要性。其一,干部蜕变为"大老虎""苍蝇""蚊子"之类,从内在原因来看,就是这些人缺乏孔子所说的"三畏",没有基本的敬畏,比如,上不敬天,下不敬地,中不畏人,可谓无法无天。其二,在网络媒体中,一些无知的愤青什么都敢说,什么都敢骂,缺乏基本的敬畏之心,可谓无知者无畏。

【原文】

16.9 孔子曰:"生而知之者,上也;学而知之者,次也;困而学之,又其次也;困而不学,民斯为下矣。"

【译文】

孔子说:"生来就知道的人,是上等人;经过学习以后才知道的,是次一等的人;遇到困难再去学习的,是又次一等的人;遇到困难还不学习的人,这种人就是下等的人了。"

【评析】

孔子把人的才智和对学习的态度分为生而知之、学而知之、困而学之和困而不学四个层次。他认为自己属于学而知之的层次。实际上,从人才学的角度来看,我们大部分人才都是学而知之和困而学之这两类,而生而知之的天才少之又少,可以说没有生而知之的。孔子分析这四类人,对第四类人提出了批评,这就是困而不学的一般百姓。

从我国人才资源开发的角度来看,我国现实中还有很多困而不学的低层次就业者或未就业者,这是我国实施人才强国战略必须要解决的问题。其中,在全国很多县改市的城市规划中,很多农村人口一夜之间变成了"市民",但实质上其素质和能力仍然没有发生任何实质和根本性的变化。这些所谓的"新市民"基本上还是低学历,缺乏一技之长,更没有再就业或创业能力,其中有些人在获得拆迁补偿款以后,就吃喝嫖赌,大肆挥霍,很快就一无所有,不但失去未来的人生前途,甚至有可能成为影响社会稳定的因素。从政府的角度来看,应该对许多困而不学的人口进行新的素质和能力培训,启发他们面对未来的竞争和挑战,要自觉和努力做到困而学之。

【原文】

16.10 孔子曰:"君子有九思:视思明,听思聪,色思温,貌思恭,言思忠,事思敬,疑思问,忿思难,见得思义。"

【译文】

孔子说:"君子有九种要思考的事:看的时候,要思考看清与否;听的时候,要思考是否听清楚;自己的脸色,要思考是否温和,容貌要思考是否谦恭;言谈的时候,要思考是否忠实;做事要思考是否严肃认真;遇到疑问,要思考是否应该向别人请教;愤怒时,要思考是否引起后患,得到利益时,要思考是否合乎义的准则。"

【评析】

本章通过孔子所谈的"君子有九思",对人的观察、思考、语言、行为四个大的方面进行了具体分析。他要求自己和学生们一言一行都要认真思考和自我反省,这里包括个人道德修养的各种规范,如温、良、恭、俭、让、忠、孝、仁、义、礼、智等等。这些思想不仅是孔子关于道德修养学说的重要内涵,而且也具有人生哲学丰富而又深刻的内涵。

比如说,在"九思"中,孔子要求"视思明",但实际上,我们平时看到的很多现象也许是假象,并不是真相,没有做到视明;孔子要求"听思聪",但有些人道听途说,偏信则暗;孔子要求"色思温",但有些人经常发脾气,伤害他人;孔子要求"貌思恭",但有些人盛气凌人,颐指气使;孔子要求"言思忠",但有些人会欺上瞒下,假话连篇;孔子要求"事思敬",但有些人办事就是马马虎虎,缺乏一丝不苟的精神;孔子要求"疑思问",有些人就是不懂装懂,固执己见;孔子要求"忿思难",但有些人就是喜欢冲动这个魔鬼,不计后果,不该出手乱出手;孔子要求"见得思义",但有些人唯利是图,多多益善,见得不思义。

实践证明,一个人如果通过自我塑造,做到孔子说的这些"九思",就会事半功倍,少犯很多错误,非常有利于提高认识问题、分析问题和解决问题的能力。反之,如果背离了孔子这"九思",其后果就会可想而知。

【原文】

16.11 子曰:"见善如不及,见不善如探汤。吾见其人矣,吾闻其语矣。隐居以求其志,行义以达其道。吾闻其语矣,未见其人也。"

【译文】

孔子说:"看到善良的行为,就担心做不到,看到不善良的行动,就好像把手伸到开水中一样赶快避开。我见到过这样的人,也听到过这样的话。以隐居避世来保全自己的志向,遵循义而贯彻自己的主张。我听到过这种话,却没有见到过这样的人。"

【评析】

孔子这里评价了两种君子的修行。一种是能够及时学习别人好的行为和避免他人所犯错误的人,另一种是儒道兼修的君子。在孔子看来,他已经见到前一种君子了,可谓见其人而闻其语,但还没有见到第二种君子,即闻其语而未见其人。

实际上,从知识结构和心理结构优化互补的角度来看,中国历史上知识分子的复合型人才比较典型的是儒道互补,外儒内道。孔子这段话中所谈的第二种君子,"隐居以求其志"是道家中的君子,"行义以达其道"是儒家中的君子。

《孟子·尽心章句上》所说的"穷则独善其身,达则兼善天下"可以参照。

【原文】

16.12 齐景公有马千驷,死之日,民无德而称焉。伯夷、叔齐饿死于首阳之下,民到于今称之。其斯之谓与?

【译文】

齐景公有马四千匹,死的时候,百姓们觉得他没有什么德行可以称颂。伯夷、叔齐饿死在首阳山下,百姓们到现在还在称颂他们。说的就是这个意思吧。

【评析】

本章两处疑有脱文:一是文首没有"子曰"二字;二是文末"其斯之谓与"。文意前后不连贯,似有脱漏。

伯夷、叔齐是商末孤竹君的两个儿子,也是抱节守志的典范。相传其父遗命要立季子叔齐为继承人。孤竹君死后,叔齐让位给伯夷,伯夷不受,叔齐也不愿继位,先后都逃往周国。周武王伐纣,二人拦马谏阻。武王灭商后,他们耻食周粟,采薇而食,饿死于首阳山。

本章中孔子通过对齐景公与伯夷、叔齐的比较,客观上揭示了人生能够流芳千古、让后世称颂的并不是人活着的时候拥有大量财富,而是你的人格力量、你的仁德修行。富而无德,很快被人所遗忘;贫而仁德,后世千古称颂。

【原文】

16.13 陈亢问于伯鱼曰:"子亦有异闻乎?"对曰:"未也。尝独立,鲤趋而过庭。曰:'学诗乎?'对曰:'未也'。'不学诗,无以言。'鲤退而学诗。他日又独立,鲤趋而过庭。曰:'学礼乎?'对曰:'未也'。'不学礼,无以立。'鲤退而学礼。闻斯二者。"陈亢退而喜曰:"问一得三。闻诗,闻礼,又闻君子之远其子也。"

【译文】

陈亢问伯鱼:"你从老师那里听到过什么特别的教诲吗?"伯鱼回答说:"没有呀。有一次他独自站在堂上,我快步从他面前走过,他说:'学《诗》了吗?'我回答说:'没有。'他说:'不学诗,就不懂得怎么说话。'我回去就学《诗》。又有一天,他又独自站在堂上,我快步从他面前走过,他说:'学礼了吗?'我回答说:'没有。'他说:'不学礼就不懂得怎样立身。'我回去就学礼。我就听到过这两件事。"陈亢回去高兴地说:"我提一个问题,得到三方面的收获,听了关于《诗》的道理,听了关于礼的道理,又听了君子不偏爱自己儿子的道理。"

【评析】

陈亢:即陈子禽,陈国人。伯鱼:即孔鲤,字伯鱼,孔子的儿子。陈亢以己度人,猜测孔子教育儿子可能会有特别的教诲,故此发问。本章说明孔子非常重视文学教育与礼的教育。在《论语·泰伯》篇中,孔子曰:"兴于诗,立于礼,成于乐。"孔子已经阐释了诗与礼以及乐对于人生的重要性。

从人才美学的角度来看,文学教育是一种重要的审美活动,不但有利于学习语言,而且非常有利于激发美感,拓展想象力,开发人的潜能;而礼的教育则是人之所以为人乃至成人必不可少的社会教育,所以,孔子叮嘱孔鲤要学《诗经》,要学礼。陈亢通过询问伯鱼,从中"问一得三",可谓收获多多。

【原文】

16.14 邦君之妻,君称之曰夫人,夫人自称曰小童;邦人称之曰君夫人,称诸异邦曰寡小君;异邦人称之亦曰君夫人。

【译文】

国君的妻子,国君称她为夫人,夫人自称为小童,国人称她为君夫人;对他国人则称她为寡小君,他国人也称她为君夫人。

【评析】

这套称号是周礼的内容之一。这是为了维护等级名分制度,以达到"名正言顺"的目的。中国礼仪之邦尤其讲究人际交往之间的称谓,尊称他人,学会自谦。本章中的"小童"是自谦,"君夫人"是尊称。

第十七篇 《阳货》译评

【本篇引语】

本篇共26章。其中著名的句子有:"性相近也,习相远也";"唯上知与下愚不移";"君子有勇而无义为乱,小人有勇而无义为盗";"唯女子与小人为难养也"。这一篇还介绍了孔子的道德教育思想,孔子对仁的进一步解释,也谈到君子与小人的区别等等。

【原文】

17.1 阳货欲见孔子,孔子不见,归孔子豚。孔子时其亡也,而往拜之,遇诸涂。谓孔子曰:"来!予与尔言。"曰:"怀其宝而迷其邦,可谓仁乎?"曰:"不可。""好从事而亟失时,可谓知乎?"曰:"不可。""日月逝矣,岁不我与。"孔子曰:"诺,吾将仕矣。"

【译文】

阳货想见孔子,孔子不见,他便赠送给孔子一只蒸熟的乳猪,想要孔子去拜见他。孔子打听到阳货不在家时,往阳货家拜谢,却在半路上遇见了。阳货对孔子说:"来,我有话要跟你说。""把自己的本领藏起来而听任国家迷乱,这可以叫作仁吗?"孔子回答说:"不可以。"阳货说:"喜欢参与政事而又屡次错过机会,这可以说是智吗?"孔子回答说:"不可以。"阳货说:"时间一天天过去了,年岁是不等人的。"孔子说:"好吧,我将要去做官了。"

【评析】

阳货:又叫阳虎,季氏的家臣,曾经掌握了季氏一家的大权,甚至掌握了鲁国的大权。根据《左传·定公六年》记载,阳虎在定公六年正式掌权,踌躇满志,试图招揽人才为之所用。孔子与之不同道,可谓"道不同,不相为谋",故不见阳虎。所以,在阳虎送给孔子小熟猪的时候,阳虎希望孔子到他家里道谢,但孔子既不想见到阳虎,又不想失礼,特意打听到阳虎不在家的时候到阳虎家里致谢,没有想到恰巧在半路上遇见了阳虎,于是发生了这段对话。

【原文】

17.2 子曰:"性相近也,习相远也。"

【译文】

孔子说:"人的本性是相近的,由于习染不同才相互有了差别。"

【评析】

从人的本性来看,人先天的本性非常相近,后来的差别主要是后天不同的习得才形成了很大差异。按照唯物主义的观点,人是环境的产物,环境熏陶人,环境造就人。马克思主义认为,在其现实性上,人的本质是一切社会关系的总和。因此,人后天的差别在很大程度上取决于各种不同的社会关系,因为人后天的习得都是通过这样或者那样的社会关系才能获得。由此可见,孔子认为,"性相近也,习相远也。"非常深刻地揭示了人性先天的相近性,也注意到了后天习得所导致的差异性,可谓一语中的。

【原文】

17.3 子曰:"唯上知与下愚不移。"

【译文】

孔子说:"只有上等的智者与下等的愚者是改变不了的。"

【评析】

孔子在肯定"性相近也,习相远也"的前提下,看到了后天习得对于人生修养的重要性,但他也注意到教育不是万能的,也会有"唯上知与下愚不移"的现象。"上知"是指高贵而有智慧的人,心存善念,不会轻易改变;"下愚"指卑贱而又愚蠢的人,自暴自弃,固执而又愚昧。孔子认为这两类人是先天所决定的,是不能改变的。

我们从发展变化的角度来看,"一切皆流,一切皆变"。即使像孔子认为的"上知"与"下愚",在主客观因素的相互影响下,仍然有发生变化的可能性。

【原文】

17.4 子之武城,闻弦歌之声。夫子莞尔而笑,曰:"割鸡焉用牛刀?"子游对曰:"昔者偃也闻诸夫子曰:'君子学道则爱人,小人学道则易使也。'"子曰:"二三子!偃之言是也。前言戏之耳。"

【译文】

孔子到武城,听见弹琴唱歌的声音。孔子微笑着说:"杀鸡何必用宰牛的刀呢?"子游回答说:"以前我听先生说过,'君子学习了礼乐就能爱人,小人学习了礼乐就容易指使。'"孔子说:"学生们,言偃的话是对的。我刚才说的话,只是开个玩笑而已。"

【评析】

武城:鲁国的一个小城,在今山东费县西南,当时子游是武城宰。弦歌:弦,指琴瑟,这里指以琴瑟伴奏歌唱。孔子说"割鸡焉用牛刀?"意思是说,武城这么个小地方不需大兴礼乐教化。何晏《论语集解》引孔安国注:"言治小,何须用大道"。这个故事很形象地描述了孔夫子独特的生活风貌,一项为人严谨的孔夫子竟然还能够"莞尔而笑",与弟子开个玩笑。

孔子这段对话客观上也反映了不同的人学习礼乐的不同作用。君子学习礼乐之道,能够更好地爱人;小人学习了礼乐之道,容易接受社会的管理。所以,孔子认为,礼乐教化对于个人修养和社会治理具有非常重要的意义。

【原文】

17.5 公山弗扰以费畔,召,子欲往。子路不悦,曰:"末之也已,何必公山氏之之也。"子曰:"夫召我者,而岂徒哉?如有用我者,吾其为东周乎?"

【译文】

公山弗扰据费邑反叛,来召孔子,孔子准备前去。子路不高兴地说:"没有地方去就算了,为什么一定要去公山弗扰那里呢?"孔子说:"他来召我,难道只是一句空话吗?如果有人用我,我就要在东方复兴周礼,建设一个东方的西周。"

【评析】

公山弗扰:人名,又称公山不狃,字子洩,季氏的家臣。末之也已:末,无。之,到、往。末之,无处去。已,止,算了。之之也:第一个"之"字是助词,后一个"之"字是动词,去、到的意思。吾其为东周乎:为东周,建造一个东方的周王朝,在东方复兴周礼。

公山弗扰据费邑,势力逐渐强大,拟与季氏家臣阳货合谋反叛季氏。他知道孔子对季氏专权不满,所以想拉拢孔子一起反叛季氏。孔子出于维护公室、反对季氏专权的想法,本来想去费邑,但在弟子的劝阻下没有去。孔子发现公山弗扰的反叛可能危及公室,就决定不去费邑。正如学者所言:"夫子欲往,出乎仁;终不往,本乎智。既仁且智,不亦宜乎!"①

【原文】

17.6 子张问仁于孔子。孔子曰:"能行五者于天下为仁矣。""请问之。"曰:"恭、宽、信、敏、惠。恭则不侮,宽则得众,信则人任焉,敏则有功,惠则足以使人。"

【译文】

子张向孔子问仁。孔子说:"能够做到五点,就是仁人了。"子张说:"请问哪五点。"孔子说:"庄重、宽厚、诚实、勤敏、慈惠。庄重就不致遭受侮辱,宽厚就会得到众人的拥护,诚信就能得到别人的任用,勤敏就会提高工作效率,慈惠就能够使唤人。"

【评析】

孔子这里说的"恭、宽、信、敏、惠"五点,内容比较丰富,既涉及道德人品,也有性格的特点。其中,恭、敏关涉人的个性修养;而宽、信、惠三点则关涉人的道德品行。孔子在提出这五点以后,具体指出了这五点的重要性,颇给人以启发。即使在现代社会,我们为人处世也需要做到"恭、宽、信、敏、惠"这五个方面。

【原文】

17.7 佛肸召,子欲往。子路曰:"昔者由也闻诸夫子曰:'亲于其身为不善者,君子不入也。'佛肸以中牟畔,子之往也,如之何?"子曰:"然,有是言也。不曰坚乎,磨而不磷;不曰白乎,涅而不缁。吾岂匏瓜也哉?焉能系而不食?"

【译文】

佛肸召孔子去,孔子打算前往。子路说:"从前我听先生说过:'亲自做坏事的人那里,君子是不去的。'现在佛肸据中牟反叛,你却要去,这如何解释呢?"孔子说:"是的,我有过这样的话。不是说坚硬的东西磨也磨不坏吗?不是说洁白的东西染也染不黑吗?我难道是个苦味的葫芦吗?怎么能只挂在那里而不给人吃呢?"

【评析】

佛肸:晋国大夫范氏家臣,中牟城地方官。鲁哀公五年,孔子已经62岁,此时正在周游列国,仕途遇到暂时的困境,适逢佛肸召见,欲前往,其目的并非协同佛肸反叛,而是希望借此机会,实现自己的政治主张,知其不可为而为之,"这正是孔

---

① 刘强:《论语新识》,岳麓书社,2016年版,第483页。

子坚定不移的意志,百折不挠的精神,以及勇往直前的品质所在"。①

【原文】

17.8 子曰:"由也,女闻六言六蔽矣乎?"对曰:"未也。""居,吾语女。好仁不好学,其蔽也愚;好知不好学,其蔽也荡;好信不好学,其蔽也贼;好直不好学,其蔽也绞;好勇不好学,其蔽也乱;好刚不好学,其蔽也狂。"

【译文】

孔子说:"仲由呀,你听说过六种品德和六种弊病了吗?"子路回答说:"没有。"孔子说:"坐下,我告诉你。爱好仁德而不爱好学习,它的弊病是受人愚弄;爱好智慧而不爱好学习,它的弊病是行为放荡;爱好诚信而不爱好学习,它的弊病是危害亲人;爱好直率却不爱好学习,它的弊病是说话尖刻;爱好勇敢却不爱好学习,它的弊病是犯上作乱;爱好刚强却不爱好学习,它的弊病是狂妄自大。"

【评析】

孔子这里所说的"六言"是指仁、知、信、直、勇、刚。孔子之所以对子路说这些话,恰恰是因为子路具有这六个方面的品质,但"好学"不够,因而提醒子路要"好学"。孔子认为,君子应该具备这六种品行,但要培养这六种品行,必须加强学习,通过学习才能提高各种相应的能力,否则就会出现孔子所说的"愚""荡""贼""绞""乱""狂"这六种弊端的严重后果。

实际上,孔子所说的"好学",非常有利于实现人生的这六种品德。通过"好学",可以使人明白事理,增加智慧,而不被别人愚弄,提高控制个人情绪的能力,维系亲人和睦,提高说话的艺术,避免违法乱纪,能够使人学会谦虚。

【原文】

17.9 子曰:"小子何莫学夫《诗》?《诗》,可以兴,可以观,可以群,可以怨。迩之事父,远之事君;多识于鸟兽草木之名。"

【译文】

孔子说:"学生们为什么不学习《诗》呢?学《诗》可以激发志气,可以观察天地万物及人间的盛衰与得失,可以使人懂得合群的必要,可以使人懂得怎样去讽谏上级。近可以用来事奉父母,远可以事奉君主;还可以多知道一些鸟兽草木的名字。"

---

① 史赜源:《论语清源》,中国文史出版社,2014年版,第406页。

【评析】

孔子关于诗可以兴观群怨的说法极大地影响了中国古代美学思想,影响了后世对文学社会作用的理解。

《诗经》是我国第一部诗歌总集,内容丰富,反映了西周初年至春秋中叶丰富的社会生活,包括劳动与爱情、战争与徭役、压迫与反抗、风俗与婚姻、祭祖与宴会,甚至天象、地貌、动物、植物等方方面面,是周代社会生活的一面镜子。兴:是指通过诗的比兴,激发思想感情。观:观察了解天地万物与人间万象。群:合群。怨:讽谏上级,怨而不怒。《汉书·艺文志》载:"故古有采诗之官,王者所以观风俗,知得失,自考正也"。孔子曾经多次谈到学诗的重要性。从诗歌鉴赏和审美的角度来看,学习《诗经》,不仅可以从中获得审美价值,而且还能够理解周代社会的历史风貌。

【原文】

17.10 子谓伯鱼曰:"女为《周南》《召南》矣乎?人而不为《周南》《召南》,其犹正墙面而立也与?"

【译文】

孔子对伯鱼说:"你学习《周南》《召南》了吗?一个人如果不学习《周南》《召南》,那就像面对墙壁而站着吧?"

【评析】

《周南》《召南》:《诗经·国风》中的第一、二两部分篇名,这是当地的民歌,在《诗经》中具有较高的地位。周南和召南都是地名。正墙面而立:面向墙壁站立着。孔子要求儿子孔鲤学习《周南》《召南》,认为如果不学习《周南》《召南》,就像面壁而立无法正常行走,所以《毛诗大序》说"《周南》《召南》,正始之道,王化之基。"

【原文】

17.11 子曰:"礼云礼云,玉帛云乎哉?乐云乐云,钟鼓云乎哉?"

【译文】

孔子说:"礼呀礼呀,只是说的玉帛之类的礼器吗?乐呀乐呀,只是说的钟鼓之类的乐器吗?"

【评析】

古代举行礼仪时经常会使用玉器、丝帛等礼器,这儿的"玉帛"就是指这类礼器。孔子认为,礼乐应该是发自内心的一种修养,礼最重要的是内心真诚,而不是单纯在于使用玉帛;奏乐也不单纯在于使用钟鼓。所以《乐记》认为:"乐者,非谓黄钟大吕弦歌干扬也,乐之末节也。"而"生民之道,乐为大焉。"

【原文】

17.12 子曰:"色厉而内荏,譬诸小人,其犹穿窬之盗也与?"

【译文】

孔子说:"外表严厉而内心虚弱,以小人做比喻,就像是挖墙洞的小偷吧?"

【评析】

色厉内荏:厉,威严,荏,虚弱。外表严厉而内心虚弱。孔子鄙视那些色厉内荏、干了坏事却似乎一本正经、显得若无其事而又内心虚弱的伪君子。孔子把这类人比作行窃的盗贼、社会的蛀虫,警示弟子们要善于识别这类人的真面目,不被其假象所迷惑,做仁德诚信的君子。

【原文】

17.13 子曰:"乡愿,德之贼也。"

【译文】

孔子说:"伪信饰善的好好先生是道德的贼。"

【评析】

孔子所说的"乡愿",就是指那些表里不一、言行不一的伪君子,这些人欺世盗名,却可以堂而皇之地自我炫耀。孔子反对"乡愿",就是主张以仁、礼为原则,只有仁、礼可以使人成为真正的君子。

《孟子·尽心下》曰:"非之无举也,刺之无刺也,同乎流俗,合乎污世,居之似忠信,行之似廉洁,众皆悦之,自以为是,而不可与入尧舜之道,故曰'德之贼'也。孔子曰:恶似而非者:恶莠,恐其乱苗也;恶佞,恐其乱义也;恶利口,恐其乱信也;恶郑声,恐其乱乐也;恶紫,恐其乱朱也;恶乡原,恐其乱德也。君子反经而已矣。经正,则庶民兴;庶民兴,斯无邪慝矣。"孟子这里对什么是"乡愿"和"德之贼"进行了详细的描述,否定"乡愿",才是回归正道,才能"经正""民兴"。

【原文】

17.14 子曰:"道听而涂说,德之弃也。"

【译文】

孔子说:"在路上听到传言就到处去传播,这是道德所唾弃的。"

【评析】

道听途说是一种背离道德准则的行为,而这种行为自古以来就存在的。从信息传播的角度来看,道听途说的内容真真假假、虚虚实实,在没有核实信息以前,任何人对于道听途说的内容都要存疑,既不能盲目相信,更不能随意四处传播。在现实生活中,有些不仅是道听途说,而且四处打听别人的小道消息,然后到处传说,以此作为生活的乐趣,实乃卑鄙之小人。

从文学创作的角度来看,作者为了搜集素材,对于道听途说的内容可以作为文学创作的原始素材,对其进行艺术虚构和典型化。对于文学想象而言,道听途说的内容不一定是生活真实,但可以上升为艺术真实。

【原文】

17.15 子曰:"鄙夫可与事君也与哉?其未得之也,患得之。既得之,患失之。苟患失之,无所不至矣。"

【译文】

孔子说:"可以和一个鄙夫一起事奉君主吗?他在没有得到官位时,总担心得不到。已经得到了,又怕失去它。如果他担心失掉官职,那他就什么事都干得出来了。"

【评析】

孔子在本章中对那些一心想当官的人斥为鄙夫,这种人在没有得到官位时总担心得不到,一旦得到又怕失去。为了不失去官位,他就会不择手段去做任何事情,什么违法乱纪的事情都能干得出来。成语"患得患失"即由此提炼出来。

【原文】

17.16 子曰:"古者民有三疾,今也或是之亡也。古之狂也肆,今之狂也荡;古之矜也廉,今之矜也忿戾;古之愚也直,今之愚也诈而已矣。"

【译文】

孔子说:"古代的民众有三种毛病,现在恐怕连这三种毛病也不是原来的样子了。古代的狂者不过是愿望太高,而现在的狂妄者却是放荡不羁;古代骄傲的人不过是难以接近,现在那些骄傲的人却是凶恶蛮横;古代愚笨的人不过是直率一些,现在的愚笨者却是欺诈啊!"

【评析】

孔子所处的时代,已经与上古时代有所区别,上古时期人们的"狂""矜""愚"虽然也是毛病,但并非不能让人接受,而今天人们的这三种毛病都变本加厉。从孔子时代到现在,又过去了两三千年了,这三种毛病不但没有改变,反而有增无已,愈益加重,到了令人无法理喻的地步。在现代社会,一些人为了牟取暴利,不惜制造假冒伪劣产品;一些网络骗子的伎俩无所不用其极;一些贪官污吏假话、空话欺上瞒下。在市场经济条件下,客观上确实出现了一定的道德滑坡现象,需要引起社会的高度重视。

【原文】

17.17 子曰:"巧言令色,鲜矣仁。"

【译文】孔子说:"花言巧语,心口不一,是缺少仁的表现。"

【评析】

本章已见于《学而篇》1.3,此处系重出。

【原文】

17.18 子曰:"恶紫之夺朱也,恶郑声之乱雅乐也,恶利口之覆邦家者。"

【译文】

孔子说:"我厌恶用紫色取代红色,厌恶用郑国的声乐扰乱雅乐,厌恶用伶牙俐齿颠覆国家这样的事情。"

【评析】

孔子这里以颜色比喻政治,认为紫色取代红色,就是以下犯上。在对待音乐的态度上,孔子推崇雅乐,认为郑声淫,体现了孔子对郑国乐曲的偏见。另外,孔子这里对那些伶牙俐齿、巧嘴利舌的小人也提出了批评。

【原文】

17.19 子曰:"予欲无言。"子贡曰:"子如不言,则小子何述焉?"子曰:"天何言哉?四时行焉,百物生焉,天何言哉?"

【译文】

孔子说:"我想不说话了。"子贡说:"您如果不说话,那么我们这些学生还传述什么呢?"孔子说:"天何尝说话呢?四季照常运行,百物照样生长。天说了什么话呢?"

【评析】

孔子重视人道,也重视天道。他认为,天虽然不语,但四季照常运转,百物照常生长。但是,令孔子遗憾的是,世风日下,对于世风不古的大量社会现象,孔子简直就是"欲说还休",所以此处用"予欲无言"表述最妙。

换言之,孔子这里以天自喻,天道与人道相通,既然天不语,"四时行焉,百物生焉",那么,即使自己不言,孔子依然表达了对大道之行的坚信,所谓"知其不可而为之"。

【原文】

17.20 孺悲欲见孔子,孔子辞以疾。将命者出户,取瑟而歌,使之闻之。

【译文】

孺悲想见孔子,孔子以有病为由推辞不见。传话的人刚出门,孔子就拿来瑟,边弹边唱,有意让孺悲听到。

【评析】

孺悲:鲁国人,鲁哀公曾派他向孔子学礼。朱熹《论语集注》:"孺悲,鲁人,尝学士丧礼于孔子。当是时必有一得罪者,故辞以疾。"① 由此可见,孔子对孺悲不满,既"辞以疾",托病不见,又在孺悲刚出门的时候,鼓瑟而歌,故意让孺悲知道孔子是不愿意见他。

【原文】

17.21 宰我问:"三年之丧,期已久矣。君子三年不为礼,礼必坏;三年不为乐,乐必崩。旧谷既没,新谷既升,钻燧改火,期可已矣。"子曰:"食夫稻,衣夫锦,于女安乎?"曰:"安。""女安,则为之。夫君子之居丧,食旨不甘,闻乐不乐,居处不安,故不为也。今女安,则为之!"宰我出,子曰:"予之不仁也!子生三年,然后免于父母之怀,夫三年之丧,天下之通丧也。予也有三年之爱于其父母乎?"

【译文】

宰我问:"服丧三年,时间太长了。君子三年不讲究礼仪,礼仪必然败坏;三年不演奏音乐,音乐就会荒废。旧谷吃完,新谷登场,钻燧取火的木头轮过了一遍,有一年的时间就可以了。"孔子说:"才一年的时间,你就吃开了大米饭,穿起了锦缎衣,你心安吗?"宰我说:"我心安。"孔子说:"你心安,你就那样去做吧!君子守丧,吃美味不觉得香甜,听音乐不觉得快乐,住在家里不觉得舒服,所以不那样做。如今你既觉得心安,你就那样去做吧!"宰我出去后,孔子说:"宰予真是不仁啊!小孩生下来,到三岁时才能离开父母的怀抱。服丧三年,这是天下通行的丧礼。难道宰子对他的父母没有三年的爱吗?"

【评析】

在孔子之前,华夏族就已经有为父母守丧三年的习惯,经过儒家的坚守,对后世产生了深远的影响。孔子对守孝三年的依据是婴儿经过父母细心照顾三年,才能够离开父母的怀抱,所以父母去世了,子女也应该为父母守三年丧。这一段说

---

① 朱振家:《论语全解》,上海古籍出版社,2014 年版,第 281 页。

的是孔子和他的弟子宰我之间,围绕丧礼应服几年的问题展开的争论。他批评宰我不守孝三年是"不仁"。宰我的理由是如果守孝三年,所习的礼乐就会荒废了,新谷换旧谷,钻燧改火,都是一年一换。钻燧改火:古人钻木取火,四季所用木头不同,每年轮一遍,叫改火。

从移风易俗的角度来看,宰我主张守孝一年,具有改革风俗的意义。从当时礼的规定以及情感的角度来看,三年之丧是当时通行的丧礼习俗,所以,孔子认为父母养育儿女不易,因此责备宰我,认为只守孝一年,你吃好的、穿好的、听音乐,你怎么会心安啊!

【原文】

17.22 子曰:"饱食终日,无所用心,难矣哉!不有博奕者乎?为之,犹贤乎已。"

【译文】

孔子说:"整天吃饱了饭,什么心思也不用,真太难了!不是还有玩博和下棋的游戏吗?干这个,也比闲着好。"

【评析】

《论语·季氏》第五章中,孔子认为"乐骄乐,乐佚游,乐晏乐,损矣。"孔子在这篇中对当时那些"饱食终日,无所用心"的纨绔子弟十分忧虑,认为这些游手好闲之辈整天无所事事,就会滋生邪念,惹是生非,也不可能有所成就。所以,孔子认为,这些人还不如下下棋,也比混日子强。

【原文】

17.23 子路曰:"君子尚勇乎?"子曰:"君子义以为上。君子有勇而无义为乱,小人有勇而无义为盗。"

【译文】

子路说:"君子崇尚勇敢吗?"孔子答道:"君子以义作为最高尚的品德,君子有勇无义就会作乱,小人有勇无义就会偷盗。"

【评析】

孔子认为,君子把义视为人生最高尚的品德,是做人的根本。所以,君子有勇无义就会作乱,而小人有勇无义就会偷盗。儒家思想认为,"勇"必须符合"仁、义、礼、智",不能仅仅是匹夫之勇;如果仅仅是匹夫之勇,没有义的灵魂,君子就会失去勇的方向和原则,甚至走向"为乱"的泥沼。小人仅仅是匹夫之勇,没有义的灵魂,就会成为偷盗之徒。

【原文】

17.24 子贡曰:"君子亦有恶乎?"子曰:"有恶:恶称人之恶者,恶居下流而讪上者,恶勇而无礼者,恶果敢而窒者。"曰:"赐也亦有恶乎?""恶徼以为知者,恶不孙以为勇者,恶讦以为直者。"

【译文】

子贡说:"君子也有厌恶的事吗?"孔子说:"有厌恶的事。厌恶宣扬别人坏处的人,厌恶身居下位而诽谤在上者的人,厌恶勇敢而不知节制的人,厌恶固执而又不通事理的人。"孔子又说:"赐,你也有厌恶的事吗?"子贡说:"厌恶抄袭别人当作有学问的人,厌恶把傲慢不逊当作勇敢的人,厌恶把揭发别人的短处而自以为直率的人。"

【评析】

对于厌恶的事,孔子谈了四种,子贡谈了三种。孔子所憎恶的是:不心存善念而宣扬别人坏处的人;对于上级不是诚恳劝谏,而是不负责任的随意诽谤的人;勇敢而不知节制的人;固执而又不通事理的人。子贡谈了三种:把抄袭别人当作有学问的人;把傲慢不逊当作勇敢的人;把揭发别人的短处而自以为直率的人。由此可见,孔子憎恶的四种人与子贡憎恶的三种人都属于品行方面有缺陷的人,值得我们引以为戒,决不能做这七种人。

【原文】

17.25 子曰:"唯女子与小人为难养也,近之则不孙,远之则怨。"

【译文】

孔子说:"只有女子与小人是难以打交道的,亲近他们就会无礼;疏远他们就会报怨。"

【评析】

孔子这句话中的"女子"与"小人"历来颇有争议。

第一种观点认为,孔子这里的"女子"是指臣妾。

第二种观点认为,"女子"是指卫灵公夫人南子。①

第三种观点认为,"女子"是泛指一般女性,孔子有歧视女性之嫌。

第四种观点认为,"女子"是指女孩子,"小人"是指男孩子,意思是说,只有孩子是难以教育的。

---

① 刘强:《论语新识》,岳麓书社,2016年版,第502页。

前三种观点中的"小人"大多是指与君子相对的道德低下之人，但"小人"也可以指地位卑下的百姓。

韩桂君、刘纯泽认为，本章中"女子与小人"乃未成年人的合称，孔子的原意是：小孩子们真是难于教育啊！做大人的和颜悦色开导，她（他）会不顺从；板起面孔教训，她（他）又会心生怨恨。① 持这种观点的还有汪秀丽、李跃中。这两位学者结合孔子的经历，分析了孔子所认为的难养之人就是"未出嫁的女儿和未成年的儿子"。孔子有一儿一女，20岁生儿子孔鲤，30多岁生女儿。孔子一生忙于学务、教务、政务、编务，55岁离妻别子，周游列国14年，回国第二年，儿子就逝世了。孔子一生，与子女相处时间不多，在教养未成年子女的问题上，感觉在把握分寸、掌握尺度上，难度很大。因此发出"唯女子与小人为难养也，近之则不逊，远之则怨"之叹。言下之意，世界上最难教育和培养的，就是自己的未成年儿女，如果对他们太亲切、慈爱了，他们可能就会蹬鼻子上脸，不知谦逊，放肆无礼；如果对他们太严肃、疏远了，他们可能就会心生不满，怨愤不已。所以如何教养未成年子女，掌握好分寸和尺度，是非常重要的事情，家教是大学问。② 对此，李泽厚的观点比较中肯："我以为这句话相当准确地描述了妇女性格的某些特征。对她们亲密，她们有时就过分随便，任意笑骂打闹。而稍一疏远，便埋怨不已。这种心理性格特征本身并无所谓好坏，只是由性别差异产生的不同而已；应说它是心理学的某种事实。"③

另有学者高喜田认为，"唯女子与小人为难养也，近之则不孙，远之则怨"的白话译文应该是这样的：女子跟小人相处是很困难的。亲近了，他会无礼；疏远了，他会怨恨。在这里，关键词"与"不是人们惯常理解的连词"和"，而是介词"跟"。照这样看来，孔子不但没有歧视妇女的意思，反而表现出对女性性格特点的准确把握和对妇女的关怀之情。④

对于上述诸多观点，可谓见仁见智。那么，孔子是否歧视女性呢？从历史的观点来看，孔子不但不歧视女性，反而非常尊重女性。《孔子家语·大婚解》载孔

---

① 韩桂君、刘纯泽：《"唯女子与小人为难养也"新解》，《思想与学术》，2016年第2期。
② 汪秀丽、李跃中：《"唯女子与小人为难养也"或无涉女性歧视》，《学界观察》，2015年12期。
③ 李泽厚：《论语今读》，中华书局，2015年版，第339页。
④ 高喜田：《"唯女子与小人为难养也"考辨——兼论孔子并无歧视妇女意》，《天津师范大学学报（社会科学版）》，2015年第4期。

子曰:"昔三代明王,必敬妻子也,盖有道焉。妻也者,亲之主也。子也者,亲之后也。敢不敬与?是故,君子无不敬。"对女性的尊重,由此可见一斑。

《周书·康诰》:"民情大可见,小人难保。往尽乃心,无康好逸,乃其乂民。"周成王的意思是说,民情很容易知道,百姓还没有安居。去掉所有的心思,不要贪图安逸,而是安民。其次,"养"的训诂意义又是什么?对于此,《说文解字》有明确解释:"保,养也。"我们可否这样理解"小人难养"即是"小人难保"?①

笔者在上述见仁见智的基础上,否定了孔子歧视女性的说法,本章中的"女子"似乎具有特指的意义,而非泛指所有的女性。当然,对于理解的多义性,我们可以采取多种维度,可以有多种解释,而不做定论。

【原文】

17.26 子曰:"年四十而见恶焉,其终也已。"

【译文】

孔子说:"到了四十岁的时候还被人所厌恶,他这一生也就没有希望了。"

【评析】

孔子的生涯设计理论认为,三十而立,四十无惑,五十知天命,六十耳顺,七十随心所欲不逾矩。因此,在孔子看来,人到了四十的年龄,应该达到"无惑"的境界,而如果还被人所厌恶,这说明这个人缺乏觉悟,欠缺仁德修养,简直就是病入膏肓,难以治愈了。

从潜能开发的角度来看,人生如果四十还没有成功,中老年时期仍然可以大器晚成,还可以有成功的机会。但是,如果四十岁了还没有达到应有的道德修养,顽固不化,以后就很难有事业发展的希望了。

---

① 傅丽丽:《孔子"小人难养"说诠解》,《古今论坛》,2015 年第 1 期。

第十八篇 《微子》译评

【本篇引语】

本篇共计11章。其中著名的文句有:"四体不勤,五谷不分";"往者不可谏,来者犹可追。"这一篇中还有如下内容:孔子的政治思想主张,孔子弟子与老农谈孔子、孔子关于塑造独立人格的思想等。

【原文】

18.1 微子去之,箕子为之奴,比干谏而死。孔子曰:"殷有三仁焉。"

【译文】

微子离开了纣王,箕子做了他的奴隶,比干被杀死了。孔子说:"这是殷朝的三位仁人啊!"

【评析】

微子:殷纣王的同母兄长,见纣王无道,劝他不听,遂离开纣王。箕子、比干:两个人都是殷纣王的叔父,极力劝谏纣王,纣王不听。箕子披发装疯,被降为奴隶;比干屡次强谏,被纣王剖胸观心。孔子称赞微子、箕子和比干是"殷有三仁焉。"由此可见,这三位仁人,为了劝谏纣王,分别采取了去谏、死谏和狂谏,皆足以惊天地泣鬼神![1] 历史需要忠臣、谏臣,但更需要明君和圣王;如果没有明君和圣王,再有忠臣和谏臣,也无济于事。

【原文】

18.2 柳下惠为士师,三黜。人曰:"子未可以去乎?"曰:"直道而事人,焉往而不三黜?枉道而事人,何必去父母之邦?"

---

[1] 刘强:《论语新识》,岳麓书社,2016年版,第505页。

【译文】

柳下惠当典狱官,三次被罢免。有人说:"你不可以离开鲁国吗?"柳下惠说:"按正道事奉君主,到哪里不会被多次罢官呢?如果不按正道事奉君主,为什么一定要离开本国呢?"

【评析】

柳下惠是位贤人,依法秉公办案,因此遭到三次罢免。有人劝他可以离开鲁国,但他认为只要坚持原则,无论走到哪里,都会得罪人,从而表现了他对法律精神的执着和对故乡的感情。笔者对"直道而事人"深有体会,笔者曾经先后在两个大学担任过多年的院长,从来没有因为个人利益之间与他人发生矛盾,往往是因为坚持原则,维护学院集体的利益而得罪了极个别爱占便宜的同事。对此,我心地坦荡,从不后悔,"直道而事人",得罪人在所难免。

【原文】

18.3 齐景公待孔子曰:"若季氏,则吾不能;以季、孟之间待之。"曰:"吾老矣,不能用也。"孔子行。

【译文】

齐景公讲到对待孔子的礼节时说:"像鲁君对待季氏那样,我做不到,我用介于季氏孟氏之间的待遇对待他。"又说:"我老了,不能用了。"孔子离开了齐国。

【评析】

鲁昭公二十五年(公元前517年),季氏驱逐鲁昭公,鲁昭公到齐国避难。孔子也来到齐国,齐景公很重视孔子,向孔子问政。齐景公本想按照季氏与孟氏之间的待遇安排孔子,但晏婴作为齐国大臣,反对孔子的治国思想,于是,齐景公以自己年事已高为由,不再任用孔子。孔子只好离开齐国。由此可见,孔子的治国才能得不到施展,这也是孔子非常遗憾的事情。

【原文】

18.4 齐人归女乐,季桓子受之,三日不朝。孔子行。

【译文】

齐国人赠送了一些歌女给鲁国,季桓子接受了,三天不上朝。孔子于是离开了。

【评析】

季桓子:鲁国大夫,鲁定公五年至鲁哀公三年期间是执政上卿,相当于宰相,权高位重。《史记·孔子世家》记载:鲁定公十四年,孔子任鲁国大司寇,代理相事,短短数月,治理鲁国井井有条。齐国因此担心鲁国强大而吞并齐国,所以使用美人计,不仅赠送鲁公八十个美女,而且还赠送好马一百二十匹,以腐蚀鲁国君臣。鲁公果然中计,沉湎酒色,三天不理朝政。孔子见微知著,从季桓子接受齐国赠送的美女和好马这件事,认识到鲁国执政者贪图安逸享受,没有强国的政治抱负,于是,在鲁国实现政治理想的愿望破灭,虽然眷恋鲁国,但最终还是率领弟子离开了鲁国。

【原文】

18.5 楚狂接舆歌而过孔子曰:"凤兮凤兮!何德之衰?往者不可谏,来者犹可追。已而,已而!今之从政者殆而!"孔子下,欲与之言。趋而辟之,不得与之言。

【译文】

楚国的狂人接舆唱着歌从孔子的车旁走过,他唱道:"凤凰啊,凤凰啊,你的德运怎么这么衰弱呢?过去的已经无可挽回,未来的还来得及改正。算了吧,算了吧。今天从政者危乎其危!"孔子下车,想同他谈谈,他却赶快避开,孔子没能和他交谈。

【评析】

据《史记·孔子世家》记载,这件事发生在鲁哀公六年,孔子六十三岁,楚王想重用孔子,但令尹子西劝阻昭王不用孔子,昭王果然没有重用孔子。

《庄子·人间世》也记载了这个故事:"孔子适楚,楚狂接舆游其门曰:'凤兮凤兮,何如德之衰也!来世不可待,往世不可追也。天下有道,圣人成焉;天下无道,圣人生焉。方今之时,仅免刑焉。福轻乎羽,莫之知载;祸重乎地,莫之知避。已乎已乎。临人以德!殆乎殆乎,画地而趋!迷阳迷阳,无伤吾行!吾行郤曲,无伤吾足。'"孔子是一个修身齐家治国平天下的理想主义者,因为生不逢时,经常在理想与失望之间处于选择的困惑。从政,客观上也需要良好的人文环境,否则,确实存在很大的政治风险。

在现实中,由于干部体制还不够完善,一些干部一旦掌握了较大的权力,如果没有相应的监督,不知不觉很容易犯错误,甚至锒铛入狱。因此,现在也有人认为公务员也是一种高风险职业。

在这个故事中,楚狂接舆所说的"往者不可谏,来者犹可追"成为千古名句,具有深刻的哲学意味。

【原文】

18.6 长沮、桀溺耦而耕。孔子过之,使子路问津焉。长沮曰:"夫执舆者为谁?"子路曰:"为孔丘。"曰:"是鲁孔丘与?"曰:"是也。"曰:"是知津矣。"问于桀溺。桀溺曰:"子为谁?"曰:"为仲由。"曰:"是鲁孔丘之徒与?"对曰:"然。"曰:"滔滔者,天下皆是也,而谁以易之?且而与其从辟人之士也,岂若从辟世之士哉?"耰而不辍。子路行以告。夫子怃然曰:"鸟兽不可与同群,吾非斯人之徒与而谁与?天下有道,丘不与易也。"

【译文】

长沮、桀溺在一起耕种,孔子路过,让子路去寻问渡口在哪里。长沮问子路:"那个驾车的是谁?"子路说:"是孔丘。"长沮说:"是鲁国的孔丘吗?"子路说:"是的。"长沮说:"那他是早已知道渡口的位置了。"子路再去问桀溺。桀溺说:"你是谁?"子路说:"我是仲由。"桀溺说:"你是鲁国孔丘的门徒吗?"子路说:"是的。"桀溺说:"像洪水一般的坏东西到处都是,你们同谁去改变它呢?而且你与其跟着躲避人的人,为什么不跟着我们这些躲避社会的人呢?"说完,仍旧不停地做田里的农活。子路回来后把情况报告给孔子。孔子很失望地说:"人是不能与飞禽走兽合群共处的,如果不同世上的人群打交道还与谁打交道呢?如果天下太平,我就不会与你们一道来从事改革了。"

【评析】

长沮、桀溺:两位隐士,真实姓名和身世不详。本章的对话发生在孔子离开楚国的叶地而返回蔡国的途中。这一章反映了孔子关于社会改革的主观愿望和积极的入世思想。

儒家反对消极避世、随波逐流,这与道家的消极避世有所不同。儒家认为,即使不能治国平天下,也要独善其身,做一个有道德修养的君子。孔子就是这样一位身体力行者,他具有很强的社会责任心,正因为社会动乱、天下无道,他才与自己的弟子们不辞劳苦地四处呼吁,为社会改革而努力,这是一种可贵的忧患意识和历史责任感,体现了忧国忧民的情怀,非常值得我们学习。

实际上,思想是最重要的生产力,也是促进社会发展进步最重要的直接动力。孔子的可贵之处就在于他的积极进取精神和强烈的社会责任感,为社会发展进步能够提出建设性的构想。我们可以设想一下:正是因为天下大乱和社会动荡,才需要政治家和思想家,从需要以人为本,需要进行礼乐教化,需要对国家进行科学文明的社会治理。也正是基于此,沧海横流,方显出英雄本色,正是春秋乱世,这才孕育和成就了伟大的孔夫子。

【原文】

18.7 子路从而后,遇丈人,以杖荷蓧。子路问曰:"子见夫子乎?"丈人曰:"四体不勤,五谷不分,孰为夫子?"植其杖而芸。子路拱而立。止子路宿,杀鸡为黍而食之。见其二子焉。明日,子路行以告。子曰:"隐者也。"使子路反见之。至,则行矣。子路曰:"不仕无义。长幼之节,不可废也;君臣之义,如之何其废之?欲洁其身,而乱大伦。君子之仕也,行其义也。道之不行,已知之矣。"

【译文】

子路跟随孔子出行,落在了后面,遇到一个老丈,用扁杖挑着除草的工具。子路问道:"你看到我的老师吗?"老丈说:"四肢不劳作,分不清五谷,谁是你的老师?"说完,便扶着扁杖去除草。子路拱着手恭敬地站在一旁。老丈留子路到他家住宿,杀了鸡,做了小米饭给他吃,又叫两个儿子出来与子路见面。第二天,子路赶上孔子,把这件事向他做了报告。孔子说:"这是个隐士啊。"叫子路回去再看看他。子路到了那里,老丈已经走了。子路说:"不做官是不对的。长幼间的关系是不可能废弃的;君臣间的关系怎么能废弃呢?想要自身清白,却破坏了根本的君臣伦理关系。君子做官,只是为了实行君臣之义的。至于道的行不通,早就知道了。"

【评析】

孔子培养学生是以修齐治平为最高价值取向的,也就是帮助执政者培养高层次的治国之才,而不是注重专门培养农业人才的,所以,樊迟曾经向他请教农业知识,孔子说自己不如老农。对此,我们不能简单说孔子轻视农业,因为他培养人才的目标决定了的他的人才观。本章中,这位老农也许不理解孔子的政治理想,才如此责怪孔子。

本章末尾子路的感叹很有代表性,说明了儒家的人生观和价值观,非常注重君臣大义,而不是个人功名利禄的得失。

【原文】

18.8 逸民:伯夷、叔齐、虞仲、夷逸、朱张、柳下惠、少连。子曰:"不降其志,不辱其身,伯夷、叔齐与?"谓"柳下惠、少连,降志辱身矣,言中伦,行中虑,其斯而已矣!"谓"虞仲、夷逸,隐居放言,身中清,废中权。我则异于是,无可无不可。"

【译文】

被遗落的人有:伯夷、叔齐、虞仲、夷逸、朱张、柳下惠、少连。孔子说:"不降低自己的意志,不屈辱自己的身分,这是伯夷叔齐吧。"说柳下惠、少连是"被迫降低自己的意志,屈辱自己的身分,但说话合乎伦理,行为合乎人心。"说虞仲、夷逸"过着隐居的生活,说话很随便,能洁身自爱,离开官位合乎权宜。""我却与这些人不同,可以这样做,也可以那样做。"

【评析】

伯夷、叔齐、虞仲、夷逸、朱张、柳下惠、少连都是贤人仁人,孔子分别对其进行了分类评价。《孟子·万章下》:"伯夷,圣之清者也;伊尹,圣之任者也;柳下惠,圣之和者也;孔子,圣之时者也。孔子之谓集大成。集大成也者,金声而玉振之也。金声也者,始条理也;玉振之也者,终条理也。始条理者,智之事也;终条理者,圣之事也。"孟子通过对一些贤人的评价,得出了孔子是"圣之时者",也是"集大成"者。本章中孔子在评价其他贤人之后,对自我进行了评价,认为自己是"无可无不可。"也就是说,孔子作为集大成者,不但具有高远的政治理想,而且还具有极高的情商,大丈夫能屈能伸,进可以攻,退可以守,做到张弛有度,进退自如,能够达到"随心所欲不逾矩"的人生至高境界。

【原文】

18.9 大师挚适齐,亚饭干适楚,三饭缭适蔡,四饭缺适秦,鼓方叔入于河,播鼗武入于汉,少师阳、击磬襄入于海。

【译文】

太师挚到齐国去了,亚饭干到楚国去了,三饭缭到蔡国去了,四饭缺到秦国去了,打鼓的方叔到了黄河边,敲小鼓的武到了汉水边,少师阳和击磬的襄到了海滨。

【评析】

大师挚:大同"太"。太师是鲁国乐官之长,挚是人名。亚饭、三饭、四饭:都是乐官名。干、缭、缺是人名。鼓方叔:击鼓的乐师名方叔。鼗:小鼓。少师:乐官名,副乐师。击磬襄:击磬的乐师,名襄。

本章记载了鲁国礼崩乐坏以后,各种音乐人才外流的现象。所以《乐记》认为"声音之道,与政通矣。"

【原文】

18.10 周公谓鲁公曰:"君子不施其亲,不使大臣怨乎不以。故旧无大故,则不弃也。无求备于一人。"

【译文】

周公对鲁公说:"君子不疏远他的亲属,不使大臣们抱怨不用他们。旧友老臣没有大的过失,就不要抛弃他们,不要对人求全责备。"

【评析】

鲁公:指周公的长子伯禽,姓姬,封于鲁,是鲁国第一代国君。伯禽以周礼治理鲁国,使鲁国很快成为礼乐之邦。本章是周公对其子伯禽的谆谆教导,主要有三点:第一,不要怠慢亲族;第二,要信用大臣,不要遗弃了古旧老臣;第三,对人不可求全责备。

"求全责备"这个成语源于此。

【原文】

18.11 周有八士:伯达、伯适、仲突、仲忽、叔夜、叔夏、季随、季。

【译文】

周代有八个士:伯达、伯适、仲突、仲忽、叔夜、叔夏、季随、季。

【评析】

本章中所说的"八士"已不可考。一说为周代的八位贤士;一说为一个母亲生的四对双胞胎。① 殷纣王三仁不能用,毁掉大业;周有八士,延八百年基业。

人才乃国家兴旺发达之关键和屏障,决不能等闲视之。

---

① 刘德林:《〈论语〉新解》,山东人民出版社,2017年版,第279页。

第十九篇　《子张》译评

【本篇引语】

本篇共计25章。其中著名的文句有："见危致命,见得思义"；"仕而优则学,学而优则仕"；"君子之过,犹日月之食"；"其生也荣,其死也哀"。本篇中包括的主要内容有:孔子弟子子夏、子贡、曾子等人对一些重要问题的看法。

【原文】

19.1 子张曰:"士见危致命,见得思义,祭思敬,丧思哀,其可已矣。"

【译文】

子张说:"士遇见危险时能献出自己的生命,看见有利可得时能考虑是否符合义的要求,祭祀时能想到是否严肃恭敬,居丧的时候想到自己是否哀伤,这样就可以了。"

【评析】

"见危致命,见得思义",这是春秋时代知识分子应该具有的品德,在需要自己献出生命的时候,他可以毫不犹豫,见义勇为,勇于献身。同样,在有利可得的时候,他往往想到这样做是否符合义的规定,义然后取。

子张这些观点完全符合孔子的思想,对于我国市场经济条件下道德观念的坚守以及人们正确处理义利关系,都很有参考价值。

【原文】

19.2 子张曰:"执德不弘,信道不笃,焉能为有？焉能为亡？"

【译文】

子张说:"实行德而不能发扬光大,信仰道而不忠实坚定,这样的人怎么能说有,又怎么说他没有？"

【评析】

这一章所说的人与上一章说的人不同。上一章肯定了"见危致命,见得思义",而这一章批评了"执德不弘,信道不笃"的这类人。这类人对德行的追求不坚定,对道的信仰意志不坚韧,容易半途而废。

【原文】

19.3 子夏之门人问交于子张。子张曰:"子夏云何?"对曰:"子夏曰:'可者与之,其不可者拒之。'"子张曰:"异乎吾所闻:君子尊贤而容众,嘉善而矜不能。我之大贤与,于人何所不容?我之不贤与,人将拒我,如之何其拒人也?"

【译文】

子夏的学生向子张询问怎样结交朋友。子张说:"子夏是怎么说的?"答道:"子夏说:'可以相交的就和他交朋友,不可以相交的就拒绝他。'"子张说:"我所听到的和这些不一样:君子既尊重贤人,又能容纳众人;能够赞美善人,又能同情能力不够的人。如果我是十分贤良的人,那我对别人有什么不能容纳的呢?我如果不贤良,那别人就会拒绝我,又怎么能谈拒绝人家呢?"

【评析】

颛孙师,复姓颛孙、名师,字子张。颛孙师为人勇武,清流不媚俗,而被孔子评为"性情偏激"。他广交朋友,主张"士见危致命,见得思义,祭思敬,丧思哀",重视自己的德行修养。本章通过子夏的观点与子张的观点比较可以发现,子夏虽然更具交友的原则性,但子张的交友观具有海纳百川的胸怀,更容易广结人缘。

【原文】

19.4 子夏曰:"虽小道,必有可观者焉,致远恐泥,是以君子不为也。"

【译文】

子夏说:"虽然都是些小的技艺,也一定有可取的地方,但用它来达到远大目标就行不通了。"

【评析】

小道:指各种农工商医卜之类定的技能。泥:阻滞,不通,妨碍。本章子夏所言,并非轻视普通的"小道",而是在肯定这些"小道"作用的基础上,更加肯定"大道"的作用。也就是说,从社会需求的角度来看,这些"小道"当然也是社会所必需的,但从修身齐家治国平天下的高度来看,从实现政治理想、治理国家和实施礼乐教化的高度出发,子夏认为,这些"小道"是无法实现远大的目标的。

【原文】

19.5 子夏曰:"日知其所亡,月无忘其所能,可谓好学也已矣。"

【译文】

子夏说:"每天学到一些过去所不知道的东西,每月都不忘记已经学会的东西,这就可以叫做好学了。"

【评析】

子夏这一观点充分体现了孔子的教育思想。孔子并不笼统反对博学强记,因为人类知识中的很多内容都需要认真记忆,不断巩固,并且在原有知识的基础上再接受新的知识。从大学习观的角度来看,人生应该把自己的每一天都当作学习的好机会,每天都在学习,每天都在进步。然后在了解的基础上,不断加深对已有知识的记忆,达到孔子所说的"温故而知新"的效果。子夏认为,这才算是好学。可以说,子夏这一观点既是学习方法,也是成才的有效途径,为此,需要把"日知其所亡"与"月无忘其所能"有机结合起来。

【原文】

19.6 子夏曰:"博学而笃志,切问而近思,仁在其中矣。"

【译文】

子夏说:"博学而强记,恳切询问并且去思考,仁就在其中了。"

【评析】

这里又提到孔子的教育方法问题。"博学而笃志"即"博学而强记",再一次谈到它的重要性的问题。从人才开发的角度来看,通过博学强记,有利于打破学科壁垒,进行多学科的交叉渗透融合;遇到问题及时请教和思考,非常有利于学业的进步和事业的成功。

【原文】

19.7 子夏曰:"百工居肆以成其事,君子学以致其道。"

【译文】

子夏说:"各行各业的工匠住在作坊里来完成自己的工作,君子通过学习来掌握道。"

【评析】

百工居肆:百工,各行各业的工匠。肆,古代社会制作物品的作坊。这一章说明工匠劳动的特点,而君子不需要在作坊里学习技艺来掌握道,而是可以通过全面系统的学习,就可以掌握事物的本质和规律。

从现代大学的角度来看,"百工居肆"类似各类职业技术学院,需要学生较多地通过技艺的学习来提高就业的本领;而各类综合性大学则更多地注重对学生基本素质和创新能力的培养,而不是单纯培养就业需要的职业技艺能力。

【原文】

19.8 子夏说:"小人之过也必文。"

【译文】

子夏说:"小人犯了过错一定要掩饰。"

【评析】

古代君子和小人各有两解:君子,一指在位的统治者,一指品德高尚的人;小人,一指地位比较低下的平民百姓,一指有人品不好的人。本章中的"小人"是指人品不好的人。这类小人犯了错误通常会文过饰非,想办法掩饰自己的错误。

【原文】

19.9 子夏曰:"君子有三变:望之俨然,即之也温,听其言也厉。"

【译文】

子夏说:"君子的仪态有三种变化:远看他的样子庄严可怕,接近他又温和可亲,听他说话语言严厉不苟。"

【评析】

子夏这里谈到了君子的三种仪态,实际上反映了君子丰富的内涵。苏轼《题西林壁》:"横看成岭侧成峰,远近高低各不同。不识庐山真面目,只缘身在此山中。"子夏这里从远望、近看和听其言三个角度,通过感觉或印象,形象地揭示了君子既面容庄重,又态度温和亲切、语言严肃的整体形象。

【原文】

19.10 子夏曰:"君子信而后劳其民;未信,则以为厉己也,信而后谏;未信,则以为谤己也。"

【译文】

子夏说:"统治者必须取得信任之后才去役使百姓,否则百姓就会以为是在虐待他们。要先取得信任,然后才去规劝;否则,君主就会以为你在诽谤他。"

【评析】

子夏这里所说的"君子"可以理解为统治者或管理者。这段话非常深刻地揭示了统治者与臣民之间的微妙关系。统治者要治理国家,役使百姓,前提是要取得百姓对统治者的信任,否则老百姓就会认为统治者是虐待他们;臣子要取得统治者的信任,才能进行劝谏,否则,统治者就会认为臣子是在诽谤他。

社会管理是一门艺术,古代伴君如伴虎,伴君也是一门艺术。

【原文】

19.11 子夏曰:"大德不逾闲,小德出入可也。"

【译文】

子夏说:"大节上不能超越界限,小节上有些出入是可以的。"

【评析】

大德、小德:指大节小节。闲:木栏,这里指界限。子夏这一章提出了大节小节的问题。儒家向来认为,有君子人格的人,应当顾全大局,而不在细枝末节上斤斤计较。

【原文】

19.12 子游曰:"子夏之门人小子,当洒扫应对进退,则可矣,抑末也。本之则无,如之何?"子夏闻之,曰:"噫,言游过矣!君子之道,孰先传焉?孰后倦焉?譬诸草木,区以别矣。君子之道,焉可诬也?有始有卒者,其惟圣人乎?"

【译文】

子游说:"子夏的学生,做些打扫和迎送客人的事情是可以的,但这些不过是末节小事,根本的东西却没有学到,这怎么行呢?"子夏听了,说:"唉,子游错了。君子之道先传授哪一条,后传授哪一条,这就像草和木一样,都是分类区别的。君子之道怎么可以随意歪曲,欺骗学生呢?能按次序有始有终地教授学生们,恐怕只有圣人吧!"

【评析】

孔子的两个学生子游和子夏,在如何教授学生的问题上发生了争执,而且争得比较激烈,不过,这其中并没有根本的不同,只是教育方法各有不同。子游比较注重直接传授根本的道,而不是细枝末节;子夏比较注重从日常具体的生活和待人接物的礼节开始,培养学生的基本能力,然后由小到大,由易到难,由末至本,并非舍弃大道而只教末节。

【原文】

19.13 子夏曰:"仕而优则学,学而优则仕。"

【译文】

子夏说:"做官还有余力的人,就可以去学习,学习有余力的人,就可以去做官。"

【评析】

优:一说有余力,一说政绩优秀。《说文》:"优,饶也。"解为"余力",是说做官有余力,就去学习,学习有余力就去做官。子夏的这段话集中概括了孔子的教育方针和办学目的。做官之余,还有精力和时间,那他就可以去学习礼乐等治国安邦的知识;平民子弟学习之余,还有精力和时间,他就可以去做官从政。同时,本章又一次谈到"学"与"仕"的关系问题,说明子夏非常重视学习,认为做官从政需要学习圣贤之道。

【原文】

19.14 子游曰:"丧致乎哀而止。"

【译文】

子游说:"丧事做到尽哀也就可以了。"

【评析】

传统儒家对丧礼都有一套完整的仪式,耗时费力。因此,子游主张"丧致乎哀而止。"客观上符合移风易俗,只要尽哀,也就表达了对亲人的怀念之情。这里的关键是要"尽哀"。

【原文】

19.15 子游曰:"吾友张也为难能也,然而未仁。"

【译文】

子游说:"我的朋友子张可以说是难得的了,然而还没有做到仁。"

【评析】

子游对子张的评价比较高,以难能可贵论之。子张的不足是比较偏激,所以《论语·先进》篇中,孔子也说"师也过"。子游本章中认为子张还没有达到仁的境界。当然,人无完人,总体而言,子张已经比较优秀了。

【原文】

19.16 曾子曰:"堂堂乎张也,难与并为仁矣。"

【译文】

曾子说:"子张外表堂堂,难于和他一起做到仁的。"

【评析】

子张为人相貌堂堂,极富资质,从容自得,性格有些过于张扬,喜欢与比自己贤能的人交朋友,"堂堂"较多地指子张外在的气质风度,而尚缺乏内在仁的内涵,所以,在曾子看来,子张虽然外表堂堂,但不能和他一起追求仁。

【原文】

19.17 曾子曰:"吾闻诸夫子,人未有自致者也,必也亲丧乎。"

【译文】

曾子说:"我听老师说过,人不可能自动地充分发挥感情,如果有,一定是在父母去世的时候。"

【评析】

曾子以孝道著称于世。这一章是说曾子听孔子说过关于充分表达感情的问题。孔子具有很高的情商,能够进退自如,非常善于控制自己的情绪,以克己复礼为己任,所以他认为,每个人平时受到理性和环境的节制,不可能尽情地表达自己的情感,而也许只有当父母去世的时候,才能够自觉不自觉地突破各种限制,尽情地表达对亲人去世的痛苦之情。

孔子这一观点揭示了人性的普遍本质,尤其是深刻地反映了男性的性格特征。从性别差异来看,女性平时悲伤的时候,哭泣是很正常的,而男性长期受到"男儿有泪不轻弹"的约束,也许只有当父母去世的时候,才能尽情哭泣,彻底表达自己的悲哀痛苦之情。

【原文】

19.18 曾子曰:"吾闻诸夫子:孟庄子之孝也,其他可能也;其不改父之臣与父之政,是难能也。"

【译文】

曾子说:"我听老师说过,孟庄子的孝,其他人也可以做到,但他不更换父亲的旧臣及其政治措施,这是别人难以做到的。"

【评析】

孟庄子:鲁国大夫孟孙速,其父为孟孙蔑,即孟献子,有贤名。《论语·学而》中孔子曾经说过:"三年无改于父之道,可谓孝矣。"关于是否改父之道,这里有一个前提就是先要判断父之道是否正确可行。如果父之道正确可行,儿子接班以后最好是先追求稳定比较好,然后再慢慢与时俱进;如果父之道保守、落后,已经不再适应新的需要,那么就应该随之进行改革。

从历史继承性来看,在实际的领导班子换届过程中,我们也发现有以下几种情况:第一,继任者根据工作需要,实事求是的继承上届领导班子制定的路线方针政策,落实上届领导班子的具体决定,在继承中不断谋求新的发展。第二,以谋求权力为目的,忘乎所以,不尊重上届领导班子制定的路线方针政策,也不落实上届领导班子做出的具体决定,简直有点像推翻一个旧政权一样。这种做法客观上违背了社会发展规律,割裂了历史发展的内在规律性和继承性。

【原文】

19.19 孟氏使阳肤为士师,问于曾子。曾子曰:"上失其道,民散久矣。如得其情,则哀矜而勿喜。"

【译文】

孟氏任命阳肤做典狱官,阳肤向曾子请教。曾子说:"在上位的人离开了正道,百姓早就离心离德了。你如果能弄清他们的情况,就应当怜悯他们,而不要自鸣得意。"

【评析】

阳肤:曾子的学生。本章表现了曾子的民本思想,曾子反对"上失其道",认为这是造成社会犯罪的重要根源,所以,曾子劝告阳肤如果查清了犯罪的原因,就要怜悯他们,而不要单纯为查清案情而沾沾自喜。

【原文】

19.20 子贡曰:"纣之不善,不如是之甚也。是以君子恶居下流,天下之恶皆归焉。"

【译文】

子贡说:"纣王的不善,不像传说的那样厉害。所以君子憎恨处在下流的地方,使天下一切坏名声都归到他的身上。"

【评析】

纣:商代最后一个君主,名辛,纣是他的谥号,历来被认为是一个暴君。下流:即地形低洼各处来水汇集的地方。子贡这段话在肯定纣王是个暴君的前提下,从另一个侧面揭示了一个道理,即当一个人恶贯满盈的时候,人们会自觉不自觉地把许多坏的名声联想甚至戴到他的头上,如同所有的水流,都会流到低处一样,这姑且也算是一种特殊变形的"马太效应"①吧!你越有坏名声,就让你的坏名声越来越大。

【原文】

19.21 子贡曰:"君子之过也,如日月之食焉。过也,人皆见之;更也,人皆

---

① 圣经《新约·马太福音》一则寓言:"凡有的,还要加倍给他叫他多余;没有的,连他所有的也要夺过来"。

仰之。"

【译文】

子贡说:"君子的过错好比日食、月食:他犯过错,人们都看得见;他改正过错,人们都仰望着他。"

【评析】

君子有了过错,敢于承认错误和改正错误。因为君子地位出于上位,具有较高的知名度,社会的影响力比较大,所以,一旦犯错误,就像发生了日食、月食一样,就很容易被他人所发现;君子改正错误,他人也会很快就能看到。

子贡此说给后人以很大的启发。做人当做君子,君子坦荡荡,敢于承认错误,更敢于修正错误;不做常戚戚的小人,文过饰非,有了问题上推下卸,责人严,对己宽。

【原文】

19.22 卫公孙朝问于子贡曰:"仲尼焉学?"子贡曰:"文武之道,未坠于地,在人。贤者识其大者,不贤者识其小者,莫不有文武之道焉。夫子焉不学?而亦何常师之有?"

【译文】

卫国的大夫公孙朝问子贡说:"仲尼的学问是从哪里学来的?"子贡说:"周文王武王的道,并没有失传,还留在人们中间。贤能的人可以了解它的根本,不贤的人只了解它的末节,没有什么地方无文王武王之道。我们老师何处不学,又何必要有固定的老师传播呢?"

【评析】

这一章又讲到孔子之学何处而来的问题。子贡说,孔子承袭了周文王、周武王之道,并没有固定的老师给他传授。这实际是说,孔子肩负着上承尧舜禹汤文武周公之道,并把它发扬光大的责任,这不需要什么人讲授给孔子。子贡这里解释了孔子"不耻下问""学无常师"的学习过程。

韩愈《师说》:"圣人无常师。孔子师郯子、苌弘、师襄、老聃。郯子之徒,其贤不及孔子。"可以说,孔子之所以能够成为圣人,绝不是固定从师某一个人,而是广采博取,终于成为一代集大成者。孔子曾说"三人行,必有吾师";而笔者则提出:"一人行,必有吾师"的观点。拙论也得益于孔夫子的教诲。

【原文】

19.23 叔孙武叔语大夫于朝曰:"子贡贤于仲尼。"子服景伯以告子贡。子贡曰："譬之宫墙，赐之墙也及肩，窥见室家之好。夫子之墙数仞，不得其门而入，不见宗庙之美，百官之富。得其门者或寡矣。夫子之云，不亦宜乎！"

【译文】

叔孙武叔在朝廷上对大夫们说："子贡比仲尼更贤。"子服景伯把这一番话告诉了子贡。子贡说："拿围墙来做比喻，我家的围墙只有齐肩高，老师家的围墙却有几仞高，如果找不到门进去，你就看不见里面宗庙的富丽堂皇和房屋的绚丽多彩。能够找到门进去的人并不多。叔孙武叔那么讲，不也是很自然吗？"

【评析】

叔孙武叔：鲁国大夫，名州仇，三桓之一。子服景伯：鲁国大夫。仞：古时七尺为仞，一说八尺为仞。官：这里指房舍。

这段对话很有哲理。第一，叔孙武叔不了解孔子思想的深刻性和丰富性，就自以为是地认为"子贡贤于仲尼。"实际上，类似叔孙武叔这种肤浅甚至是片面的认知，在学术界和社会管理中，是经常会出现的错误，即不知以为知，凭借想当然就下结论。第二，人贵有自知之明。子贡听到这番话，如果是一个凡夫俗子，听到大夫说自己比孔子还贤，岂不乐哉！子贡作为孔子优秀的学生，不但不以此为骄傲而沾沾自喜，而是建立在对老师深入了解的基础上，做了一个比喻："赐之墙也及肩，""夫子之墙数仞，"通过比较和比喻，充分赞扬孔子的伟大。

对于孔子博大精深的思想，很多世俗之人难以登堂入室，或未见其门，怎么可能窥见万仞宫墙之内的奥秘！在中国历史上，那些极力反孔的人们是多么可笑和无知啊！历史已经证明了孔子思想的重要价值。"其实，任何专业领域的修行都是如此。普通人很难理解大人物的境界。什么时候才能理解？先要入门才行。可见，水平低的去批评水平高的或者外行去批评内行，常常就会犯这样的错误。"①

曲阜万仞宫墙原名仰圣门，是明代曲阜城的正南门，在孔庙的正南面。为纪念孔子，表达对孔子的尊敬和赞扬，明代学者胡缵宗认为用子贡说的"数仞宫墙"仍不能表达他对孔子的赞扬，于是将其改为"万仞宫墙"，源于《论语》中的子贡之语。到了清代，乾隆皇帝到曲阜来，为了显示他对孔子的敬仰，把胡缵宗书写的石额换下，自己亲笔书写了同样四个字镶于城门。现在看到的"万仞宫墙"石额，即乾隆皇帝的御笔题写，成为曲阜古典文化的重要景观。

---

① 刘君祖：《新解论语》，中信出版集团，2016 年版，第 251 页。

【原文】

19.24 叔孙武叔毁仲尼。子贡曰:"无以为也!仲尼不可毁也。他人之贤者,丘陵也,犹可逾也;仲尼,日月也,无得而逾焉。人虽欲自绝,其何伤于日月乎?多见其不知量也。"

【译文】

叔孙武叔诽谤仲尼。子贡说:"这样做是没有用的!仲尼是毁谤不了的。别人的贤德好比丘陵,还可超越过去,仲尼的贤德好比太阳和月亮,是无法超越的。虽然有人要自绝于日月,对日月又有什么损害呢?只是表明他不自量力而已。"

【评析】

叔孙武叔在上篇中说子贡贤于孔子,这篇文字又明确记载说他诽谤孔子,可见叔孙武叔这个人真是有眼不识泰山,甚至是有眼无珠。子贡对于叔孙武叔诽谤孔子这件事,旗帜鲜明予以反对,态度很明确,直接说叔孙武叔这样诽谤孔子是没有用的。在子贡看来,孔子不是比较优秀的人物,而是圣贤之才,是大贤大圣,这样的圣贤是非常可贵的,如果说那些比较优秀的人物是丘陵,你尚且可以超越过去;但孔子不是丘陵,而是堪比日月,你怎么能够与日月争辉呢?所以,子贡认为,叔孙武叔这是自绝于日月,自不量力,而对日月毫发无损。

历史长河,大浪淘沙。回眸孔子以来的中国历史,虽然在某些短暂时期孔子的思想受到批判否定,日月的光辉虽然也会受到阴天的遮蔽,但日月的光辉是遮不住的。我们今天要做的是,继承孔子思想的精华,继往开来,创造出新的中国文化,而不是数典忘祖,陷入历史虚无主义。

【原文】

19.25: 陈子禽谓子贡曰:"子为恭也,仲尼岂贤于子乎?"子贡曰:"君子一言以为知,一言以为不知,言不可不慎也。夫子之不可及也,犹天之不可阶而升也。夫子之得邦家者,所谓立之斯立,道之斯行,绥之斯来,动之斯和。其生也荣,其死也哀,如之何其可及也?"

【译文】

陈子禽对子贡说:"你是谦恭了,仲尼怎么能比你更贤良呢?"子贡说:"君子的一句话就可以表现他的智识,一句话也可以表现他的不智,所以说话不可以不慎重。夫子的高不可及,正像天是不能够顺着梯子爬上去一样。夫子如果得国而为诸侯或得到采邑而为卿大夫,那就会像人们说的那样,教百姓立于礼,百姓就会立于礼,要引导百姓,百姓就会跟着走;安抚百姓,百姓就会归顺;动员百姓,百姓就会齐心协力。夫子活着是十分荣耀的,夫子死了是极其可惜的。我怎么能赶得上他呢?"

【评析】

子贡在孔子的弟子中确实是比较出类拔萃的杰出人物,具有从政和经商的多方面才能,所以,时人或后人有人认为子贡之才高于孔子。以上这几章,都是子贡面对他人贬低孔子时的回话。子贡对孔子十分敬重,不能容忍别人对孔子的毁谤,认为孔子高不可及。子贡这段话不但可以看出他对孔子的尊重和赞扬,而且也充分肯定了孔子高不可及的治国才能。

李白《江上吟》中有"屈平词赋悬日月"的诗句,我们今天不妨说:"孔子智慧悬日月"。

第二十篇 《尧曰》译评

【本篇引语】

本篇共3章,但段落都比较长。本篇中著名的文句有:"君子惠而不费,劳而不怨,欲而不贪,泰而不骄,威而不猛";"宽则得众,信则民任";"兴灭国,继绝世,举逸民"等。这一篇中,主要谈到尧禅让帝位给舜,舜禅让帝位给禹,即所谓三代的善政和孔子关于治理国家事务的基本要求。

【原文】

20.1 尧曰:"咨!尔舜!天之历数在尔躬,允执其中。四海困穷,天禄永终。"舜亦以命禹。

曰:"予小子履,敢用玄牡,敢昭告于皇皇后帝:有罪不敢赦。帝臣不蔽,简在帝心。朕躬有罪,无以万方;万方有罪,罪在朕躬。"

周有大赉,善人是富。"虽有周亲,不如仁人。百姓有过,在予一人。"

谨权量,审法度,修废官,四方之政行焉。兴灭国,继绝世,举逸民,天下之民归心焉。所重:民、食、丧、祭。宽则得众,信则民任焉。敏则有功,公则说。

【译文】

尧说:"啧啧!你这位舜!天命落在你身上了。你要公允地执守中正之道。如果你执行不好,天下百姓都陷入穷困,上天赐给你的禄位也就会永远终止。"舜也这样告诫过禹。

商汤说:"我小子履,谨用黑色的公牛来祭祀,向伟大的天帝祷告:有罪的人我不敢擅自赦免,天帝的臣仆我也不敢掩蔽,都由天帝的心来分辨、选择。我本人若有罪,不要牵连天下万方,天下万方若有罪,都归我一个人承担。"

周朝有大封赏,使善人都富裕起来。周武王说:"虽然有至亲,不如有仁德之人。百姓有过错,都在我一人身上。"

孔子说,认真检查度量衡器,周密地制定法度,全国的政令就会通行了。恢复

287

被灭亡了的国家,接续已经断绝了的家族,提拔被遗落的人才,天下百姓就会真心归服了。所重视的四件事:人民、粮食、丧礼、祭祀。宽厚就能得到众人的拥护,诚信就能得到别人的任用,勤敏就能取得成绩,公平处事就会使百姓高兴。

【评析】

这一大段文字,记述了从尧帝以来历代先圣先王的遗训,中间或许有脱落之处,衔接不起来。今人对"周有大赉,善人是富。"一句的理解颇有不同,主要有两种理解。第一种理解是让善人富裕起来。《诗序》曰:赉,大封于庙也。赉,予也,言所以锡于善人也。① 朱振家认为,这句话的意思是说,周朝有大封赏,使善人都富裕起来。② 刘德林基本上也是这样理解的,"周初大发赏赐,善人都得到富贵。"③ 杨伯峻④和杜道生亦持此论,认为可以理解为"周朝大发赏赐,分封诸侯,使善人都富贵起来。"⑤ 朱熹《集注》曰:"此言其所富者,皆善人也。"第二种理解是以善人为最大的财富。史赜源认为,这句话可以理解为"我周所受到上天的最大赏赐,(不是土地、财富,而是)拥有众多的善人。也就是说,那些为数众多的善人,是上天给周的最大赏赐,是周的最大财富。"⑥ 刘强认为,这句话的意思是"周武王奉天承运,得天独厚,朝廷上下,善人特多。"⑦ 根据上下文以及我们对商周的政治比较,我们认为第一种理解比较符合文章的原意。

后面一段话是孔子对三代以来的美德善政作的高度概括,可以说是对《论语》全书中有关治国安邦平天下的思想加以总结,对后代产生了很大的影响力。时至今日,我们要治理国家,促进社会和谐稳定,仍然应该从孔子这些思想中汲取智慧。

【原文】

20.2 子张问于孔子曰:"何如斯可以从政矣?"子曰:"尊五美,屏四恶,斯可以从政矣。"子张曰:"何谓五美?"子曰:"君子惠而不费,劳而不怨,欲而不贪,泰而不骄,威而不猛。"子张曰:"何谓惠而不费?"子曰:"因民之所利而利之,斯不亦惠而不费乎?择可劳而劳之,又谁怨?欲仁而得仁,又焉贪?君子无众寡,无小大,无敢慢,斯不亦泰而不骄乎?君子正其衣冠,尊其瞻视,俨然人望而畏之,斯不亦

---

① 杨树达:《论语疏证》,江西人民出版社,2007年版,第332页。
② 朱振家:《论语全解》,上海古籍出版社,2014年版,第315页。
③ 刘德林:《〈论语〉新解》,山东人民出版社,2017年版,296页。
④ 杨伯峻:《论语译注》,中华书局,1980年版,第208页。
⑤ 杜道生:《论语新注新译》,中华书局,2011年版,第186页。
⑥ 史赜源:《论语清源》,中国文史出版社,2014年版,第457页。
⑦ 刘强:《论语新识》,岳麓书社,2016年版,第546页。

威而不猛乎？"子张曰："何谓四恶？"子曰："不教而杀谓之虐；不戒视成谓之暴；慢令致期谓之贼；犹之与人也，出纳之吝谓之有司。"

【译文】

子张问孔子说："怎样才可以治理政事呢？"孔子说："尊重五种美德，排除四种恶政，这样就可以治理政事了。"子张问："五种美德是什么？"孔子说："君子要给百姓以恩惠而自己却无所浪费；使百姓劳作而不使他们怨恨；要追求仁德而不贪图财利；庄重而不傲慢；威严而不凶猛。"子张说："怎样叫要给百姓以恩惠而自己却无所浪费呢？"孔子说："让百姓们去做对他们有利的事，这不就是对百姓有利而不浪费吗！选择让百姓应该劳作的时间和事情让百姓去做，这又有谁会怨恨呢？自己要追求仁德便得到了仁，又还有什么可贪的呢？君子对人，无论多少，势力大小，都不怠慢他们，这不就是庄重而不傲慢吗？君子衣冠整齐，目不斜视，使人见了就让人生敬畏之心，这不也是威严而不凶猛吗？"子张问："什么叫四种恶政呢？"孔子说："不经教化便加以杀戮叫作虐；不加告诫便要求成功叫作暴；不加监督而突然限期叫作贼，同样是给人财物，却出手吝啬，叫作小气。"

【评析】

这是子张向孔子请教为官从政的要领。孔子主张"五美四恶"，这是他政治主张的基本点，其中包含有丰富的"民本"思想，比如："因民之所利而利之"，"择可劳而劳之"，反对"不教而杀""不戒视成"的暴虐之政。从这里可以看出，孔子对德治、礼治社会有自己独到的主张，在今天仍不失其重要的借鉴价值。《论语·学而》中，孔子主张"节用而爱人，使民以时。"这里的"使民以时"，意思是说，役使老百姓不要耽误农时，遵循农业生产规律，就不会招致老百姓的怨恨。

在孔子的"五美"中，第一种美充分表现了孔子的民本思想，"惠而不费"，用孔子这一思想反思今天，我们的执政成本非常高，但老百姓还没有富裕起来。此外，其他四种美对于个人修养都是非常重要的。做人"欲而不贪，泰而不骄，威而不猛。"这是人生成功的重要因素，其中关于"泰而不骄"，《论语·子路》孔子说过"君子泰而不骄，小人骄而不泰。"

孔子反对"四恶"，认为"不教而杀谓之虐；不戒视成谓之暴；慢令致期谓之贼；犹之与人也，出纳之吝谓之有司。"这对于我们建立科学的法制，提高素质教育、社会管理和组织管理水平，都非常具有启发意义。其中，"不教而杀谓之虐"这句话对于我们预防和治理各种犯罪，完善各种法律，都有启发意义；"不戒视成谓之暴"这句话对于人才培养，实施素质教育，也非常重要。另外，"出纳之吝谓之有司"不但对于我们的人际交往有启发，而且对于我们的按劳分配，多劳多得、优劳优得，制定科学而又具有激励意义的分配体系，也具有启发意义。

【原文】

20.3 孔子曰："不知命，无以为君子也；不知礼，无以立也；不知信，无以知人也。"

【译文】

孔子说："不懂得天命，就不能做君子；不知道礼仪，就不能立身处世；不善于分辨别人的话语，就不能真正了解他。"

【评析】

在孔子看来，君子知天命，小人不知天命。《论语·为政》中谈及"五十而知天命"，在《论语·季氏》中又谈及"小人不知天命而不畏也。"

孔子是一个充满豪情的理想主义者，也是一个敢于担当历史使命的实践者。作为一个理想主义者，孔子对政治理想与仁德之道，"知其不可而为之"，表现了积极进取的精神；作为一个敢于担当历史使命的实践者，孔子又深知个人天命的局限性，"五十而知天命"，天命难违，但他也是一个敢于承担历史使命的践行者，这样，在孔子身上，就体现出了"使命"与"天命"的统一性，既遵循天命，又积极承担历史使命。所以，孔子认为，要做君子，就必须懂得天命；要遵循礼仪，才能立身处世；要善于分辨别人的话语，才能真正了解言说对象。在心为志，发言为声，故言为心声。作为一个管理者，必须学会鉴别他人的语言，才能做到由言知人，才能知人善任。

这是《论语》最后的一章，孔子向君子提出三点要求，即"知命""知礼""知言"，这是君子立身处世需要特别注意的几个问题，说明此书之侧重点，就在于塑造具有理想人格的君子，培养治国安邦平天下的志士仁人。《论语》全书的脉络以"学而时习之"开始，以"不知命，无以为君子也"结束，因为"性相近，习相远也"，故从学习开始，学习君子的修行，注重广泛学习一切优秀的文化元素，以实现修身齐家治国平天下的人生目标。

纵览《论语》全书，可谓言简义丰，言简意深，言有尽而意无穷，其中一些高度凝练概括的格言警句，超越了时代和民族，打破了时间和空间的局限，指向了未来与永恒，彰显了全球化语境下的普遍意义和共享价值，因此，从这个意义上来说，《论语》既是中华民族的智慧财富，也是世界人民可以共享的宝贵财富。孔子属于曲阜，属于济宁，属于山东，属于中国，也属于世界。孔子已经走向了世界，其博大精深的思想内蕴已经深入融合到普遍的社会心理和价值取向，成为人类共同的精神财富。

参考文献

一、著作类

1. 杨伯峻:《论语译注》(简体字本),中华书局,2017年版。
2. 刘德林:《〈论语〉新解》,山东人民出版社,2017年版。
3. 王国轩、王秀梅译注:《孔子家语》,中华书局,2016年版。
4. 刘君祖:《新解论语》,中信出版社,2016年版。
5. 刘强:《论语新识》,岳麓书社,2016年版。
6. 杨逢彬:《论语新注新译》,北京大学出版社,2016年版。
7. 刘振佳:《走进历史深处——儒家文化寻踪》,作家出版社,2016年版。
8. 景海峰主编:《经典、经学与儒家思想的现代诠释》,人民出版社,2015年版。
9. 李泽厚:《论语今读》,中华书局,2015年版。
10. 丁秀菊:《先秦儒家修辞研究》,山东大学出版社,2015年版。
11. 富金壁:《论语新编译注》,北京大学出版社,2015年版。
12. 杨朝明、李文文:《问学孔子家语》,中华工商联合出版社,2014年版。
13. 王家骅:《中日儒学:传统与现代》,人民出版社,2014年版。
14. 史赜源:《论语清源》,中国文史出版社,2014年版。
15. 朱振家:《论语全解》,上海古籍出版社,2014年版。
16. 李永忠:《中国社会组织发展研究》,中国书籍出版社,2014年版。
17. [日]白川静:《孔子传》,人民出版社,吴守钢译,2014年版。
18. 王雅:《孔子哲学》,人民出版社,2014年版。
19. [美]倪德卫:《儒家之道——中国哲学之探讨》,周炽成译,江苏人民出版社,2014年版。

20. 刘伟:《儒学传统与文化综合创新》,中国社会科学出版社,2013年版。
21. 杨朝明主编:《论语诠解》,山东友谊出版社,2013年版。
22. 冯天瑜:《中国文化生成史》,武汉大学出版社,2013年版。
23. 余东海:《儒家文化实践史·先秦部分》,中国政法大学出版社,2013年版。
24. 鲍鹏山:《孔子传》,中国青年出版社,2013年版。
25. 张涛:《孔子在美国》,北京大学出版社,2011年版。
26. 王博:《中国儒学史·先秦卷》,北京大学出版社,2011年版。
27. 刘烈:《重构孔子·历史中的孔子与孔子心理初探》,中国国际广播出版社,2011年版。
28. 杜道生:《论语新注新译》,中华书局,2011年版。
29. 李长之:《孔子传》,东方出版社,2010年版。
30. 朱志荣:《夏商周美学思想研究》,人民出版社,2009年版。
31. 杨朝明:《孔子家语通解》,齐鲁书社,2009年版。
32. 刘向:《说苑校证》,向宗鲁校正,中华书局,2009年版。
33. 金良年导读 胡真集评:《论语·朱熹集注》,上海世纪出版集团,2007年版。
34. 杨树达:《论语疏证》,江西人民出版社,2007年版。
35. 陈生玺主编:《张居正讲评〈论语〉》,上海辞书出版社,2007年版。
36. 张松辉 周晓霞:《〈论语〉〈孟子〉疑义研究》,湖南大学出版社,2006年版。
37. 朱熹注:《四书集注》,凤凰出版社,2005年版。
38. 张立文主编:《圣境——儒学与中国文化》,人民出版社,2005年版。
39. 朱贻庭主编:《与孔子对话——新世纪全球文明中的儒学》,学林出版社,2005年版。
40. 杨朝明主编:《孔子的智慧》,人民日报出版社,2004年版。
41. 张立文主编:《中国学术通史》六卷,人民出版社,2004年版。
42. 杨天宇:《礼记译注》,上海古籍出版社,2004年版。
43. 林存光:《历史上的孔子形象:政治与文化语境下的孔子和儒学》,齐鲁书社,2004年版。
44. 刘正:《海外汉学研究》,武汉大学出版社,2002年版。

45. 骆承烈等:《孔府档案选》,中国文史出版社,2002年版。

46. 钱玄等注译:《周礼》,岳麓书社,2001年版。

47. 王文锦:《礼记译解》,中华书局,2001年版。

48. 李学勤主编:《十三经注疏·礼记正义》,北京大学出版社,1999年版。

49. 山东省地方史志编纂委员会:《山东省志·孔子故里志》,中华书局,1994年版。

50. 陈戍国:《中国礼制史·秦汉卷》,湖南教育出版社,1993年版。

51. 平泽兴:《論語を樂しむ》,关西师友协会编集发行,株式会社印刷,平成3年9月1日。

52. 苗力田主编:《亚里士多德全集》第八卷,中国人民大学出版社,1991年版。

53. 曲春礼:《孔子传》,山东友谊出版社,1990年版。

54. 柳诒征:《中国文化史》上册,中国大百科全书出版社,1988年版。

55. 刘大均:《周易概论》,齐鲁书社,1988年版。

56. 李德顺:《价值论》,中国人民大学出版社,1987年版。

57. 李启谦:《孔门弟子研究》,齐鲁书社,1987年版。

58. 匡亚明:《孔子评传》,齐鲁书社,1985年版。

59. 杨伯峻:《孟子译注》,中华书局,1984年版。

60. 于慎行:《谷山笔尘》卷八,中华书局,1984年版。

61. 杨伯峻:《论语译注》,中华书局,1980年版。

二、论文类

1. 文建龙:《孔子的先王崇拜心理及其对自身人生道路的影响》,《南华大学学报(社会科学版)》,2018年第1期。

2. 李宪堂:《"天命"的寻证与"人道"的坚守:孔子天命观新解——兼论孔子思想体系的内在结构》,《文史哲》,2017年第6期。

3. 方厚升:《20世纪初西方文化危机中的孔子形象——以德国为例》,《国外社会科学》,2017年第4期。

4. 刘鹤丹、罗兴刚:《学而优则仕:人的政治天命——对孔子政治思想的一种哲学理解》,《孔子研究》,2017年第2期。

5. 黄俊杰:《孔子"克己复礼为仁"说与东亚儒者的诠释》,《孔子研究》,2017

年第2期。

    6. 雷永强:《孔子圣化与儒家经典文献的生成》,《中国哲学史》,2017年第2期。

    7. 高海波:《论孔子仁学的实践特性》,《道德与文明》,2017年第1期。

    8. 庞光华:《〈论语〉"有教无类"新解》,《古籍整理研究学刊》,2017年第1期。

    9. 郑小九:《〈论语〉中的富强观及其启示》,《社会主义核心价值观研究》,2017年第1期。

    10. 郭沂:《恃德者昌,恃力者亡》,《光明日报》,2016年12月20日。

    11. 颜炳罡:《努力建构当代"〈论语〉学"》,《光明日报》,2016年5月23日。

    12. 杨义:《〈论语〉早期三次编纂之秘密的发明》,《文学评论》,2016年第2期。

    13. 韩桂君、刘纯泽:《"唯女子与小人为难养也"新解》,《思想与学术》,2016年第2期。

    14. 汪秀丽、李跃中:《"唯女子与小人为难养也"或无涉女性歧视》,《学界观察》,2015年第12期。

    15. 高喜田:《"唯女子与小人为难养也"考辨——兼论孔子并无歧视妇女意》,《天津师范大学学报(社会科学版)》,2015年第4期。

    16. 傅丽丽:《孔子"小人难养"说诠解》,《古今论坛》,2015年第1期。

    17. 牟钟鉴:《孔子是中华民族的精神导师》,《光明日报》,2014年12月9日。

    18. 编者按:《儒学是中国的也是世界的》,《光明日报》,2014年10月14日。

    19. 习近平:《从延续民族文化血脉中开拓前进——在纪念孔子诞辰2565周年国际学术研讨会暨国际儒联第五届会员大会开幕会上的讲话》,《孔子研究》,2014年第5期。

    20. 陈少明:《〈论语〉的经典地位》,《城市国学讲坛》,2014年第6辑。

    21. 黄克剑:《孔子"诗教"论略》,《哲学动态》,2013年第8期。

    22. 高敏:《〈论语〉疑难句辨惑六则》,《齐鲁学刊》,2013年第6期。

    23. 樊浩:《〈论语〉伦理道德思想的精神哲学诠释》,《中国社会科学》,2013年第3期。

    24. 景怀斌:《孔子"仁"的终极观及其功用的心理机制》,《中国社会科学》,2012年第4期。

25. 魏干:《谁造就了"精致的利己主义者"》,《民主与科学》,2012年第2期。
26. 王岳川:《"中庸"的超越性思想与普世性价值》,《社会科学战线》,2009年第5期。
27. 杨朝明:《刍议儒家的教化文化》,《孔子研究》,2008年第6期。
28. 庞朴:《孔子思想的再评价》,《历史研究》,1978年第8期。
29. 齐思和:《批判孔子的反动唯心史观》,《北京大学学报》,1973年第4期。
30. 车载:《论孔子的"克己""复礼""爱人"》,《学术月刊》,1961年12期。
31. 杨向奎:《孔子的思想及其学派》,《文史哲》,1957年第5期。
32. 嵇文甫:《孔子思想的进步性及其限度》,《新史学通讯》,1951年第6期。
33. 苍石山房:《孔子之教育学》,《船山学报》,1933年第2期。

后　记

　　我之所以要写《论语译评》这本书，主要有两个原因：一是中国传统文化对我的影响；二是出于一个知识分子的社会责任感。

　　从第一个原因来看，在我的生命历程中，中国传统文化为我注入了源源不断的思想动力，引领着我做人做事的价值取向。其中，在中国传统文化中，我受到影响最大的就是《论语》和长篇小说《三国演义》。如果说《三国演义》启发我尊重知识，尊重人才，人生要不畏逆境，敢于追求理想，那么，《论语》则全方位地告诉我做人和做事的原则和方法，激发了我忧国忧民的情怀。1979年，我考入孔子故里的曲阜师范学院中文系，读大学期间，我深深迷上了《论语》，但因为没有钱买书，只好把《论语》中的格言警句抄在卡片上，以备后用。1983年毕业留校任教，先后赴中国社会科学院和中国人民大学深造，师从文艺理论家杜书瀛先生和金元浦先生，获得文学博士学位。在30多年教书育人的过程中，我深切感受到孔子博大精深的思想对历史和现实的巨大影响，因此，早在2000年我在研究孔子的权威刊物《孔子研究》发表了长篇论文《试论孔子的情商思想》，此后在研究文艺学、美学和人才学的同时，一直研究中国传统文化和其中的《乐记》。因此，我写《论语译评》，也是在深受中国传统文化影响的前提下，对孔子思想的一次再学习，也是一次比较系统的再思考。

　　从第二个原因来看，作为一介书生，深感我们现实中非常需要加深对孔子思想的学习和传播。我发现无论是网上，还是在现实中，很多人对中国传统文化、对孔子思想了解很不够，甚至还有许多片面甚至错误的观点。这些片面、甚至错误的观点客观上容易造成价值取向的混乱，影响着对中国传统文化的继承、借鉴和发扬光大。因此，出于一种强烈的社会责任感，位卑未敢忘忧国，于是在繁忙的教学和工作之余，近年来开始重新学习和思考《论语》，这才有了这部书稿。

<<< 后　记

  在本书的写作过程中,得到了世界孔子基金会主席杨佐仁先生和中国孔子研究院院长、著名儒学专家杨朝明先生的赐教;我还阅读和参考了许多先贤时哲的研究成果,有些已经列入参考文献,还有许多在平时的阅读过程中已经融入我的血液和灵魂,已经无法单独列出表示致谢。其中,笔者还参考了 http://www.kewai.la/yuedu/18/18207/等网络学术资源,在此也表示感谢。另外,前期研究《论语》的部分短文曾经在微信公众号"薛说人才"上推介过,受到读者的好评。我的研究生孙圆圆和高雪在微信公众号上做了许多推介《论语》的工作。

  本书能够列入《博士生导师学术文库》,要感谢中联华文(北京)社科图书咨询中心列入中国书籍出版社的出版计划;感谢张金良先生对拙著的关心;感谢责任编辑吴化强先生对拙著一丝不苟的审阅和指正。

  欢迎各位专家和广大读者不吝赐教。

薛永武
2018 年 3 月 16 日